韧性

县乡政府如何运行

田先红◎著

中国人民大学出版社
·北京·

国家社会科学基金重大项目
"县乡治理现代化的制度架构与运行机制研究"
（编号：23&ZD139）的阶段性成果，
华中师范大学政治学一流学科建设研究成果

总　序

谢富胜[*]

　　党的十八大以来，以习近平同志为核心的党中央高度重视县域工作。习近平总书记强调："要把县域作为城乡融合发展的重要切入点，推进空间布局、产业发展、基础设施等县域统筹，把城乡关系摆布好处理好，一体设计、一并推进。"[①] 实施乡村振兴战略，是党的十九大作出的重大决策部署，是新时代"三农"工作的总抓手。中共中央办公厅、国务院办公厅 2022 年发布《关于推进以县城为重要载体的城镇化建设的意见》，明确提出"以县域为基本单元推进城乡融合发展"[②]。党的二十大提出，着力推进城乡融合发展，深入实施新型城镇化战略。如何以县域为单元推进城镇化建

---

　　[*] 中国人民大学出版社总编辑、中国人民大学经济学院教授。
　　[①] 习近平. 坚持把解决好"三农"问题作为全党工作重中之重 举全党全社会之力推动乡村振兴. 求是，2022（7）：16.
　　[②] 中办国办印发《关于推进以县城为重要载体的城镇化建设的意见》. 人民日报，2022-05-07（1）.

设，做好乡村振兴工作，需要在实践中和理论上进行长期的探索。

近年来，由于国内外形势的变化，我国原有的经济增长模式受到了冲击，国内大循环的重要性凸显，与此同时，一些地方社会展现出令世人瞩目的活力。一、二线城市不能完整反映中国的全貌，千差万别的县乡才更具"中国味"、更代表真实的中国。中国经济社会的韧性、潜力、活力在很大程度上源于县乡。县乡的繁荣、活跃、稳定不仅是县乡经济发展的需要，也是中国经济高质量发展的需要，更是县乡群众获得幸福感的需要。人口、人才、资金、教育资源、医疗资源等向大城市过度集聚会带来一系列负面效应。县乡与大中城市的发展并行不悖、相辅相成，县乡并不是大中城市的附庸，而有自己的主体性。在中国经济发展中，以大城市为核心的城市群是龙头，县乡是战略纵深，二者应该齐头并进、互相成就。发展县域经济、推进以县城为重要载体的城镇化已于 2020 年 10 月明确写入《中共中央关于制定国民经济和社会发展第十四个五年规划和二〇三五年远景目标的建议》。

2015 年 6 月 30 日，在会见全国优秀县委书记时，习近平总书记讲道："郡县治，天下安。我多次讲过，在我们党的组织结构和国家政权结构中，县一级处在承上启下的关键环节，是发展经济、保障民生、维护稳定的重要基础，也是干部干事创业、锻炼成长的基本功训练基地。"① 在实现中华民族伟大复兴的未来征途中，我们将面临惊涛骇浪和各种艰难险阻，需要千千万万的社会主义建设者和接班人进行伟大斗争。县乡是培养建设者和接班人的丰厚沃土，焦裕禄、谷文昌、杨贵就是从县乡群众中成长起来、带领群众艰苦创业、在群众中享有崇高威望的优秀干部的典型代表，未来还会有大量的领导干部从县乡走出。就党群关系来讲，县乡群众与基层政府打交道多，群众对党和政府最切身的体会就来自他们与县乡干部的互动。

与过去的乡土中国相比，今天的中国已发生天翻地覆的变化，进入以城市型社会为主体的阶段。但我国目前依然有1 800多个建制县，分布在广大的疆域中，而且我国有一半左右人口生活在县域，大城市中的许多居民、外来务工人员与县乡也有千丝万缕的联系。县乡社会中蕴含着推动社会进步的巨大能量，县乡中有大量鲜活的实践经验需要总结、提炼、升华，县乡中有许多时代问题需要回答，县乡也比大中城市更多地保留着地域文化传统。调查县乡、研究县乡，将有助于中国化时代化的马克思主义在中国大地落地生根、深入人心，有助于实现马克思主义基本原理同中国具体实际相结合、同中华优秀传统文化相结合。

---

① 习近平. 做焦裕禄式的县委书记. 北京：中央文献出版社，2015：66-67.

　　基于上述种种，我们计划出版县乡中国系列图书。该系列图书定位为基于田野调查的、问题导向的、以学术为支撑的高品质学术大众图书，每种图书都以中国广大县域为研究范围，呈现县乡大地上发生的活生生的事实，回应领导干部、学术界、社会大众强烈关注的县域现象和问题，并提出可操作的解决方案。

　　该系列图书是开放性的，其开放性包括以下几个方面：一是研究主题的开放性，包括教育、养老、女性、青年成长、经济发展等县域中的重要主题；二是所涉学科的开放性和交叉性，涉及社会学、政治学、经济学、公共管理等学科；三是写作风格的开放性，写作风格上倡导百家争鸣、不拘一格，尊重作者的创作主体性，鼓励作者进行创新；四是作者的开放性，我们希望与在县乡领域既有深入研究又致力于田野调查的优秀学者合作；五是对策的开放性，力求对县乡热点问题提出开放性、创造性的解决思路。我们致力于将该系列图书打造成品质一流、能引领学术潮流的原创学术大众图书。在出版节奏上，我们不追求短时间内出齐，而是陆续推出，成熟一本出版一本。

　　我们推出县乡中国系列图书，既是为了帮助社会各界尤其是青年人深入了解县域国情，帮助从县乡走出的读者了解家乡的发展变迁，也是为了服务于政策制定和创新，给各级干部实事求是地开展工作带来启发和助力。该系列图书的大部分基于作者们扎实的田野调查和深厚的学养写成，关注就业、教育、养老等群众急难愁盼的具体问题，用通俗易懂的语言揭示县域各个方面的真实情况，探寻现象背后的规律和本质，提出建设性的思路和办法。2023 年 3 月 19 日，中共中央办公厅印发了《关于在全党大兴调查研究的工作方案》。县乡中国系列图书正是这一文件精神的体现。

2022 年 4 月 25 日，习近平总书记在中国人民大学考察时强调："加快构建中国特色哲学社会科学，归根结底是建构中国自主的知识体系。"① 社会学、政治学、经济学等社会科学主要源自西方，社会科学的中国化和社会科学自主知识体系的建构是当前与未来我国学术界的奋斗方向。社会科学的基本概念、理论、范式来自对社会现象的总结和提炼，县乡中国系列图书扎根中国县域社会，以学术的方式讲故事、讲道理，希望能给学术界带来鲜活的事实和理论，促进中国自主的知识体系的建构。

我们将以饱满的热情和专业的能力做好这一系列图书的编辑出版工作，也真诚地期待这一系列图书能够助力我国的乡村振兴和县域高质量发展。

2023 年 7 月

---

① 坚持党的领导传承红色基因扎根中国大地走出一条建设中国特色世界一流大学新路. 人民日报，2022 - 04 - 26（1）.

序言："县"是什么？

吕德文[*]

如何认识"县"，这是一个亟须回答的问题。

一

一般认为，"县"是一个相对独立和稳定的政治社会单元。"县"是一个相对完整的社会文化单元。在一个县域范围内，人们有相近的语言和风俗习惯，有完整的市场体系。县和县以下是广阔的农村地带，但县城却有城市的一些基本形态，比如有行政机关、市集、文化机构等，往往还有军事驻地。在乡土社会，县城是农村的一部分，县城从农村汲取资源，为农村提供安全、教育等公共服务，承担商品集散的功能。大多数民众可能终其一生都在县域社会中生活，村庄可能不是世外桃源，但县域社会却可以自给自足。

---

[*] 武汉大学社会学院教授。

县治具有悠久的历史传统，自秦朝推行郡县制以来，县就是相对稳定的治理单元。"郡县治、天下安"，这一箴言至今有效。"县"将"国家"带入了广袤的乡村地带。帝制时代有"皇权不下县"的说法，"县"是行政体系的终点，却是地方精英活动的顶点。中国传统的地方治理具有"双轨政治"的特点，自上而下的正式行政和自下而上的半正式治理在县一级交汇，形成了官民两便的治理形态。

迄今为止，"县"的基本属性并没有发生根本变化。一是，"县"是城乡勾连的节点。县城是农村的头、城市的尾。农村要融入城市，或者说城市要渗入农村，往往是通过县城来实现的。大多数农村人的城市生活体验，也是从县城开始的。二是，"县"是国家与社会的接点。县是微缩版的"国家"，除了外交、国防等少数国家职能不能履行外，其他的国家治理职能都比较完备。但县治基本都是嵌在基层社会中的，举凡治安、税收等治理活动，都需要直接和民众打交道。在县一级，国家与社会相互塑造着对方。

二

而今，"县"的变化也非常显著。

从城乡关系的视角看，"县"连接城乡的功能发生了颠覆性的变化。最近十余年来，以县城为载体的城市化在快速推进，普通农民也开始进入县城生活。县城有了更加完备的城市要素，复制了"都市生活方式"。过去，县城属于农村，还具有鲜明的乡土社会性质；今天，农村属于县城，乡村社会越来越具有都市生活的特征。县城在引领乡村，而非相反。

从国家与社会关系的角度看，"县"具有越来越强的公共服务能力，对基层社会有极强的渗透能力。今天，县城代表的现代性，如行政、资本等代表的统一性和正式性力量，在改造着基层社会。乡土社会的差异性、非正式性等地方社会的特征，正在逐步消失。

县还是一个相对完整的政治社会单元，但是，县的地方性在慢慢减少，县的配置越来越标准化了。同时，在很多地区，县已经被纳入了更大的城市体系，县改区等措施的实施，使很多县丧失了独立性。

三

更重要的是，"县"的内部在发生剧烈的变化。

在城乡融合发展的过程中，县域社会逐渐从乡土社会转化为城乡社会。城乡社会是一个全新的社会形态。对于农民家庭而言，城市和乡村作为两种生活空间，已经不存在"二选一"的难题，而是可以两者兼顾。县域社会中的民众，大多数人往返于城乡之间，他们是农民，但也是市民。

"县治"也在发生结构性的变化。县、乡、村三级治理体系，出现了极大的变化。简言之，县级统筹能力有了极大提高，县级职能部门在慢慢"督查化"，它们不再直接履职，而是把主要精力放在督促检查乡村两级履行部门下达的治理任务上。乡镇政府在朝着"机关化"方向发展，其履职行为越来越规范，行政职能不断扩张，内务工作多于外务工作。村级组织则在向着行政化发展，村干部报酬已经在执行薪金制，村干部工作实行坐班制，村委会虽然还是群众性自治组织，但其主要工作是落实上级下派的任务。

四

近些年来，对"县"的研究俨然成为一个新的学术热点，越来越多的学科将研究力量投入其中。县域经济、县域社会、县域治理等成为学术研究的关键词，这说明"县"的重要性还在凸显，"县"的变化也在制造源源不断的学术命题。

这本新作，是田先红教授近年来深耕县域治理的研究结晶。这本著作深入经验的内部，对县域治理的内部运作有深刻观察。这些观察，既是对变迁中的"县"的记录，也是在"县"的场域对国家治理的一些重要议题做出回应。

这本书和杨华教授的《县乡中国：县域治理现代化》一脉相承，后者侧重于对县乡政治社会生态的写实白描，这本书则更注重理论解释。

　　田先红和杨华来自同一个学术团队，甚至很多调研是在一起完成的。但是，他们的写作风格却迥然不同，思考方向也有差异。相信读完这本书，读者肯定会有别样的启发。

　　　　　　　　　　　　　　　　2023 年 6 月 17 日

前　言

社会转型与政权韧性

随着市场经济发展和社会转型的加速，国家政权如何应对社会变迁、保持其韧性（适应性），成为国外政治学研究的重要议题。西方学者常常以民主与专制、计划与市场等二元对立的观点来看待国家政治和经济发展问题。按照国外政治学的一般预设，发展中国家在推进现代化过程中，往往会面临社会利益结构和思想价值观念多元化的挑战；发展中国家政治制度的刚性、国家能力不足，使其难以妥当应对社会转型的挑战，从而容易陷入混乱甚至崩溃。长期以来，许多西方观察家在研究中国问题时，会戴着这样的"有色眼镜"。他们将中国面临的困境归结为体制问题，认为中国的政治体制难以应对市场经济和社会转型所带来的新问题。

然而，改革开放40余年来，中国不仅没有像西方观察家预言的那样陷入混乱，反而在高速发展的同时保持了政治社会的稳定。纵观改革开放以来的中国，一方面，经济实力大幅增强，跃升为全球第二大经济体，人均 GDP 从 1978 年的 0.04 万元上升至 2021 年的 8.1 万元。经济发展带来社会结构的深刻变动。各种新兴社会群体不断涌现，人们的利益诉求日益多元化。此外，价值观念的多样化、新旧思想观念的碰撞，使社会共识更难达成。另一方面，党和政府采取一系列制度改革举措，将新兴社会群体吸纳进政治体制中，为其提供参与政治决策的权利和渠道。同时，国家大力实施脱贫攻坚、乡村振兴和共同富裕战略，缩小城乡、贫富差距，让全体人民共享改革发展成果。这些举措使国家能够保持政治社会稳定。中国的政治体制不仅没有发生改变，反而展现出强大的适应能力。那么，中国的政治体制何以能够保持较强韧性呢？

这一问题引发海外比较政治研究者的广泛关注。海外学界主要从两个视角分析中国的政权韧性问题。一是历史传统的视角。比如裴宜理（Elizabeth Perry）、韩博天（Sebastian Heilmann）指出，中国共产党在革命时期所积累的宝贵政治经验为改革开放后的政治体制增强了适应性。这些经验包括"游击式"政策风格、政策试验等[1]。二是宏观的视角。研究者从国家政治生活的制度化、政权学习能力等维度分析中国政权

---

① 韩博天. 红天鹅：中国独特的治理和制度创新. 石磊，译. 北京：中信出版集团，2018；HEILMANN S，PERRY E. Mao's invisible hand：the political foundations of adaptive governance in China. Cambridge：Harvard University Press，2011.

的韧性问题。黎安友（Andrew Nathan）认为，中国改革开放以来的制度化进程使体制增强了适应能力和稳定性。这主要表现在四个方面：制度化的领导人新老交替、干部晋升中的能力导向、体制内部的制度化分工、输入制度建设扩大了民众政治参与和利益表达的范围①。阎小骏也从"学习型政权"的视角来观察中国政治社会稳定机制，认为强大的学习适应能力是中国所具有的国家能力的重要组成部分，也是中国政权的特色，是政权得以保持其活力和韧性的根本要素之一②。这些研究视角和观点为我们理解中国政权的韧性提供了重要启发。

　　历史传统不可避免地在当代中国国家治理中留下烙印，但中国共产党领导的国家治理更鲜明地体现了与时俱进的特征。制度变迁只是海外研究者观察到的一些外在要素，而中国政治体制的活力来源于更深层次的机制因素。正如韩博天所言："西方许多研究者还在用制度主义分析框架和政权分类的方法来分析中国，这是很不恰当的。中国共产党的治理表现出极强的灵活性和适应性，并不是因为其制度基础，而是因为其政策风格，这种政策风格灵活多变，能够有效应对不断更新的发展任务以

　　① NATHAN A. Authoritarian resilience. Journal of Democracy，2003，14（1）：6.

　　② 阎小骏. 中国何以稳定：来自田野的观察与思考. 北京：中国社会科学出版社，2017：16.

及不断变化的国内外环境。"① "中国的政治体制受一些特殊的政策机制所驱动……正是这些机制推动了中国在政治、经济、社会和国际关系等重要领域的发展变化。"② 韩博天主要基于宏观的视角，从中国政策实施过程的角度理解中国政体的韧性问题。

本书将基于微观的视角，从地方治理切入研究中国政权的韧性机制。本书赞同这样一种观点：国家政权的韧性主要不是来源于制度和机构的完整性、稳固性，而是取决于政权在面临压力和危机时能否保持灵活性和适应性。正如研究者所指出的，"一个政治体制的抗压性不是取决于表面上看起来稳固强大的政府机构，而是更取决于在发生紧急危机的时候承受冲击、避免功能瓦解的治理能力，以及从危机中恢复所表现出来的组织和更新能力"③。本书将分析的重点放在揭示县域治理体制保持灵活性和适应性的主要机制上。确切而言，本书将聚焦于县域治理中的体制、机制及二者之间的关系问题④。通过

---

① 韩博天. 红天鹅：中国独特的治理和制度创新. 石磊，译. 北京：中信出版集团，2018：35.
② 同①.
③ 同①180.
④ 体制是指有关组织机构设置、领导隶属关系和管理权限划分等方面体系和制度的总称。体制的实质是指一个组织的基本制度架构。机制是指一个系统的各个组成部分之间相互联系、相互作用的过程和方式。参见秦德君. 中国社会体制问题研究. 上海行政学院学报，2010（4）：75；杜鹏. 一线治理：乡村治理现代化的机制调整与实践基础. 政治学研究，2020（4）：106.

对县域治理体制何以能够保持活力、体制优势如何转化为治理效能等进行考察，进而揭示中国地方治理活力的奥秘，这是笔者通过田野调查研究试图讨论的核心议题。

大国县域治理

在中国，县是一个古老的治理单元。早在春秋战国时代，部分诸侯国就已设立郡县制。秦统一中国后，郡县制得以普遍推广①。此后数千年时间里，县制传统得以延续。此前，学界长期流行"皇权不下县"的观点，但近年来史学研究资料表明，至少在清代前期，统治者已经通过政区设置、官员任命等途径加强乡村社会的国家政权建设②。

对于中国这样一个多层级治理、发展非均衡的大国而言，县域的角色和地位尤其重要。县是国家与乡村社会的接点③。瞿同祖曾说："州县官（知州、知县）在地方官系列中虽然品秩较低，但在地方行政中扮演着极其重要的角色……毫不夸张

① 苏力．大国宪制：历史中国的制度构成．北京：北京大学出版社，2018：234-240；曹锦清．中国郡县版图：大一统国家的形成与发展．文化纵横，2021（1）：93.

② 胡恒．皇权不下县？：清代县辖政区与基层社会治理．北京：北京师范大学出版社，2015：301-323.

③ 徐勇．"接点政治"：农村群体性事件的县域分析：一个分析框架及以若干个案为例．华中师范大学学报（人文社会科学版），2009（6）：2.

地说，地方行政全在州县官们手中。没有他们，地方行政就会停滞。"① 从历史来看，县在中国一直是最稳定、变动最小的次省级行政单位②。在国家构建框架中，县是最全面的微观单位，其处于国家与社会的交接面上，在整个政治体制中扮演着承启的角色③。从结构来看，县是基层最完备的"国家"，县级政治权力运作在某种程度上可以被视为国家权力运作的缩影④。除上述若干方面之外，还有如下几点更凸显了县域的重要性。

首先，县级政府是国家政策的转化器。中国作为一个大国，行政体系存在多个层级，各地经济社会发展水平存在较大差异。国家政策既要确保统一性、权威性，又要顾及地方性、多样性。为了兼顾二者，地方政府尤其是县级政府的角色就至关重要。中央统一、宏观的政策，层层传达到县级，需要县级政府根据本县实际，将其转化为可操作、能落地的具体举措。与省、市级地方政府相比，县级政府离乡村基层社会更近，更

---

① 瞿同祖．清代地方政府．范忠信，晏锋，译．北京：法律出版社，2003：29.

② 贺东航．现代国家构建的中国路径：源自地方的尝试性解答．北京：北京大学出版社，2021：35.

③ 杨雪冬．市场发育、社会生长和公共权力构建：以县为微观分析单位．郑州：河南人民出版社，2002：3-4.

④ 樊红敏．县域政治：权力实践与日常秩序：河南省南河市的体验观察与阐释．北京：中国社会科学出版社，2008：10.

能掌握基层社会的实况。县级政府机构健全、职能完备，具备在辖区范围内进行政策决策的权力。而乡镇作为"不完全政府"，其权力、资源、职能都较为有限，难以担负起政策转化的重任。如此，国家政策转化的重任自然而然地落到县级政府身上。县级政府成为国家政策转化的重要枢纽。

其次，县级政府是地方经济的发动机。与乡镇相比，县级政府具有较大的经济自主权。它掌握着辖区内的土地开发权、财政权等，具有较为完备的经济发展权能。而乡镇政府要么不具备这些权能，要么只具备有限的权能。有学者指出："今天的中国，主要的经济权力不在村，不在镇，不在市，不在省，也不在北京，而是在县的手上。理由是：决定使用土地的权力落在县之手。"① 尤其是改革开放以来，县级政府在我国经济社会发展中扮演着日益重要的角色。县际竞争使我国地方经济社会发展充满活力，是造就中国奇迹的重要机制②。县的重要经济地位催生了广为人知的"百强县"排行榜。1992 年，全国首届"百强县"排行榜发布，引发社会各界广泛关注。自1995 年起，党中央数次表彰全国优秀县委书记。2014 年，中共中央党校举办了第一期县委书记研修班。这些都表明县在中国经济发展中的重要地位以及国家对县的高度重视。

---

① 张五常 . 中国的经济制度 . 北京：中信出版集团，2017：144.
② 同①141 - 170.

最后，县级政府是中国城镇化的助推器。县域城镇化是中国城市化体系的重要组成部分。县域内既有城镇，又有乡村。县级政府在实施乡村振兴、推进城乡融合发展中发挥着重要作用。县域城镇化需要促进农村人口向县城有序转移。改革开放以来，县级政府通过集约土地、财政、金融、公共服务等资源，快速推动着县域经济社会发展和城镇化进程。2022 年 5 月，中共中央办公厅、国务院办公厅印发《关于推进以县城为重要载体的城镇化建设的意见》，指出"县城是我国城镇体系的重要组成部分，是城乡融合发展的关键支撑，对促进新型城镇化建设、构建新型工农城乡关系具有重要意义"。这意味着国家越来越重视发挥县域在新型城镇化中的作用。县级政府承担着推进新型城镇化的重任。

凡此种种，均凸显了县域对于大国治理的重要意义，也充分彰显了党、国家和社会各界对县域发展问题的高度关注。县级政府是推进中国式现代化的重要主体。可以说，没有县级政府的积极性、能动性，地方经济便难有活力，农业和农村现代化便困难重重。

那么，县级政府的积极性、能动性是如何产生的？县域治理体制优势是如何转化为治理效能的？这是本书关注和探讨的核心问题。本书将主要循着县域治理体制与机制之间的关系这一逻辑主线展开叙述。

县域治理体制与机制

当前，县域的重要角色和地位正激起越来越多研究者的兴趣。总体而言，已有研究主要采用了两种分析视角：一是行动者的视角，聚焦于分析县域政府官员的动机、行为和权力运行逻辑等；二是结构的视角，侧重于描述县域政府的行政结构、制度体系、条块关系等。运用的主要理论包括国家构建理论、统合主义理论、新制度主义理论等。已有研究逐步揭开了县域治理的"黑匣子"，将其概貌呈现于大众面前。然而，对于县域治理体系究竟如何运行这一问题，已有研究尚未给出令人满意的答案。这些研究多着力于静态的结构、制度分析，而对县域治理体制的动态运行过程、县域治理体制与机制之间的关系等问题分析不足。这较大地限制了我们对县域治理的深入理解。有一部分学者研究了中国古代州县地方政府制度，但其研究成果侧重于州县官员、行政制度的设置和架构问题①。由于年代久远、现场感缺失，学者们难以还原古代州县地方政府制度运作的实态。笔者认为，为进一步推进县域治理研究，需要深入调查研究县域治理体制与机制之间的关系。在此基础上，我们才能更深刻地把握县域治理的内在

---

① 瞿同祖. 清代地方政府. 范忠信，晏锋，译. 北京：法律出版社，2003；胡恒. 皇权不下县？：清代县辖政区与基层社会治理. 北京：北京师范大学出版社，2015.

逻辑机制，才能更好地理解我国县域治理制度优势转化为治理效能的奥秘。

新时代，中国共产党正带领中国人民全面建设社会主义现代化国家。中国式现代化既有各国现代化的共同特征，更有基于自己国情的中国特色①。坚持走中国式现代化道路，要求我们"突出坚持和完善支撑中国特色社会主义制度的根本制度、基本制度、重要制度，着力固根基、扬优势、补短板、强弱项，构建系统完备、科学规范、运行有效的制度体系，加强系统治理、依法治理、综合治理、源头治理，把我国制度优势更好转化为国家治理效能"②。如此，才能有力推进国家治理体系与治理能力现代化，为全面实现中国式现代化奠定扎实基础。

县域治理是国家治理的重要组成部分。县域治理制度优势能否顺利转化为治理效能，不仅关乎国家政策是否能得到顺利执行，而且攸关国家治理基石能否稳固。因此，在推进中国式现代化的背景下，急需深入探讨县域治理体制与机制之间的关系，分析县域制度优势转化为治理效能的逻辑规律。在县域治

---

① 习近平. 高举中国特色社会主义伟大旗帜 为全面建设社会主义现代化国家而团结奋斗：在中国共产党第二十次全国代表大会上的报告. 北京：人民出版社，2022：22.

② 中共中央关于坚持和完善中国特色社会主义制度 推进国家治理体系和治理能力现代化若干重大问题的决定. 人民日报，2019-11-06（1）.

理领域，制度优势转化为治理效能的命题实质上是如何实现县域治理体制与基层社会有效衔接的问题，要推动体制资源与治理事务、制度供给和群众需求的精准匹配①。具体而言，本书主要内容包括以下三个层面。

第一，研究县域治理体制。县域治理体制是县域治理中一系列制度、组织、权力分配的总和。它为县域治理提供了基本的权力架构、组织载体和资源基础。县域治理体制具有相对稳定性。党政体制是县域治理体制的最重要构成部分。在中国政治中，政党是核心能动者。同样，在县域党政体制中，县委也发挥着主要领导作用，就县域内的政治、经济、社会等方面事务作出重要决策。县域治理体制的结构、功能及其演变需要进行深入分析。具体研究内容涵盖党政体制、条块体制、权责结构等。

第二，分析县域治理机制。"无论制度还是体制，都必须通过一定的机制才能有效运行和更好地发挥作用。"② 县域治理机制是县域治理体制运行的过程和方式。它是县域内各个治理主体围绕某一特定的治理目标，在相应的治理规则支配下，

---

① 杨华.县乡中国：县域治理现代化.北京：中国人民大学出版社，2022：240-243；杨华.治理机制创新：县域体制优势转化为治理效能的路径.探索，2021（5）：63.
② 赵理文.制度、体制、机制的区分及其对改革开放的方法论意义.中共中央党校学报，2009（5）：19.

通过配置和运用资源展开的互动过程。本书主要对县域治理中的动员、激励和政策执行机制等展开分析。

第三，厘清县域治理体制与机制之间的关系。体制与机制的内涵、功能等都存在差异，但二者也是相互联系、相互作用的。"机制隶属于并内含在制度和体制中，它总是这样或那样地与某种制度和体制结合在一起，因而也总是这样或那样地受它们的制约和影响。"① 研究县域治理体制与机制之间的关系，就要分析体制和机制之间的互动作用以及二者相互转化的基础、条件和路径等。例如，县域治理体制如何规定了治理机制的运行方式，治理机制如何影响治理体制的运行效率，治理机制如何在特定条件下转化为治理体制，等等。

本书的框架结构包括县域治理体制、县域治理机制创新、县域政府动员机制和县域政策执行机制四个方面，主要分析了县域治理中的条块体制、权责分配体制和财政体制，县域治理机制创新与治理体制之间的关系以及治理机制创新的条件、类型、方式和效应，县域政府如何通过各种激励方式实现体制动员和社会动员，县域政府执行政策的过程和机制等问题。

本书主要采用案例研究方法，案例由笔者及研究团队搜集而来。搜集案例资料的主要途径是实地田野调查。本书的田野

---

① 赵理文. 制度、体制、机制的区分及其对改革开放的方法论意义. 中共中央党校学报，2009（5）：19.

调查，大多都是最近数年开展的。笔者及研究团队在鄂、浙、苏、赣、粤、黔、渝、豫等省（市）下辖的县（市、区）开展了多次县乡（街道）基层治理调查。调研的主题涵盖县域党政体制、条块关系、项目运作、政府动员、城镇化等①。

① 根据学术惯例，书中所涉调研地的地名、人名均为化名。

目　录

第一篇　干部激励与流动

第二篇　权力配置与运行

第三篇　事权分配与落地

第一篇

∴

干部激励与流动

一　目标管理抑或政治评价：
县域官员靠什么晋升

地方官员晋升之谜

　　绩效考评是科层制中评价工作人员的一种重要手段。绩效考评具有三个功能：一是激励功能，即激发干部的工作积极性（学界侧重研究）；二是干部分类、干部选拔的功能，即通过绩效考评来发现什么样的干部是有能力的，这也是识别干部的机制，即识别出干部中的先进分子和落后分子；三是工作改进功能，即识别问题，通过考核发现某些单位、某些工作领域中的弱项和存在的问题，进而提出改进措施。

　　绩效考评可以分为目标管理（考核）与政治评价两种方式。所谓目标管理（考核），就是上级给下级分派一定量的指标任务，并通过特定的指标体系来衡量下级完成指标任务的情况。"目标管理责任制是以指标体系为核心，以责任体系为基础，以考核体系为动力，辐射形成目标管理网络，以期获得最佳行政效能的一套综合管理方法。"① 目标管理责任制是科层制中最常用的一种考核方式。

所谓政治评价，是指上级领导通过下级完成其重点关注或交付的重要工作任务或关键事项的情况来评价下级的工作能力。它是领导对下属完成重点工作任务情况的总体评价。政治评价并不涉及具体明确的任务指标，而是领导对下属工作能力的一种印象评价。

在各地县乡基层做调研时，笔者发现一个带有一定普遍性的现象，即各项指标考核繁多，有综合考核、专项考核、月度考核、季度考核、年终考核等，但是这些考核最终可能流于形式，出现考核分数差别不大、"轮流坐桩"（即首位、末位等某些关键名次由各单位轮流获得）等软考核现象。目标管理责任制在基层发挥的激励作用并没有我们想象的那么大。其他学者的观察也发现，"年度综合考核评价与干部选拔任用的关系较弱，'工作考核要转化为干部选拔任用的依据，有点难……'考评结果不仅事实上与干部选拔任用只有间接关联，也不应该建立直接关联"②。

这些调研发现与学界关于官员晋升锦标赛的研究形成了较

---

① 王汉生，王一鸽. 目标管理责任制：农村基层政权的实践逻辑. 社会学研究，2009（2）：61.

② 高翔，蔡尔津. 以党委重点任务为中心的纵向政府间治理研究. 政治学研究，2020（4）：65.

大反差。"政治锦标赛"模式强调以经济增长率为核心的量化
目标，考核绩效是地方官员晋升的主要因素①。而我们的田野
观察不仅没有发现目标管理考核绩效与官员晋升之间的强关
联，甚至对目标管理责任制本身的运行效果也产生了疑问，这
使我们不得不质疑"政治锦标赛"理论。这也促使我们进一步
思考：目标管理责任制对于基层官员晋升到底有何意义？它在
县域基层官员评价中到底扮演着什么样的角色？这个问题进一
步延伸，就是地方基层官员晋升到底是由什么决定的？

　　笔者调查发现，上级对下级的政治评价是影响官员晋升的
重要因素。在政治评价中，上级领导通过下级完成其关注或交
付的重要工作的情况来评价下级的工作能力。政治评价也体现
下级的工作绩效，但是这种绩效并非依据目标管理责任制而形
成的绩效。否定目标管理责任制绩效在官员晋升中的主导作
用，并不意味着绩效不重要，而只是说上级衡量绩效的方式和
标准存在差异。

目标管理责任制：特性与功能

　　在企业管理中，目标管理要求管理者将工作重心放在追求

---

　　① 周黎安．中国地方官员的晋升锦标赛模式研究．经济研究，
2007（7）：36．

企业整体目标的实现上，以实现企业整体目标为目标。"管理者必须了解根据企业目标他需要达到什么样的绩效，而他的上司也必须知道应该要求和期望他有什么贡献，并据此评判他的绩效。"① 可见，实施目标管理制度，一方面要确定和明了企业（组织）的整体目标；另一方面要确定和分配每位管理者（员工）的目标任务，即划分责任，并对管理者进行绩效评价。

1978 年年底，邓小平指出，在管理制度上，要特别注意加强责任制。"任何一项任务、一个建设项目，都要实行定任务、定人员、定数量、定质量、定时间等几定制度。"② "要严格考核，赏罚分明。所有的企业、学校、研究单位、机关，都要有对工作的评比和考核，要有学术职称、技术职称和荣誉称号。要根据工作成绩的大小、好坏，有赏有罚，有升有降。而且，这种赏罚、升降必须同物质利益联系起来。"③ "总之，要通过加强责任制，通过赏罚严明，在各条战线上形成你追我赶、争当先进、奋发向上的风气。"④ 邓小平的讲话为改革开放后我国干部人事制度改革提供了指导方向。自 20 世纪 80 年代始，干部工作目标责任制作为一种明确的制度设置被引入中

---

① 德鲁克.管理的实践.齐若兰，译.北京：机械工业出版社，2009：98.

② 邓小平文选：第 2 卷.2 版.北京：人民出版社，1994：151.

③ 同②.

④ 同②151-152.

国行政体制①。它契合了党和国家将工作重心转移到经济建设
上的改革方向。

时至今日，目标管理责任制已经被广泛运用于我国干部人
事管理之中，形成了一整套构成复杂、运行逻辑严密的制度体
系，为广大干部提供了强激励②。目标管理是侧重常规工作和
业务工作的管理。常规工作包括工业发展、招商引资、农业项
目、环境保护、基层党建等。常规工作考核内容也可能根据上
级要求进行更新调整。业务工作包括报表填写、公文撰写、档
案材料管理等。目标管理责任制既可以针对某个单位（比如乡
镇、县直部门），也可以针对干部个人。目标管理责任制的特
征包括以下几个。

一是周期性。目标管理责任制一般以年度为大周期。在年
度大周期下面，有些考核内容还进一步按季度、按月甚至按周
划分小周期。年终时，县级政府对各个乡镇的工作任务目标完
成情况进行打分、汇总、排名。年终考核影响到各个乡镇的绩
效奖励。

二是流程化。目标管理责任制的运行具有一套完整的流

---

① 田先红．基层信访治理中的"包保责任制"：实践逻辑与现实困
境 以鄂中桥镇为例．社会，2012（4）：164.
② 王汉生，王一鸽．目标管理责任制：农村基层政权的实践逻
辑．社会学研究，2009（2）：61.

程，包括目标任务的确定、派发、完成和评价等环节①。具体到县域治理中，目标管理责任制的运行流程一般是这样的。首先，县级政府设定并分派目标任务。这项工作由县考核办负责落实。县级政府根据需要完成的目标任务"总盘子"，给各个乡镇分派任务目标。其次，由县级政府及其部门给各个乡镇打分、排名。最后，根据排名顺序决定奖惩等次。排名靠前的给予奖励，落后者则要受到责罚。

三是数量化。在传统社会，由于国家能力不足，难以建立起一套有效的数目字管理体系。这被认为是传统中国发展缓慢的重要原因②。现代国家治理的基本特征是标准化、简单化、清晰化③。目标管理责任制作为一种数目字管理方式，较好地体现了现代国家治理的基本特征。在目标管理责任制运行过程中，县级政府设定考核分值权重，并按照权重进行量化打分。县级政府通过一个个统一的、标准的量化指标来衡量乡镇的工作绩效。考核任务目标可以量化，使目标管理责任制呈现出可见性、简单化、清晰性特征。上级可以非常直观、清楚地识别

① 荣敬本，崔之元，王拴正，等．从压力型体制向民主合作体制的转变：县乡两级政治体制改革．北京：中央编译出版社，1998：30-34.

② 黄仁宇．中国大历史．北京：生活·读书·新知三联书店，1997：195-203.

③ 斯科特．国家的视角：那些试图改善人类状况的项目是如何失败的．王晓毅，译．北京：社会科学文献出版社，2012：2.

出考核结果名次或等级。

目标管理责任制通过量化评价、给下级施加压力，可以在一定程度上推动工作有效开展。目标管理责任制也是一种识别机制。上级可以通过目标管理责任制来发现、识别乡镇工作中的问题，进而优化公共政策。它具有改进决策、完善公共服务的功能。

乡镇的领导关注目标管理责任制考核结果，因为考核结果关系到乡镇的颜面，关乎乡镇在县级领导中的形象。如果某个乡镇的目标管理考核结果排名常常靠前，至少说明该乡镇各项工作做得较为出色，能够赢得县级领导的好感。相反，如果某个乡镇的考核结果排名常常倒数或垫底，那么可能会给县级领导留下不好的印象。

在评价奖惩方面，目标管理责任制考核结果与干部的年终奖、工资待遇挂钩。对于普通干部而言，他们可能更在意的是经济待遇。因此，普通干部也比较关心目标管理责任制考核结果。

目标管理考核作为一种技术化的考评方式，它也存在一些缺陷。

一是考核结果的均平化。在实践中，各个被考核对象的业绩结果差距不大，尤其是前后名次之间，考核得分往往只有极小差距。考核结果的均平化，使人滋生出"吃大锅饭"的心态，许多干部并不真正关心目标管理责任制。考核软化是目标管理责任制的常态。因此，目标管理责任制的激励效果比较有限，难以真正调动干部的工作积极性，也很难识别出真正能干大事的、有综合领导能力的干部。

　　二是考核结果的失准化。目标管理责任制具有很强的技术性。它试图通过各种可计量、可操作的指标和分数来衡量被考核对象的业绩，尽量减少考核过程的人为操作空间。然而，这种技术化的考核方式同样无法避免人为因素的干扰。被考核对象可以采用各种策略主义①的方式应对考核。比如，被考核对象可能通过跟考核部门进行人情往来疏通关系，将本部门的考核分数尽量提高。最终，目标管理责任制可能异化为跟考核部门建立关系，而不是将重点放在如何完成工作任务目标上。考核结果并不能完全反映各个单位的业务工作完成情况。尽管上级考核政策在县乡层面得到了一定程度的执行，但是这些实际的考核操作可能并没有量化，而更多只是定性考察（如合格与不合格），相应的考核结果更多也只是与经济奖惩挂钩，却并未涉及政治提拔②。

　　而且，在实践中，尽管目标管理责任制设定了一些明确的量化标准，但是上级部门在评分时仍然具有较大的自由裁量空

---

① 欧阳静. 策略主义：桔镇的运作逻辑. 北京：中国政法大学出版社，2011.
② 陶然，等. 经济增长能够带来晋升吗?：对晋升锦标竞赛理论的逻辑挑战与省级实证重估. 管理世界，2010（12）：13.

间。有些治理事务无法通过客观的量化指标来衡量，而只能根据上级部门的主观判断来进行评分。在此过程中，上级部门的自由裁量空间得以展现，也为被考核对象通过人缘和关系进行活动创造了空间。因此，虽然技术化、标准化的目标管理责任制试图建立一套客观、标准的评价指标体系，但它同样无法避免考核结果的失准。

尤其是对某个乡镇工作的目标考核来说，其考核对象是作为整体的单位，单位工作绩效不仅跟主要领导的能力有关，而且跟单位的基础条件等因素有关。单位整体工作绩效并不能跟作为个体的领导干部的能力严格对应起来。由于目标管理责任制存在上述缺陷，仅以考核结果来评价、提拔干部，难免失之偏颇。

政治评价：县域官员激励之深层机理

"旗帜鲜明讲政治是我们党作为马克思主义政党的根本要求。党的政治建设是党的根本性建设，决定党的建设方向和效果，事关统揽推进伟大斗争、伟大工程、伟大事业、伟大梦想。"[①] 政治素质是中国共产党评价和选拔干部的首要标准。

---

① 十九大以来重要文献选编：上．北京：中央文献出版社，2019：794.

中国共产党历来高度重视领导干部政治素质的培养。"讲政治"被放在党的干部选拔、培养标准的第一位。

习近平总书记强调:"选什么样的人?就是要坚持好干部标准,把政治标准放在第一位。政治标准是硬杠杠。这一条不过关,其他都不过关。如果政治不合格,能耐再大也不能用……我们今天讲的'德',第一位的是政治品德。政治上有问题的人,能力越强、职位越高,危害就越大。"① "德包括政治品德、职业道德、社会公德、家庭美德等,干部在这些方面都要过硬,最重要的是政治品德要过得硬……对我们共产党人来说,修己最重要是修政治道德。我们党对干部的要求,首先是政治上的要求。选拔任用干部,首先要看干部政治上清醒不清醒、坚定不坚定。"② "选人用人必须把好政治关,把是否忠诚于党和人民,是否具有坚定理想信念,是否增强'四个意识'、坚定'四个自信',是否坚决维护党中央权威和集中统一领导,是否全面贯彻执行党的理论和路线方针政策,作为衡量干部的第一标准……政治品德不过关,就要一票否决。"③ 在衡量领导干部政治素质时,需要"看政治忠诚,看政治定力,

---

① 十九大以来重要文献选编:上. 北京:中央文献出版社,2019:564.

② 习近平. 努力造就一支忠诚干净担当的高素质干部队伍. 社会主义论坛,2019(2):4.

③ 同②.

看政治担当，看政治能力，看政治自律"①。

本文侧重从领导干部的政治能力角度来理解政治评价问题。《中共中央关于加强党的政治建设的意见》强调："党员干部特别是领导干部要加强政治能力训练和政治实践历练，切实提高把握方向、把握大势、把握全局的能力和辨别政治是非、保持政治定力、驾驭政治局面、防范政治风险的能力。"习近平总书记还特别强调在评价和选拔干部时要注重其完成急难险重任务、处理复杂问题等方面的表现。他指出："考核干部要经常化、制度化、全覆盖，既把功夫下在平时，全方位、多渠道了解干部，又注重了解干部在完成急难险重任务、处理复杂问题、应对重大考验中的表现，既在小事上察德辨才，更在大事上看德识才……要近距离接触干部，看干部对重大问题的思考、对群众的感情、对待名利的态度、为人处世方式、处理复杂问题能力。"②

在本文中，政治评价的主要内容包括领导干部完成中心工作尤其是急难险重任务、攻坚克难的能力，以及完成上级组织和领导交办的事情、领导关注的事情的能力。政治评价类似于所谓"依任务提拔"，是上级党委对下级领导干部提供的可信

---

① 习近平．努力造就一支忠诚干净担当的高素质干部队伍．社会主义论坛，2019（2）：5．

② 十九大以来重要文献选编：上．北京：中央文献出版社，2019：563－564．

承诺和重要激励①。政治评价的特征包括以下几方面。

一是政治性。中心工作、急难险重任务都是领导高度关注的事情。领导交办、关注的事情，属于干部必须完成的政治任务。政治评价关注干部的责任担当意识，在关键时刻、在组织需要的时候，干部是否能够挺身而出，为组织分忧。敢于承担责任、为组织分忧的干部，将得到领导的赏识，成为组织上可靠的人。政治评价可以衡量领导干部的综合政治素质，体现领导干部的政治站位。因此，政治评价也是一种识别领导干部的重要机制，上级可以据此识别出谁是"可靠的人"。政治评价的高低，成为领导提拔、用人的重要标准。

二是模糊性。与目标管理责任制的高度量化、清晰性不同，政治评价更多的是一种主观评价。它没有严格的量化指标。因此，政治评价的标准是相对模糊的。当然，没有严格的量化指标，并不意味着没有评价的标准。对于领导而言，政治评价的标准也是较为明确的，那就是干部是否完成了组织托付的任务、领导关注和交办的事情，以及完成的质量如何。完成任务与否和完成任务的质量，将决定领导对干部的满意度。如果高质量地完成任务，那么将获得领导的高度评价，否则，领导会评价其"能力不行"。

---

① 高翔，蔡尔津．以党委重点任务为中心的纵向政府间治理研究．政治学研究，2020（4）：67.

　　三是个体性。与目标管理责任制既针对单位整体又针对干部个体不同，政治评价只针对干部个体。因此，政治评价具有个体性。它是领导对某个特定干部的工作能力、政治素质的评判。组织、领导据此可以判定哪位干部是"可靠的人"，哪位干部"不可靠"；哪位干部能力强，哪位干部能力弱。

　　政治评价体现了"以事评人""依任务提拔人"的价值取向。这契合了中国共产党在选拔干部时"优者上、庸者下、劣者汰"的选人用人导向。在重大任务、关键事件中考察领导干部的能力，是组织部门选拔领导干部的主要依据。"就标准而言，组织部门也会参考综合考核评价，但它们实际使用的却是'实绩分析'。'实绩分析'不等于'数字评人'，而是更加侧重'以事评人'。以事评人接近人力资源管理中的关键事件分析法，即重视分析、评估候选人在特定岗位上应对关键事件时的表现。对于担任主要领导职务的地方党政领导干部来说，重点任务恰恰构成了组织部门判断他们能力的关键事件。"[①] 常规的目标管理责任制考核绩效仅作为评价领导干部的参考标准，而关键事件、重点任务的完成情况才是评价和提拔领导干部的主要依据。当然，政治评价也体现出领导与下属之间的关系亲疏。政治评价可能会因其主观性、

---

　　① 高翔，蔡尔津．以党委重点任务为中心的纵向政府间治理研究．政治学研究，2020（4）：68．

个体性而带来弊端。在实践中,需要尽量避免政治评价可能产生的负面影响。

二元评价体系的意义

县域治理中的干部评价体系并非仅有目标管理责任制一元评价体系,而是目标管理责任制与政治评价相结合的二元评价体系。目标管理责任制为广大干部提供激励,推动常规工作和业务工作的落实落地,并在一定程度上为干部评价选拔提供参考依据。政治评价侧重考察领导干部推动重点任务、关键事项的完成情况,是评价、选拔领导干部的主要依据。县域治理中的二元评价体系,与县域基层治理事务属性、干部群体结构和干部选拔导向相匹配。目标管理责任制和政治评价共同构成县域治理中的干部激励体系。

首先,二元评价体系与基层治理事务属性相匹配。基层治理事务既有常规业务工作,又有重点任务(关键事项),包括各种中心工作、急难险重工作、领导关注和交办的事情等。不同的治理事务需要匹配不同的评价、激励措施。目标管理责任制和政治评价两种评价方式各有侧重,从而与基层治理事务属性相匹配。

其次,二元评价体系与基层干部群体结构相匹配。基层干部群体中,既有领导干部,也有普通干部(或业务干部)。虽然目标管理责任制的考核结果对领导干部也有影响，但是它对普通干部的影响更大。普通干部主要从事常规业务工作。目标管理责任制虽有选拔干部的功能，但它更侧重的是与经济待遇挂钩，关乎普通干部的经济待遇。而政治评价则通过对中心工作、急难险重工作和领导交办的事情的考评，把有培养潜力的干部识别出来。政治评价跟领导干部经济待遇没有直接关联，它并不为领导干部提供直接的经济激励，其主要功能是锻炼、培养领导干部。

已有研究者的调查也表明："副科级以上的党政领导干部高度认同'依任务提拔'，但明显不认同'依绩效提拔'。普通干部则同时认可'依绩效提拔''依任务提拔'两种判断。"[①] 在 2015 年市县党政正职调查中，有逾八成（84%）干部认为重点任务对他们的职务晋升重要或非常重要，但只有不到一半（46%）的受访者认同综合考核评价的重要性。在 2017 年的五省地方干部调查中，同样有 81.9% 的地方干部认同"依任务提拔"的判断，认同"依绩效提拔"的只有 53.8%。而且，这些相信上级党委"依任务提拔"的地方干部，相比他们的同事更有可能"无条件执行上级下达的急难险重任务"[②]。

---

① 高翔，蔡尔津. 以党委重点任务为中心的纵向政府间治理研究. 政治学研究，2020（4）：70.

② 同①69.

这些调查数据证实，领导干部和普通干部在对目标管理考核和重点任务的认知上存在较大差异。领导干部更看重完成上级安排的重点任务的能力，而普通干部更看重目标管理考核绩效。选拔领导干部主要依据的是完成重点任务的情况，而不是目标管理考核绩效。

最后，二元评价体系与基层干部选拔导向相匹配。对于党委政府而言，不仅要培养精通业务的普通干部，而且要培养领导能力强、政治素质高的领导干部。目标管理责任制侧重对常规业务的考核，可以督促基层干部重视业务工作，熟练掌握业务工作技能，提升业务水平。而政治考评则侧重选拔善于完成重点任务的领导干部，为党委政府选拔优秀领导干部提供了途径。因此，这种二元评价体系是契合我国干部选拔要求的。

当然，二元评价体系也不是割裂的。比如，目标管理考核直接关系到广大普通干部的经济待遇。普通干部对领导干部尤其是各单位的一把手也有期待和要求。各单位要争取更好的考核业绩，解决业务干部的经济待遇问题，这样广大干部才能更有工作积极性。

对于领导干部而言，他们必须顾及普通干部的要求，尽可能使单位里面的经济待遇得到提高，让大家获得更高的年终绩效奖。如此，领导干部才更能得到大家的支持。而且，各单位的业绩不能太差，要尽可能争取优秀。这是获得良好的领导印象的重要条件。如果单位在目标管理责任制考核中表现太差，可能遭到上级领导批评。

在一些地方，目标管理责任制被硬化，甚至实行末位淘汰。这迫使各单位高度重视目标管理责任制考核业绩，尽量避免排名末位。目标管理责任制硬化之后，上级就需要真正重视目标管理责任制在领导干部选拔中的作用。那些在目标管理责任制考核结果中表现优异的单位的领导干部（主要是一把手），就应该予以重用。否则，上级的人事任免就难以服众，也会挫伤领导干部的工作积极性。因此，目标管理责任制是否成为上级选拔领导干部的主要机制，取决于目标管理责任制本身是软化还是硬化的。若目标管理责任制软化，甚至流于形式，那么上级将目标管理责任制业绩作为选拔干部的标准，将难以选拔出真正具有较强领导能力、较高政治素质的领导干部。若目标管理责任制硬化，那么上级就应该为那些在目标管理责任制考核中表现优异的领导干部提供更多的晋升机会。此时，我们才可以认为目标管理责任制是官员获得晋升机会的主要机制。目标管理责任制并非如许多学者所预设的那样，总是官员晋升的主要机制。

小结

在中国地方官员晋升问题上，笔者并不赞同"关系论"，也不赞同基于目标管理考核的"绩效论"。"关系论"注意到了地方官员晋升的政治关系网络因素，但地方官员晋升显然不能都归结为关系，否则就无法解释中国发展奇迹。同时，地方官员晋升也并不是如"政治锦标赛"理论所预设的那样以目标管理考核绩效为主导。笔者认为，中国地方官员晋升确实是绩效导向的，绩效考核是政府激励的重要手段。但是，此处所谓绩效，并非目标管理考核绩效，而是政治评价，即依重点任务完成情况和能力进行评价。

常规的目标管理责任制与政治评价，共同构成了县域治理中的二元评价体系。常规考核以常规业务工作为主要内容，是对一个单位的整体性考核，具有问题识别与问题解决功能，但其具有技术化特征，容易滋生制造数据等弊病，在识别真正有能力的干部方面具有局限性。政治评价以中心工作、急难险重任务和领导交办的事情为主要内容，是对干部核心能力的考核，具有识别和选拔领导干部的功能。二元评价体系是中国制度优势的表现，与基层治理事务属性、干部群体结构和干部选拔导向相匹配。二元评价体系不是割裂的，而是相互结合的，而且要保持一定平衡。这种二元评价体系契合了中国治理体制和干部选拔培养的需求，具有中国特色。

二 培养与激励：
乡镇"管区"干部的流动轨迹

管区是介于乡镇与行政村之间的一级准行政组织，相当于乡镇的一个派出机构。管区曾经普遍存在于中国各地农村。山东省是迄今管区保存得最为完整的地方。笔者在山东省 L 市农村 C 街道办事处调研时，惊叹于当地乡镇（街道）管区的设置：一是管区专职干部数量的庞大，每个管区的干部少则七八人，多则十余人；二是管区拥有专门的办公场所，有的甚至是一栋独立的办公大楼，其规模、气派丝毫不亚于一些地方的乡镇政府；三是管区内部岗位层级众多，包括书记、主任、副书记、副主任、文书和一般办事员，共 6 类岗位。管区成为当地干部培养和流动的重要舞台，在乡镇干部培养体系中占据重要位置。乡镇政府高度重视管区干部的培养和流动。

管区干部的结构

C 街道下辖 48 个行政村（社区），户籍人口约 4 万人，版图面积 80 平方千米。2018 年，C 街道对管区设置进行了调整，由原先的 5 个管区调整为 6 个。每个管区下辖 7～9 个行政村（社区）。管区工作人员一般为 8 名左右。管区内部成立党总支，设总支书记、主任、副书记、副主任、文书和一般办事员等。设立管区之后，乡镇干部的规模要比没有设置管区的乡镇大得多。C 街道管区干部总量为 50 余人，街道机关干部数量为 117 人，二者合计 170 余人。管区干部是由乡镇招聘和管理的，实质上也属于乡镇干部。在一个经济并不发达且只有 4 万人口的城郊街道（C 街道大部分区域仍属于农村），街道干部数量却多达 170 余人。笔者在湖北省 T 县曾调研过一个乡镇，全镇人口 3.6 万人，镇干部只有 30 多人。两相比较，差距颇大。

从管区的发展历程来看，管区干部数量经历了一个膨胀的过程。以前只有管区书记、主任和文书是专职的管区干部，其余管区干部均为兼职。除了完成管区的工作任务外，兼职干部还需要完成乡镇站所、办公室业务工作。当前，绝大部分管区干部均为专职人员。虽有个别管区书记兼任乡镇机关部门的负责人，但其将主要精力都放在了管区工作上。

管区干部的身份构成较为复杂，包括行政编（公务员）、事业编、人事代理、公益岗聘用人员、第三方劳务派遣等。管区干部中，有正式编制（行政编和事业编）的干部比较少，大部分都是有"身份缺陷"的干部。所谓"身份缺陷"，主要是指学历较低，没能获得正式编制。这些有"身份缺陷"干部的来源多样，比如退伍转业安置的、公益性岗位临聘的、大学生村官、从村干部（主要是村支书）里面选聘的干部或者第三方劳务派遣等。在某种意义上，管区成为乡镇安排有"身份缺陷"的干部的一个重要途径。

在年龄结构上，管区干部实行老、中、青结合。年轻干部承担了更多的业务工作和日常事务，比如填写报表、统计数据、接收文件、对接上级等。相较而言，中老年干部主要从事群众工作，比如征地拆迁等。尤其是遇到比较难完成的拆迁任务时，一般都会请群众工作经验丰富的老干部出面。在开展征地拆迁等攻坚克难工作时，管区往往会安排经验丰富的老干部与年轻干部搭班，形成传帮带机制，培养年轻干部的群众工作能力。

管区干部流动的空间

管区在乡镇干部流动、晋升中扮演着重要角色。一方面，管区拓展了乡镇干部流动与晋升的空间；另一方面，乡镇为管区干部提供晋升激励。

C街道的干部规模较为庞大。对于干部而言，从乡镇往上、往外流动或者在乡镇内部晋升为班子成员的空间较为有限。在领导岗位有限的情况下，乡镇干部规模越庞大，干部流动、晋升的空间就越小，机会也越少。管区设置增加了隐性层级，扩大了干部流动的空间。

一是管区增加了乡镇的纵向层级结构。若未设置管区，乡镇的结构比较扁平化。增设管区之后，相当于在乡镇内部增加了一个行政层级，从而扩大了乡镇干部纵向流动的空间。

二是管区内部增加了更多的隐性层级。管区虽无明确分工，但管区内部的职务也有等级之分，形成了许多隐性层级。管区中的隐性层级拓展了干部流动的空间。如果管区的隐性层级缺失，管区干部长期停留在办事员的级别上，很容易产生职业倦怠。

三是管区拓展了干部水平流动的空间。管区的级别与乡镇站所、办公室的级别等同，相当于股级机构。设置管区之后，乡镇干部可以在管区与站所、办公室之间流动。乡镇（街道）的站所、办公室干部以从事数据统计、报表填写等业务工作为主，这些部门主要训练干部的业务能力。管区干部则需要更多地从事群众工作，锻炼群众工作能力。也就是说，二者虽然级别相同，但是工作内容、对干部的能力要求存在差异。乡镇干部在管区和站所、办公室进行水平流动，有利于其掌握不同岗位上的工作内容，具备更全面的工作能力素养。

可见，管区增加了乡镇的纵向层级和横向空间，进而为乡镇干部流动提供了更大的可能性。

管区干部流动的方向

从方向来看，管区干部流动可分为纵向流动和水平流动。所谓纵向流动，就是不同层级之间的流动。比如，从办事员晋升为副主任，或者从管区书记晋升为乡镇副科级干部，成为乡镇领导班子成员。管区的个别编外人员也可以通过考试，从临聘人员转为正式编制干部。

在纵向流动上，管区主职干部尤其是管区总支书记的晋升流动尤为重要。管区总支书记是管区的总负责人，是管区中的关键岗位。能否掌控和激励管区书记，直接关乎管区治理的绩效。"办事处的领导对管区书记很器重，（站所）部门的人没有管区那么有分量。如果是提拔，优先考虑管区书记，至少是一半对一半。"（访谈笔记，20201023LHB）2016 年，C 街道办事处干部换届时，在 5 名管区总支书记中（当时 C 街道管区尚未调整，只有 5 个管区），除 2 人因身份原因（学历不够）未被提拔外，其余 3 人均获得提拔。

乡镇党委政府将管区书记作为培养副科级后备干部的重要人选。管区书记可谓乡镇中的"封疆大吏"。管区相当于一个"小乡镇"，虽小，但需要面对和处理的事务繁杂，因此管区工作具有很强的综合性。担任管区书记，可以锻炼干部的多方面能力。一是领导能力。管区书记需要领导、安排管区干部，统筹安排管区各项工作，这些都需要一定的领导才能。二是综合协调能力，包括协调处理跟乡镇领导、各行政村干部、乡镇各部门之间关系的能力等。三是应急处置能力。在征地拆迁、信访维稳、安全生产等方面，管区书记都承担着属地管理的第一责任。一旦管区内出现突发事件，管区书记往往站在第一线，开展应急处理工作。四是群众工作能力。管区直接面对基层社会，管区干部与群众交往的机会更多。一般的群众工作可由其他管区干部处理，当管区面临突出的群众工作难题时，管区书记作为一把手被推到群众工作的前台，必须出面处理复杂的群众工作难题。长期担任管区书记，有利于培养干部的群众工作能力。可见，管区书记岗位对于培养锻炼乡镇干部的各方面能力具有重要意义。

乡镇党委政府将一些具有培养潜力的干部安排到管区进行锻炼。管区工作可以考验干部的工作、领导能力，帮助他们积累基层工作经验。管区书记一般被认为是乡镇的准副科级干部。只要被派往管区担任总支书记，在符合身份条件且不出意外的情况下，进入副科级干部序列的可能性一般都很大。管区总支书记往往是在政治前途上"有想法的人"。"年轻的（干部）进管区的主要是锻炼、提拔，要政治前途。"（访谈笔记，20201023LHB）调任管区书记的干部，往往都更珍视自身的政治前途。他们需要努力、高效地完成乡镇发包的治理任务。同时，其他管区干部也具有晋升为管区书记的动力，因为管区书记经历是通向乡镇副科级干部梯队的重要履历。

我们的调查统计显示，C 街道 18 名副科级以上干部中（含非党政班子成员），有 9 人拥有管区工作经历。除了那些从上面下派的领导干部和跨地域调来的领导干部之外，本地成长起来的干部大多数都拥有管区工作经历。这足见管区在基层领导干部培养、选拔中扮演着重要角色。

管区干部的水平流动，是指管区干部的岗位发生变化，但是级别未变。管区干部可以跨管区流动，也可以跨部门流动，或者跨部门与管区流动，可以跨越部门流动到管区，或者从管区流动到部门。一些优秀的管区干部尽管不能升到副科级领导岗位，但可以跨域流动到乡镇办公室或者站所担任负责人。管区既为干部提供了政治晋升激励，又为乡镇培养、输送了大量具有较强综合素质的干部。

乡镇往往会安排一些二三十岁的年轻干部到管区锻炼，当管区干部年龄偏大时，会将其安排到办事处领导岗位或者站所部门。这也体现出乡镇对管区干部的照顾，因为，相对而言，站所、办公室部门以业务工作为主，工作地点主要在办公室，不需要经常下乡。而管区干部需要经常下乡，与群众打交道，对精力、体力有更高要求。对管区干部而言，即使不能晋升到副科级领导岗位，能够流动到乡镇机关部门，也是一种政治福利。

乡镇管区干部流动不仅起着提供政治激励的作用，也发挥着培养干部的功能。干部在管区内部不同层级岗位流动的过程中，可以培养不同的能力。干部在管区和站所部门之间的水平流动，也有利于积累不同岗位工作经验，提升能力，从机关走向一线。如此，乡镇干部既具备业务能力，又有群众工作能力，综合能力素质得到了提升。

管区干部流动的困境

管区为乡镇干部流动和培养提供了重要舞台，然而，管区干部流动也面临一些困境。

（一）管区干部流动的分层

管区干部晋升呈现出明显的分层现象，这与管区干部的身份结构相关。前文已述，管区干部中拥有正式编制的较少，大部分均为存在"身份缺陷"的干部。根据有关制度规定，不存在"身份缺陷"的干部可以晋升到领导岗位，而大部分存在"身份缺陷"的干部，至多只能晋升到管区书记或者站所、办公室部门负责人的岗位。这决定了只有一小部分管区干部能够获得流动到副科级以上领导岗的机会，而大部分管区干部都只能止步于管区或站所、办公室部门负责人这一职级。管区总支书记或站所部门负责人职位成为大部分管区干部的职业"天花板"。

管区干部流动的分层，形成了管区干部的二元结构：具备政治前途的干部和缺乏政治前途的干部。二元结构由干部身份所导致，其对于干部工作积极性具有消极影响。管区干部身份的固化，打击了那些能力强的干部的工作积极性。因此，身份固化可能带来矛盾隐患，身份的差别会导致待遇的差别、发展前景的差别。

此前，管区拥有自主支配的工作经费，可以通过经济激励手段调动干部的工作积极性。但近年来经济激励的空间越来越小，因为上级纪委巡查及财务制度规范化，管区不能随意发放奖金。大部分管区干部既缺乏政治前途，又无法获得经济激励，其工作积极性自然会受挫。管区书记冯某说："（现在工作）不敢干，放不开，被纪委约谈了好几次，干的活越多，出的错越多，如果按法律、政策来，你处理不了。最大的后顾之忧是干得再好，没人说你，干得不好，没人保你。干得累，面子也没有，里子也没有。我名也没有，利也没有。"（访谈笔记，20201021FGD）C街道办事处副主任连某也讲道："现在年轻的、考进来的村官、公务员等，本身学历高，只要能参加遴选、考试，走向更好的平台，他们就不太愿意下管区。"（访谈笔记，20201023LHB）

当然，管区干部的二元结构也有一定的积极意义。大量的管区干部缺乏晋升为领导干部的机会，不得不继续待在管区，或者流动到站所部门，形成大量的"土官""老乡镇"，确保了乡镇干部队伍的稳定（也有干部通过招考等方式离开了管区，但只是少数）。这些干部既具备较强的业务工作能力，又拥有较为丰富的群众工作经验。他们在推动乡镇各项工作落实落地、维系乡村社会稳定方面发挥着重要作用。

（二）管区干部流动的障碍

近年来，国家大力推进基层干部队伍建设。干部队伍年轻化、知识化、专业化成为趋势。由于基层工作经历成为干部晋升的重要条件甚至是基本条件，因此，上级政府部门的干部下派到基层担任正式职务或者挂职锻炼的增多。在乡镇领导岗位本就有限的情况下，下派干部的增多，会大大挤压管区干部的流动、晋升空间。同时，那些真正具备群众工作能力的干部，又因为身份问题而难以向上流动，导致其工作积极性受挫。

在乡镇内部，管区任职成为乡镇干部晋升的重要渠道。乡镇党委政府安排某些干部到管区担任总支书记或者管区主任的职务，意在对其进行培养和考验。但这些干部到管区后是否真正扎根、了解基层社会，是否真的锻炼、提高了群众工作能力，则是另一个问题。一些管区书记任职时间较短，很快就被提拔为副科级领导干部。管区任职在很大程度上成为一种形式。管区基层工作经历的悬浮化、仪式化，在一定程度上消解了管区培养、锻炼干部的意义。而且，上级下派的干部越多，就越压缩了管区干部的流动晋升空间，也越发挫伤了管区干部的工作积极性。

而且，由于管区书记具有较好的政治前途，这既能激发管区书记努力创造工作业绩的雄心，同时也对他们形成了束缚，那就是他们必须在工作中避免出错。他们要琢磨甚至迎合上级领导的心意。这在一定程度上形塑出他们唯上、保守的心态。尤其是近年来监督问责的强化，更是束缚了管区干部的手脚。

小结

管区不仅延伸了乡镇行政的链条，使政府权力的触角进一步延伸至乡村社会，而且是乡镇干部流动和培养的重要舞台。管区拓展了乡镇的纵向层级结构，并制造了更多的隐性层级，为乡镇干部的纵向和水平流动提供了更大的空间。管区在一定程度上缓解了乡镇干部晋升的竞争压力，激发了乡镇干部的工作积极性。管区也为乡镇培养了大批既懂业务工作又了解基层社会、具备较强群众工作能力的领导干部。

当然，管区干部流动也存在一些障碍。受身份所限，只有一部分管区干部能够晋升为副科级，大部分管区干部的流动都被限定在管区和站所部门范围内。管区干部的二元结构对干部积极性具有消极影响，但同时确保乡镇干部队伍的总体稳定。此外，管区干部的流动空间还受到上级干部群体的挤压。管区干部的政治待遇和经济待遇都有所下降，同时管区又承担了越来越大的属地管理责任压力。管区渐渐从之前的"香饽饽"，演变为乡镇干部眼中的"鸡肋"。一些管区干部开始产生"逃离"管区的想法。管区干部流动的困境，与当前基层科层体制的变化密切相关，也是基层治理总体困境的一个缩影。

三 机制创新与县乡干部激励体系重构

改革开放四十余年来，中国在政治、经济、社会各领域进行了深入改革，取得了举世瞩目的巨大成就。中国政治体制展现出强大的适应能力，这引起海内外学者的密切关注。多年来，中国政治体制的适应性问题成为海内外学者研究的热点之一。研究者从中国政治运行的制度化、中国共产党的治理传统和治理风格、非正式制度的功能等方面来探讨中国政治体制的适应性、韧性问题①。上述研究为我们理解中国政治体制的适应性问题提供了极具启发性的视角。实际上，中国政治体制的适应性不仅仅来源于中国共产党独特的治理传统和风格，也不仅仅是政治运行的制度化问题，而与中国独特的"条块体制"

---

① 相关研究参见 NATHAN A. Authoritarian resilience. Journal of Democracy，2003，14（1）：6；HEILMANN S，PERRY E. Mao's invisible hand：the political foundations of adaptive governance in China. Cambridge：Harvard University Press，2011；韩博天. 红天鹅：中国独特的治理和制度创新. 石磊，译. 北京：中信出版集团，2018；阎小骏. 中国何以稳定：来自田野的观察与思考. 北京：中国社会科学出版社，2017.

有着密切关系。有学者指出："中国独有的条块关系模式事实上充当了政府间关系乃至政治生活中的一个弹性机制。"① 其他学者的进一步研究表明，条块关系与国家适应能力之间存在明显的相关性。只有在"条弱块强"时期，国家的地方试验策略才能有效地激发地方的自主探索，相应地，国家适应能力也比较强；而在"条强块弱"时期，地方的自主探索受到"条"的较多限制，导致国家适应能力相对较弱②。这些研究启发我们从条块关系的角度来探讨中国政治体制的适应能力问题。然而，既有研究只是对条块关系与政治体制适应能力展开规范分析，或者从宏观角度对条块关系与国家适应能力之间的关系进行探讨，而缺乏从微观角度对基层条块关系与基层政府适应能力之间的关系进行研究。实际上，基层作为国家治理体系的末梢，直接关系到国家各项政策任务的落地。"在县行政单位结构中存在着一个'条块'分治的'行政边界'。"③ 条块矛盾的存在，给政策任务落地带来了诸多障碍。因此，在基层，条块关系的重要性尤为凸显。透过基层条块关系的实践现状，我们可以更好地观察中国政治体制的适应逻辑。

① 周振超．当代中国政府"条块关系"研究．天津：天津人民出版社，2009：103.

② 曹正汉，钟珊．条块关系与中国的适应能力：对韩博天观点的修正．探索与争鸣，2020（11）：100.

③ 周庆智．中国县级行政结构及其运行：对 W 县的社会学考察．贵阳：贵州人民出版社，2004：58.

进一步而言，对基层条块关系整合的分析，实际上涉及一个更大的问题，即制度优势与治理效能之间关系的问题。中国体制的鲜明优势，在于其稳定的一统性，有利于集中力量办大事。但是，大一统的体制，如何适应治理负荷规模超大且非均衡的大国实际呢？换言之，大一统体制与基层社会的对接，需要一些中间层级的转换机制。那么，中国的体制和制度优势是如何实现的？体制和制度优势是如何转化成治理效能的？笔者认为，在保持体制基本稳定的情况下，进行大量的机制创新是实现体制和制度优势的奥秘。

鉴于此，本文以基层治理机制创新为对象①，来理解中国基层党委政府整合条块关系、克服条块矛盾的深层逻辑，试图回答基层治理体制韧性（适应性）源于何处的问题。这一分析视角有助于我们理解中国地方基层治理活力的源泉，也有利于我们解释我国基层治理体制/制度优势转化为治理效能的逻辑机制。对于制度优势如何转化为治理效能这一问题，可以从多层面、多角度进行理解。本文侧重从条块关系角度展开分析。

---

①　本文所谓基层治理机制创新，是指基层政府通过改革治理规则、优化治理资源配置，从而提升基层治理效能、实现基层善治的行为和过程。基层治理机制创新的目的是激发基层治理体制的潜能，使基层治理体制更加顺畅、高效地运转。

机制创新的动因：激发条块体制的潜能

　　中国的行政体制是契合中国国情的体制，具有独特的优势。然而，不可回避的是，中国行政体制也有其不足之处，条块分割问题就是其中之一。在条块分割体制下，各层级政府、各政府部门都是具有自主利益的行动主体，这极大制约着体制潜能的有效发挥。具体而言，条块体制具有以下不足之处。

　　一是分割性（碎片化）。"条条"与"块块"各有分工、互相制约。在条块分割的体制下，由于"条条"与"块块"之间利益目标的不一致和协调机制的不完善，常出现"条条"与"块块"掐架或者"条条"与"块块"互不理睬的情况。学界讨论较多的中国行政体制内的权威碎片化问题在很大程度上就与条块分割的体制密切相关。行政体制内的权威碎片化，各层级、各部门容易各自为政、各行其是，导致"孤岛"效应。

　　二是低效性。在条块体制下，虽然各个职能部门掌握着较多的人财物资源，但仅靠自身的资源常常难以完成既定工作任务，而必须得到其他部门的支持与配合。但同级政府内部各职能部门之间并不具有命令/服从关系，某职能部门不能直接指挥其他部门。如此，各个条线部门之间资源处于分散的状态，难以形成资源的优化组合，可能导致体制运行效率低下，无法快速、有效地回应民众需求。

三是体制惰性。科层制的典型特征之一就是工作人员按照既定的规章制度和程序履行岗位职责，具有很强的专业化、程序化、文牍化倾向。科层制"存在着固定的、通过规则即法律或行政规则普遍安排有序的、机关的权限的原则"①。"官员职务的执行，是根据一般的、或多或少固定的、或多或少详尽说明的、可以学会的规则进行的。"② 科层制具有效率优势，展现出强大的能量。然而，科层制的专业化、程序化"也使一个行政业务流程分割为若干环节、横跨多个部门，人为地把行政流程割裂开来，使一个完整的流程消失在具有不同职能的部门和人员之中，容易造成多头指挥"③。此外，科层制部门林立、协同缺失，按部就班地运行，久而久之，容易产生机构臃肿、反应迟钝和推诿拖延等积弊。而在条块体制下，各层级、各部门的关系尤为复杂，衔接、协调难度更大，其运行过程更容易产生体制惰性。若不能采取措施加强条块体制整合、改变体制运行方式，长此以往将导致体制惰性越来越大。

条块体制的分割性、低效性和惰性，使体制的效能未能充分释放出来，国家政策任务落地面临着巨大阻力。更重要的

---

① 韦伯.经济与社会：下卷.林荣远，译.北京：商务印书馆，1997：278.

② 同①281.

③ 蔡立辉，龚鸣.整体政府：分割模式的一场管理革命.学术研究，2010（5）：34.

是，条块分割的上述弊端与党的责任使命追求、改造社会的目标形成张力甚至产生冲突。为了强化条块体制整合、克服条块矛盾，必须重塑体制的运行方式。这便凸显出机制创新的必要性。

机制创新就是要打破条块体制内部的分割性，改变体制资源的配置方式，使体制资源配置更加合理、高效。机制创新的优势主要体现在以下几方面。

一是整合性。机制创新就是要加强条块体制内各层级、各部门间的整合。机制创新不是对既有人财物资源的拼接应对，而是重新对其进行优化组合，形成基层治理的合力。机制创新就是要使各行政层级、各"条条"部门之间的资源由分散走向整合。通过合理配置、调动和充分利用体制的资源，使之前处于分散、孤立的资源得到优化配置，以更少的资源实现更大的目标，进一步释放体制的潜能，达到事半功倍的效果。

二是灵活性。条块体制具有稳定性。体制的稳定性与基层治理中的非规则性、复杂性之间常常充满张力。机制创新则具有灵活性，使体制能够灵活应对基层治理中出现的新问题。在实践中，基层政府可以采用不同的方式进行创新，比如有的基层政府采取机制创新整合体制的人力资源。在湖南 S 县 X 镇，镇政府实施"片线结合"的机制创新，将全镇工作划分为三大类：业务工作、驻村工作和重点工程项目工作。在此基础上，形成三条工作线（片），即业务线、重点线和驻点片。每个片线上都安排乡镇分管领导总负责，并对全镇干部的工作分工进行重组，采取双向选择的方式分配到各个片线上岗①。片线结合的机制创新，主要是针对乡镇干部即乡镇人力资源的创新，而有的机制创新则是整合财物资源。比如全国多地县级政府实行的涉农项目资金整合政策，就是对财政项目资源的重新整合。通过该政策，将之前归属于各个"条条"部门的分散的项目资金积聚起来，由县级政府重新优化配置，服务于县级政府的施政目标。机制创新既维护了体制的统一性，又赋予体制灵活性。通过机制创新，基层治理体制能够更加灵活多样地应对基层治理中的问题。

三是适应性。体制的稳定性常常与基层治理的多样化、情境性产生冲突。条块分割是我国行政体制的共同特征。但是不同地区、不同时期，各地的经济社会发展环境存在较大差异，需要解决的基层治理问题也千差万别。机制创新可以理顺条块关系，改变条块体制的运行方式，使体制能够适应各地不同实际和不同情境，有针对性地解决差异化的基层治理问题。如此，机制创新有利于增强体制的适应性。

四是回应性。回应能力是衡量体制有效性的重要标准。条块分割、条块矛盾容易使效率低下，不利于快速、有效地回应

---

① 田先红．适应性治理：乡镇治理中的体制弹性与机制创新．思想战线，2021（4）：116.

民众需求。基层政府通过机制创新，集中调配各层级、各部门资源对接基层社会，使政策任务更好地落地，回应民众需求。因此，机制创新有利于增强体制对实践的回应能力，使体制能够更好地回应实践的需求，契合人民的需要。

五是能动性。如前所述，体制常常容易产生惰性，而机制创新有利于激发体制的能动性，激发广大干部干事创业的热情和积极性。机制创新为基层干部提供了一种新的激励结构，使各类人员重新优化组合，人与人、人与事尽可能地达到更高的匹配度，从而实现人尽其才、物尽其用。

总之，条块体制本身所具有的分割性、低效性和惰性，凸显出机制创新的必要性，也构成了机制创新的动因。基层治理体制与机制创新的辩证关系表现为：体制的稳定性与机制的灵活性；体制的统一性与机制的适应性；体制的分割性与机制的整合性；体制的惰性与机制的能动性；体制的被动性与机制的回应性。

机制创新的路径与类型

机制创新涉及人、财、物和权力等多个层面，可以采用不同的方式，由此形成不同的创新路径和类型。

（一）机制创新的路径

在条块体制下，机制创新实际上就是对条块关系的整合。条块关系的整合涉及两个方面：一是"块块"对"条条"的整合；二是"条条"对"块块"权力资源的借用。

第一，"块块"对"条条"的整合机制。机制创新主要是"块块"整合"条条"的资源，来完成属地的治理任务。在条块体制下，各种资源自上而下配置[①]。每一"条条"的资源都是相对独立的。若各"条条"的资源缺乏整合，将会形成各自为政的局面，无法实现资源效用最大化。"块块"整合"条条"的资源，就是要实现各种资源在"块块"中的优化重组，集中力量办大事。"块块"整合"条条"的资源包括多个方面。

一是对人的整合。条块体制下的各类人员都是归口设置的，每一个部门、每一个岗位进行定编定岗，因岗设人。按照科层制的分工原则，每个人各就各位、完成本职工作。"块块"对"条条"的整合，就是要对各"条条"部门的人员进行重组。各类人员不再按原来的"条条"部门分工，而是根据"块块"政府工作重点的需求来重新组织和配置人员。这方面的典型经验就是前文述及的 S 县 X 镇的"片线结合"机制创新。X

---

① 杨华."认真应付政治任务"：从县域条块机制探讨基层形式主义产生的根源.东方学刊，2020（1）：2.

镇通过"片线结合"机制创新，打破了之前定编定岗的人员配置方式，重新将人员配置到各个片线上，为乡镇干部提供了一种新的激励结构。

二是对财和物的整合。"块块"对各"条条"部门的财政资金进行重新整合，将其投入"块块"最重要、最紧迫的重点工作中。"块块"对物的整合，主要是重新对"条条"的各类物资进行统一调配，使物资的使用效益最大化。其典型代表就是县级政府对涉农项目资金的整合。县级政府将"条条"部门分散的专项涉农资金进行整合后，将其投入县级政府重点发展、打造的产业项目中。

三是对权力的整合。由"块块"对"条条"的各项权力进行重新调整和配置，将"条条"的权限整合用于推动"块块"的重点工作。"块块"对"条条"权力的整合需要有相关法律制度作为支撑，通过法律制度来重新在"条条"与"块块"之间划分权限。比如，北京市平谷区实行的"街乡吹哨、部门报到"的机制创新，就是以司法局（法制办）牵头，对"条条"部门与"块块"政府的权力调整进行制度创设。

第二，"条条"对"块块"权力资源的借用。如前所述，"条条"常常需要借助"块块"的权力推动来完成其业务工作。通过"块块"的权力介入，将"条条"的业务工作转换为下级的政治任务，即所谓行政业务政治（任务）化。行政业务政治（任务）化的实质是"条条"利用"块块"的权力资源完成其业务工作。"块块"的资源包括人、权力、关系等。在条块体制下，每一"条条"都有其自身的业务工作，且都倾向于凸显自身业务工作的重要性。在缺乏"块块"支持的情况下，"条条"将难以完成其业务工作，或者必须付出大量的成本才可能独立完成。

比如，北京市的许多"条条"部门在村庄（社区）中配置了大量的协管员。协管员的职责就是按照"条条"部门的要求完成村庄（社区）范围内的业务工作。"条条"部门则按照标准给协管员支付报酬。配置村庄（社区）协管员的办法使"条条"部门能够绕开作为"块块"的属地政府，直接对接村庄（社区）。但是，这必须以"条条"部门掌握大量的财政资源为前提。这一治理模式在北京市等资源高度密集的地区具备运行条件，但是大部分地区尤其是中西部地区，尚不具备这一运行条件。而且这一治理模式成本代价太大，显得很不经济。在理想状态下，"条条"部门如果能够得到"块块"属地政府的配合和支持，那么可以大大提高治理效能，并降低治理成本。因此，对于大部分地方的"条条"部门而言，要尽可能寻求属地政府的支持。要获得属地政府对部门业务工作的支持，就必须通过地方党委将部门的业务工作上升为"块块"属地政府的政治任务，以引起"块块"重视。党委通过运用政治权力、进行政治决策等方式将某些业务工作上升为政治任务。一旦某些业务工作成为政治任务，"块块"就必须调动其权力资源来完成。

　　行政业务政治（任务）化的呈现方式主要有三类。一是中心工作模式。即某些部门的业务工作关系到国计民生，或者关乎社会稳定大局，具有高度重要性，上级领导为了体现对该项工作的重视，将行政业务上升为"块块"的中心工作，"块块"必须在一定时间内集中资源予以完成。二是领导交办或推动的事情，是领导要体现施政思路和意图的工作。这类工作由"条条"部门牵头，但是为了更好更快地推动工作落实，需要将其转化为下级"块块"的政治任务。三是社会面事务，比如涉及民生的业务工作，包括教育、低保、就业等。若在某些时候，这些民生问题非常严重，比如失业率过高，影响社会稳定，或失学率过高，影响社会形象，那么，这些社会面事务也会成为"块块"的政治任务，负责这类社会面事务的"条条"部门会尽力游说党政主要领导，以引起领导对这些事务的注意，使其将这些事务纳入"块块"的政治任务中。

　　"条条"部门的业务工作是否能够转化为政治任务，与几个因素有关。一是"条条"部门在体制中的地位。一般而言，权力越大、地位越高的"条条"部门，越能吸引党政主要领导的注意力，也就越有能力将其部门业务工作转化为政治任务。二是业务工作本身的重要程度。如果某些业务工作直接关乎地方党政主要领导的政绩和"帽子"，关涉民生根本性问题，或者严重影响到党委政府的公信力，那么这些业务工作会更有可能转化为政治任务。三是"条条"部门负责人的个人能力素质。有的"条条"部门负责人个人能力强、关系网络广，那么他（她）将拥有更强的体制资源动员能力，也就越能引导党委政府关注其部门业务工作。

2019 年年底，笔者受民政部委托在 G 省四个县进行农村社区治理改革试验区评估时发现，这四个县的农村社区治理改革试验区工作几乎都未取得实质性进展。而这四个县的改革之所以未取得实质性进展，很大程度上是因为这些工作没有转化成党委政府的中心工作，也就是当地党委政府没有将试验区工作转化为"块块"的政治任务。为何没能实现转化？笔者认为主要有三方面的原因。一是民政部门在科层制中的地位不高，并不具备强大的协调推动能力。二是对于县级党委政府而言，改革试验区属于锦上添花的工作，对地方党委政府的公信力、合法性没有太大影响。如果改革试验区出彩，那么可以给县级主要领导增光；如果改革成效平平，也不会给县级党委政府带来什么损失。三是改革试验区工作跟地方党委政府政绩关联不大，不会关涉地方党政领导的"帽子"。上级民政部门只是鼓励地方基层对改革试验区进行探索，而没有将其硬化为衡量地方基层政绩的重要指标。该项工作对地方基层仅有软约束，县级主要领导缺乏推动改革试验区工作的动力。换言之，改革试验区并没有成为领导想推动的工作。缺乏县级一把手的支持和推动，那么改革试验区难有成效就在情理之中了。

（二）机制创新的类型

基层面临的治理资源约束、治理任务难题多种多样，治理机制创新要解决的问题、机制创新采取的形式也各有差异。因此，机制创新具有不同层次和类型。

首先，从创新的持续程度来看，可分为临时性的机制创新和常态化的机制创新。所谓临时性的机制创新，就是这类机制创新仅仅是为了完成一些即时性的工作，一旦工作任务完成，相关组织就宣告解散。比如在一些重大项目实施过程中，或征地拆迁时，地方政府一般都会成立工作领导小组。领导小组一般由作为"块块"的党政领导牵头负责，吸纳各个"条条"部门的负责人参与。一旦项目任务完成，领导小组就随即解散。除了领导小组外，一些重大工程项目指挥部、工作组等，也属于临时性的机制创新。

所谓常态化的机制创新，是指这类机制创新旨在对人员等资源进行重组以应对常态化的工作。基层采用制度化的方式将机制创新予以固定。这类创新持续时间较长，不会因为某项工作的结束而终结。比如，湖南 S 县 X 镇的"片线结合"制度，将乡镇工作划分为三大类，包括业务线、重点线和驻点片，把全镇工作人员打乱重组，实行"混编混岗"。该项制度自 2010 年左右实行至今。这属于常态化的机制创新。此外，山东的乡镇"管理区"制度、北京市平谷区的"街乡吹哨、部门报到"

制度等，也属于常态化的机制创新。常态化的机制创新，实质上是将机制创新实体化，使之成为体制的一部分。

究竟是采用临时性的机制创新，还是实行常态化的机制创新，主要取决于治理事务的规模。一般而言，如果基层政府需要应对的治理事务数量少，治理事务具有偶发性，那么只需要进行临时性的机制创新即可。反之，如果某一类治理事务在基层经常出现，或者需要解决常态化的治理问题，那么就需要进行常态化的机制创新，以降低基层治理成本，提高治理效率。比如，在北京市平谷区，采砂场矛盾纠纷高发，而治理这类矛盾纠纷牵涉多个"条条"部门。若每次解决这类矛盾纠纷时都需要区党政领导出面，那么将要付出高昂的协调成本，并会大大加重领导的工作负荷。为了更好更高效地治理这类矛盾，平谷区实行了"街乡吹哨、部门报到"的机制创新，将条块部门协同整合以制度化的形式固定下来，不必在每次出现问题时都组织临时性的协调工作小组。如此，"街乡吹哨、部门报到"这一常态化的机制创新通过制度化的方式降低了条块之间的协调成本。

其次，从创新的动力来看，可以分为压力型的机制创新和包干型的机制创新。压力型的机制创新是指直接由党委政府施压推动的机制创新。上级给下级施压，不管下级能否获得收益以及收益大小，都必须按照上级命令要求执行。在压力型的机制创新中，上级只定目标、派任务，而不提供开展工作、完成任务目标的相应资源和手段，也不考虑下级完成任务目标后的收益空间。

所谓包干型的机制创新，就是上级给下级一定的收益承诺，下级在完成上级安排的任务情况下获得收益。比如，在前文提到的 S 县 X 镇的"片线结合"机制创新中，各分片干部完成本片工作，各重点线干部完成各线上工作，乡镇可以为各片线提供一定额度的工作经费。工作经费可由各片线负责人在符合财政制度规范的前提下自主支配。在包干型的机制创新中，上级不仅定目标、派任务，而且提供完成工作任务目标的相应资源。在开展具体工作时，下级拥有较大的自由裁量权。换言之，包干型的机制创新中，下级拥有一定的剩余索取权。

最后，从创新的载体来看，可以分为实体化的机制创新和虚体的机制创新。实体化的机制创新，是指机制创新既有相应的制度安排，又有相应的组织载体（比如办公场所）等，由此建立了一个实体化的组织。实体化的机制创新的典型代表就是山东的乡镇"管理区"制度。"管理区"介于乡镇与行政村之间，有专职工作人员，有自己独立的办公场地，对下辖的各个行政村具有管理权（指导权）。但是，"管理区"没有独立的人事权、财政权，只拥有在"管理区"内部调配人力资源、自主开展乡镇安排的各类工作的权力。"管理区"的干部也由乡镇调配和任命，其各种日常工作开支实行到乡镇财政所实报实销制度。因此，"管理区"属于一种准行政组织。

虚体的机制创新，是指机制创新仅有相应的制度安排作为支撑，而并未建立相应的实体化组织（配备办公场所）等载体。浙江的联村干部制度就是虚体的机制创新的典型代表。所谓联村干部制度，是指基层政权按照一定的原则将干部分派到某个村庄，负责督促、协调村庄落实各项行政工作的一项制度安排①。前文述及的 S 县 X 镇"片线结合"制度也属于虚体的机制创新。实体化的机制创新与虚体的机制创新，主要有两方面的区别。一是虚体的机制创新并没有建立实体化的组织。如前所述，山东的乡镇"管理区"属于一种准行政组织，有自己独立的办公场所和管辖范围。而浙江的联村干部制度和"片线结合"制度并没有独立的办公场地，都只是靠制度和机制在联结、整合乡镇工作人员。二是虚体的机制创新没有配备专职工作人员。跟山东的乡镇"管理区"不同，无论是浙江的联村干部制度，还是 X 镇的"片线结合"制度，都没有设置专职人员。这些联村干部、驻点干部，仍然是乡镇的干部，他们在乡镇还兼任职务。而山东的乡镇"管理区"的干部是专职的工作人员，他们并不同时在乡镇内部兼任职务。

实体化的机制创新与虚体的机制创新，呈现出体制与机制之间相互关系的两种情境。其一，虚体的机制创新，实际上是

---

① 田先红.联村制度与基层政府动员：基于浙江省 A 县的经验研究.长白学刊，2019（5）：92.

体制通过机制创新来实现有效运转，是体制的机制化运转。比如 S 县 X 镇的"片线结合"机制创新，打破了既有的定编定岗制度，通过"混编混岗"将人员分配到业务线、重点线和驻点片上，使乡镇治理体制更好地对接基层社会，从而提高了体制的运转效率。其二，实体化的机制创新，实际上是机制的体制化，是机制创新本身成为体制的组成部分。比如，山东的"管理区"制度属于机制创新，但同时，"管理区"也是乡镇的附属物，成为乡镇政权的一部分。

机制创新的基础与条件

　　有研究者指出，条块关系模式充当了政府间关系乃至政治生活中的一个弹性机制。这一模式是一种相对灵活的政治制度架构和政治策略①。需要进一步探讨的是，条块关系模式是如何为体制创造弹性空间的？换言之，在条块体制下，机制创新是如何实现的？

（一）机制创新的弹性空间

　　机制创新的前提条件，在于条块体制本身具有一定的弹

---

　　① 周振超. 当代中国政府"条块关系"研究. 天津：天津人民出版社，2009：103.

性，或者说条块关系边界具有一定的模糊性。这种弹性集中表现为条块关系可以根据治理需求进行适度调整。根据规定，"条条"与"块块"各有分工。"条条"主要负责行政业务工作，对"块块"进行监督和指导。"块块"则主要担负地方经济社会发展和公共服务供给职能。"条条"与"块块"之间虽有分割和缝隙，但缺乏明晰的边界。"条条"和"块块"可以相互借力，相互打通。因此，条块关系的弹性程度决定了机制创新的空间大小。如果条块关系的弹性大，那么机制创新的空间就大。

机制创新的空间大小又影响着基层政府的适应性。这就从机制上进一步印证和揭示了研究者关于条块关系与适应能力之间逻辑关联的判断。在"条弱块强"时期，国家适应能力较强，而在"条强块弱"时期，国家适应能力较弱①。条块关系的变化影响国家适应能力的根源，就在于条块体制的弹性程度。

（二）机制创新的组织基础

中国共产党是理解中国政治的钥匙，党政体制是理解中国政治的关键词②。这与西方强调的党政分开、政治与行政二分

---

① 曹正汉，钟珮．条块关系与中国的适应能力：对韩博天观点的修正．探索与争鸣，2020（11）：100.

② 景跃进，陈明明，肖滨．当代中国政府与政治．北京：中国人民大学出版社，2016.

不同。"与西方国家依托于韦伯式科层制的治理结构相比，中国国家治理的体制机制，具有独特的结构构成和运行功能：在治权构成方面，呈现为执政党通过政治领导，在组织和意识形态层面深刻塑造并融入中国特色的政府体系而成的集中统一的党政结构。"① 在县域治理中，党政体制至关重要。党政体制是机制创新得以推动的组织基础。党的组织系统控制着县域经济社会发展的总体架构。县级党委总揽县域经济社会发展全局，分管领导则通过分工掌控县域经济社会发展的不同领域。党的组织触角延伸到基层各领域、各行业之中。政治力量进入行政体制并发挥作用，形成"党政混一"、党政一体化的格局②。党委对各个"条条"部门和"块块"属地政府进行统合。党委发挥高位推动作用，以其政治权力整合行政权力，建构政治与行政的混合运作体系。

（三）机制创新的权力基础

机制创新需要依靠政治权力来推动。党组织能够发挥政治整合的作用，一定程度上是因为其掌握了任命干部的权力。党委通过党管干部等制度统筹调配人力资源。在县级政府行政权

---

① 王浦劬，汤彬. 当代中国治理的党政结构与功能机制分析. 中国社会科学，2019（9）：4.
② 周庆智. 中国县级行政结构及其运行：对 W 县的社会学考察. 贵阳：贵州人民出版社，2004：253.

力结构建构过程中，由县级党委主导的"政治授权"是两种授权方式之一。县级党委对拟提拔干部候选人的提名具有实质性意义。"党的政治资源遍布于行政领域，这保证了党在人事安排上的绝对权威地位。"① 党委政府主要领导可以凭借其权力持续地去推动机制创新，并监督下属予以落实。下级的"块块"和"条条"部门为了使自身的工作受到领导重视，必须吸引上级领导的注意力，依靠上级领导的权力来推进工作机制的创新。同时，上级领导要赋予基层政府必要的权力，使基层政府能通过获得的权力来推动机制创新。

（四）机制创新的资源基础

机制创新的实质就是条块体制资源的重新配置和优化组合。因此，一定的行政资源是进行机制创新的基础。如前所述，在条块体制下，职能部门掌握着较多的人财物资源。条块分割的现实使体制资源分配处于离散状态。若不进行机制创新，体制资源就难以高效配置和利用。党委政府进行机制创新，就是要对"条条"职能部门和不同层级"块块"的资源进行整合。对于人力资源的整合，就是要通过创造新的机制为基层干部提供新的激励结构，调动和激发干部的积极性；对于财

---

① 周庆智．中国县级行政结构及其运行：对 W 县的社会学考察．贵阳：贵州人民出版社，2004：70.

物资源的整合，就是要通过机制创新改变财物资源的投入方式、方向，使资源效用达到最大化。正是有了人财物资源作为基础，机制创新才有了真实内涵。否则，机制创新就会沦为空谈。

（五）机制创新的边界条件

机制创新的边界条件是"条条"与"块块"之间利益的平衡。在通过机制创新进行条块整合的过程中，"条条"与"块块"之间难免会产生矛盾。"条条"和"块块"都各有其自身的利益，而整合意味着利益的重新调整。利益调整难免会触动"条条"和"块块"各自的既得利益。尤其是一些"条条"职能部门在整合过程中会面临权力被削减、资源被切割的问题，它们可能会想方设法阻挠机制创新。如果作为"块块"的党委政府缺乏足够的推力，或者主要领导缺乏强大的魄力，那么机制创新很可能在"条条"职能部门的阻碍下难产。

因此，通过机制创新实现条块整合具有一定的边界：既要保证"条条"的业务工作能够完成，又能使"块块"做好中心工作，达到"条条"和"块块"双赢的局面。如果"条条"职能部门的业务工作无法完成，它们会阻挠、破坏机制创新。如果"块块"的中心工作不能顺利落地，那么机制创新则无必要。

机制创新的困局：体制的刚性化

上文已谈过，机制创新需要一定的前提条件，就是条块关系要有弹性空间。而近年来，条块体制本身的刚性在不断增强。体制的刚性化，压缩了机制创新的空间。这表现在以下几个方面。

（一）垂直管理的强化

当前条块体制刚性化最直接的表现，就是垂直管理的强化。根据分工，"条条"职能部门在完成业务工作的同时，还承担着监督"块块"的功能。近年来，中央为了加强对地方的监控，不断增强"条条"部门的权力。国家在中央与地方之间反复进行收权和放权的权衡，一些部门（比如环保、国土部门）先后加强了垂直管理。尤为明显的是，纪委系统的垂直管理被大大强化。根据《中共中央关于全面深化改革若干重大问题的决定》《党的纪律检查体制改革实施方案》等文件，下级纪委查办腐败案件的领导权和纪委书记、副书记的提名权都由上级纪委掌握。经过这一系列改革之后，地方纪委已接近于垂直管理①。垂直

---

① 曹正汉，王宁. 从矿区政府到地方政府：中国油田地区条块关系的形成与演变. 社会，2019（5）：39.

管理的加强，是中央与地方关系调整的一个侧面，也是自上而下整体控制强化的反映。

此外，国家自上而下的资源分配主要以"条条"部门为载体。"条条"掌握了资源分配的主导权，决定着资源分配方式和重心。近年来，随着经济社会的发展，经济社会生活日益复杂化，"条条"职能部门的行政业务也渐渐繁杂。国家有着更充裕的资源、更强大的能力和更强烈的愿望来改造社会。客观而言，各个"条条"职能部门承担的治理任务在不断加重。当下的问题在于，各个"条条"部门都有着强烈的将自身行政业务政治（任务）化的意愿，都意欲凸显自身业务工作的重要性。诸多"条条"的业务工作都转化为基层"块块"的政治任务，且"条条"业务工作的要求日益精细化、标准化，基层"块块"必须花费大量的时间和精力去整合。如果"块块"不予配合，那么"条条"可以借助上级权力进行督查、考核、问责。若"块块"得罪了"条条"，也将难以从"条条"那里获得资源。"条条"专政的现象加剧，必然会压缩"块块"属地政府的自主性。"块块"进行治理机制创新的空间大大缩小。"块块"只能严格按照上级的规范行政，缺乏创造性和活力。所谓懒政、怠政和形式主义，在一定程度上与此脱不开干系。"条强块弱"的格局，将导致基层治理适应能力的降低。

（二）问责体系的硬化

问责体系的硬化是体制刚性的另一个表现。有权必有责，失责必追究。加强权力监督问责、规范党员干部行为，是推进国家治理体系与治理能力现代化的题中之义。党的十八大以来，党和国家进一步加强了问责体系建设。2016 年，中共中央颁发了《中国共产党党内问责条例》，2019 年又对其进行了修订。该条例不仅对党员干部问责作了更详尽的规定，而且明确了干部"终身问责制"，强化了问责的刚性约束。此外，党的巡视巡查等制度建设也日益健全和严格。随着问责体系的硬化，党员干部面临的问责风险也在不断加大。尤其是基层干部，他们承受着更大的问责压力。机制创新意味着改变体制资源的配置和运行方式。创新难免存在风险，如果机制创新失败，或者未得到上级的认可、支持，那么基层政府将面临问责风险。在强大的问责压力下，基层政府进行机制创新的动力减弱，而更多地选择按部就班。

（三）督查考核的泛化

督查检查的泛化是近年来基层干部反映较为强烈的问题。督查检查本是上级推动下级贯彻执行政策任务的正常手段。它与思想政治工作、情感沟通等方式一道，共同构成党委政府的工作方法体系。虽然思想政治工作、情感沟通方式具有一定的人缘关系色彩，但它们对于推动下级工作具有重要作用。当前的问题在于，上级越来越偏好采用督查、检查、考核等强制方式来推动工作，而思想政治工作、情感沟通等柔性手段越来越少被采用①。只要上级重视某项工作，就可以将其纳入对下级的考核指标体系中。相应地，在政府机构中，负责督查考核工作的部门的权力和地位被凸显。比如，在笔者调研的山东 L 市 C 街道办事处，考核办已经独立成为街道的一个工作部门，这实际上是提高了考核制度的地位。上级不仅关注下级执行任务的结果，而且介入了下级执行任务的具体过程，强化了自上而下的过程管理②。由此带来的结果是，上下级政府关系越来越制度化、正式化。上级更多地给下级下指标、派任务、下命令，而下级则被动地执行、应付，难以或者不敢表达不同意见。上下级之间越来越缺乏思想、情感沟通。刚性治理方式的盛行和柔性治理方式的边缘化，不可避免地打击了基层政府的积极性、创造性，进而影响到基层治理机制创新。

总之，垂直管理的强化、问责体系的硬化及督查考核的泛化，增强了体制的刚性。上下级政府之间、"条条"与"块块"之间的边界越来越明确，弹性越来越缺失，机制创新的空间被

---

① 杨华．为什么基层工作推动会越来越简单粗暴？．（2021－02－06）．https：//www.sohu.com/a/449029405_714292.

② 田先红．从结果管理到过程管理：县域治理体系演变及其效应．探索，2020（4）：26.

压缩。"块块"越来越难以通过机制创新来整合"条条"。而且，基层"块块"进行创新的风险加大，也缺少机制创新的动力。

小结

　　本文从条块关系的视角，对基层治理机制创新的动因、条件、路径和类型等进行了系统梳理。与既有研究主要从宏观角度探讨条块关系与体制适应能力不同，本文提供了一种分析基层条块关系与适应能力的微观视角。

　　本文认为，在条块分割体制下，基层政府之所以能够更好地对接基层社会，提高资源的配置和使用效率，实现基层善治，最根本的原因就在于因地制宜进行机制创新。基层治理机制创新需要一系列基础性条件，要根据不同地方基层政府（乡镇）的人事结构、治理事务结构和资源约束条件，来进行机制创新。机制创新的实质，就是在既定的人事结构、治理事务结构和资源约束条件下，重新建立一套对基层干部的激励体系，使人与事、人财物尽可能优化组合，达到较优的配置状态①。机制创新增强了基层治理体制的适应能力，使其彰显出整合性、灵活性、适应性、回应性和能动性。机制创

---

　　① 田先红. 重塑激励：乡镇治理机制创新的结构与路径：基于湘、鲁、赣三省乡镇治理的比较分析. 湖湘论坛, 2021 (6)：74－82.

新激发了体制的潜能和活力，维系了体制的韧性，使制度优势转化为治理效能。

　　进一步拓宽研究视野，可以发现，机制创新不仅存在于中国基层治理中，而且遍布于中国国家治理体系之中。中国善治经验的核心，就是不变体制变机制，即在保持体制稳定的前提下进行机制创新，增强体制的适应能力。机制创新构成了中国国家治理活力的重要来源。这成为我们理解"中国之治""中国奇迹"的新视角。未来的基层治理乃至国家治理中，需要进一步增强体制的弹性，赋予机制创新更大的空间。如此，才更有利于增强体制的适应性，使制度优势更好地转化为治理效能。

四　激活干部潜能：
"片线结合"的奥秘

　　近年来，中国政治体制的韧性成为海内外学者关注的热点话题。学者们关注的核心议题是，在经济社会快速发展、市场转型不断推进的过程中，为何中国的政治体制能够保持强大的适应能力？党和国家采取了哪些举措来增强体制的韧性？

　　海内外学者普遍认为，党和国家采取各种制度、策略创新应对经济社会变迁以维持其强大的适应能力，是使体制保持韧性的根本原因[①]。除了上述宏观领域之外，中国地方和基层的

---

　　① 韩博天．红天鹅：中国独特的治理和制度创新．石磊，译．北京：中信出版集团，2018；阎小骏．中国何以稳定：来自田野的观察与思考．北京：中国社会科学出版社，2017：16；HEILMANN S，PERRY E. Mao's invisible hand：the political foundations of adaptive governance in China. Cambridge：Harvard University Press，2011；NATHAN A. Authoritarian resilience. Journal of Democracy，2003，14（1）：6.

适应性治理问题也引起了海内外学者的关注①。已有研究具有几个特点：一是主要关注地方和基层政府政策执行的具体适应过程，分析地方和基层政府如何使自上而下的各种政策与当地经济社会发展实际相契合；二是侧重于探讨地方政府在适应性治理中采用的各种策略（或非正式制度）。这些适应性策略被排除在正式制度之外，是没有经过合法性/制度化确认的。但在基层治理中，基层政府除了采取非正式的适应性策略之外，也可以通过正式制度创新来增强适应性。此外，已有研究倾向于强调地方政府的适应性策略与正式体制之间的差异和偏离，而鲜少关注这些适应性策略与正式体制之间的关系。地方政府进行的适应性制度创新安排，离不开体制赋予的空间。实际上，如果体制本身没有弹性的话，就不可能催生出适应性的制度创新。因此，地方政府的适应性策略与正式体制之间的关系，同样值得深入探讨。

所谓适应性治理，是指乡镇在保持体制不变的情况下，

---

① 林雪霏.放权社区：基于政策适应性的治理结构创新：以 C 市集体产权改革的政策过程为例.中国行政管理，2020（5）：106；石绍成，吴春梅.适应性治理：政策落地如何因地制宜?：以武陵大卡村的危房改造项目为例.中国农村观察，2020（1）：44；OI J，GOLDSTEIN S. Zouping revisited：adaptive governance in a Chinese county. Stanford：Stanford University Press，2018；TSAI K. Capitalism without democracy：the private sector in contemporary China. Ithaca：Cornell University Press，2007.

采用机制创新的方式，重新调配人财物等资源，以激活体制使其更能适应新的治理环境和需求，从而将体制优势转化为治理效能，达到有效治理目标的过程。与已有研究不同，本书不仅关注基层政府为了适应新环境而采取的各种机制/制度创新，而且还分析这些机制/制度创新与正式体制之间的关系。

本文的经验材料主要来源于笔者 2019 年 5 月在湖南省 S 县 X 镇的田野调查。调查主要采用深度访谈方式进行，兼及收集一些政府文件资料。X 镇是 S 县的城关镇。2019 年，X 镇下辖 23 个行政村（社区），户籍人口 11 万人。早在 2010 年，X 镇就实施了"片线结合"的制度创新。

激活体制：乡镇治理中的"片线结合"机制创新

在所有治理资源中，人是最重要的资源。对于作为"不完整政权"①的乡镇政府而言，人员奇缺是常态。因此，要实现适应性治理，乡镇必须打破既有的固定的人员配置方式，将其重新进行优化组合。

---

①　陈文琼. 富人治村与不完整乡镇政权的自我削弱？：项目进村背景下华北平原村级治理重构的经验启示. 中国农村观察，2020（1）：29.

（一）定编定岗：乡镇常规的人员配置

早在 1988 年，《国务院机构改革方案》就明确了定职能、定机构、定人员编制的"三定"基本原则。这一基本原则贯穿我国的历次政府机构改革。其主要目的是防止各级政府机关出现机构膨胀、人员编制混乱、行政效率低下等问题。根据定职能、定机构、定人员编制的"三定"原则，上级为乡镇确立了基本的组织架构。在常规情况下，乡镇的人员按照"三定"原则进行配置。由此形成正式的乡镇组织权力结构。这一组织结构具有较强的科层制特征，表现为以下几点。

第一，专业化的部门设置。和其他乡镇一样，X 镇也按照体制职能的统一要求设立了各种组织机构，包括党政办、纪检监察办、组织办、宣传办等党群机构，以及社会事务办、经济发展办等行政业务部门。每个机构都有相对明确的专业分工，承担"三定"方案规定的业务工作。同时，每个部门都可归口对接上级相应的管理部门，承接上级安排的各项业务工作。

第二，层级化的权力体系。在体制权力配置上，乡镇形成了党政领导—中层骨干——般工作人员这三个基本等级。同时，每一群体内部成员又拥有不同的权力、地位。比如，同为乡镇党政正职，按照党领导一切的原则，乡镇党委书记的权力要大于乡镇长。在党政班子成员中，党委委员的权力、地位要高于非党委委员。在决策权力配置上，也有书记办公会、党委会、党政联席会议等不同的层级设置。

第三，相对稳定的人员配置。乡镇编制由上级根据人口规模等因素核定。除了部分临聘人员外，乡镇的工作人员总数是相对稳定的。比如，X 镇 2019 年在编在岗人员是 139 人，其中公务员为 46 人、事业编为 93 人，每名工作人员都安排在某个特定的部门和岗位，并明确了相应的岗位职责。这就是定编定岗、职责明确。每个部门、岗位都可承接来自上级的工作安排，形成"职责同构"① 的局面。

固定的组织部门、权力等级和人员配置组成了乡镇政权的基本架构，即所谓稳定的体制。这一体制构成可用图 4－1 来呈现。

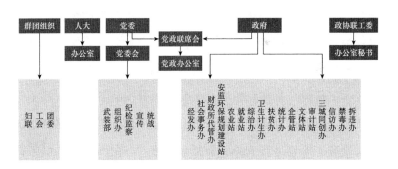

图 4－1　乡镇常规组织结构设置图

① 朱光磊，张志红．"职责同构"批判．北京大学学报（哲学社会科学版），2005（1）：101.

（二）片线结合：乡镇的人员重组

乡镇政权的体制结构为其执行国家政策、承担相应职能、开展各项工作提供了结构性基础。但是，国家的"三定"方案只涵盖了乡镇的业务工作所需要的人力资源，而乡镇除了要完成业务工作外，还需要完成上级交付的各项中心工作任务（比如重大工程项目落地等）、将各项工作落实到村庄（社区）的任务等。国家并没有为乡镇承担的中心工作、对接村庄（社区）的工作安排专门的人员。因此，乡镇需要对国家"三定"方案所提供的人力资源进行重组，以满足自身的工作需要。这样，乡镇的运行过程往往并非完全按照既有的体制结构安排来展开，而是在保持体制基本不变的情况下进行机制创新。在 X 镇，最重要的机制创新就是"片线结合"。所谓"片线结合"，即乡镇根据工作事务属性将其分为不同类型，据此设置不同的片区和工作线，并将全镇所有工作人员分配到各个片区和工作线之中，以此来推动工作的开展。全镇干部并不是按照传统的科层制分工原则进行安排，而是对原来"三定"岗位上的干部进行重组。重组之后，虽然每个干部都有其固定编制身份归属，但是他们所从事的工作却并不限于其编制所属岗位和部门。比如，有的干部编制身份在农业服务中心，但实际上做的却并非农业服务类工作，而是在镇里的"重大工程线"上从事矛盾纠纷调解等工作。

　　与那些通过工作组、指挥部等形式临时抽调人员完成某项工作任务的制度不同，X镇的"片线结合"是常态化、制度化的。"片线结合"的制度步骤主要分为四步：第一，由乡镇党委政府根据工作任务状况和辖区内实际划分不同片线，确定每位分管领导的分工；第二，每位干部选择确定自己的片线工作意愿，比如，是选择到专项工作线上，还是到业务工作线上，抑或是到片区工作；第三，干部确定自己的片线工作意愿之后，再选择要跟随哪一位分管领导；第四，由分管领导挑选本片线的干部。关于片、线的具体内容阐述如下。

　　所谓片，是一个地域概念，指乡镇依据地域相近原则将辖区范围内的所有村（社区）划分成若干个片区。由每个片区承接乡镇安排的各项工作。2019年，X镇共划分了4个片区。每个片的行政村（社区）数量为5～6个。每个片区设置1名联片领导，由乡镇党政班子成员兼任，同时设置1名片长，片长属于乡镇中层骨干。片区内的各个行政村（社区）设置1～2名驻点（驻村/驻社区）干部。

　　设立片区之后，乡镇就将各项涉及村庄的工作（含中心工作、业务工作）分配到片区。联片领导负责总体协调安排。片长负责将工作落实安排给各个驻点干部。驻点干部则具体对接各个行政村（社区）。片区工作内容包括：其一，传递政策信息，比如下发各类文件通知、政府工作安排等；其二，完成部门业务工作，比如根据部门要求收集各类民情信息、收取新农合费用等；其三，维护基层社会稳定，比如指导、协助调解村庄和社区内部各类矛盾纠纷，化解信访案件等；其四，完成上级安排的各类阶段性中心工作，比如指导、安排村庄（社区）开展文明城区创建工作等。

片区工作具有几个特性。一是群众性。做好片区工作，需要片长、驻点干部直接跟村干部和村民打交道。二是属地性。每一个片区都相当于一个属地管理单元。片区分管领导（或片长）相当于片区的总管，承担属地管理职责。只要是发生在片区内的事情，片区负责人都要承担领导责任。三是综合性。片区工作不是单项的专门业务工作，而是涵盖了乡镇安排的各类工作。这些工作往往涉及多个部门，需要干部协调调动各方人力、物力和财力去完成，这就要求干部具备多方面的能力和较高的综合素质，成为能够处理各类事务的"多面手"。四是常态性。除个别阶段性中心工作外，片区工作往往一年四季、周而复始重复发生，属于常态化的工作。

联片驻点制度还有利于优化乡镇的管理体系。按照之前的管理体系，乡镇直接对接 23 个行政村（社区），需要付出高昂的行政成本。而联片驻点制度的管理优势表现为：其一，缩小了乡镇的管理幅度。它在乡镇与行政村（社区）之间增加了一个层级。乡镇领导及其主管部门不必直接对接 23 个行政村（社区），而只要对接 4 个片区，再由片区和驻点干部对接村庄（社区）。其二，提升了运行效率。各个片区的主管领导和片长可以根据片区内实际和个人能力等合理安排、调配驻点干部，优化人力资源配置。同时，由于片区管理幅度缩小，片长和驻点干部能更高效、快捷地回应民众诉求，从而提高了乡镇政权的回应性。

所谓"线"，是一个治理属性概念，指乡镇根据治理工作属性将其划分成若干条工作线，每条线上安排特定的人员承担岗位职责。X镇的工作线可以分为两类：一是专项工作线；二是业务工作线。前者指乡镇根据重点（中心）工作的需要所设立的"线"，包括重点工程项目线、计划生育线、政法线和清收不良贷款工作线等。后者指乡镇根据办公室日常行政业务工作需求设立的"线"，该线上工作人员主要负责在办公室值班、处理各种行政业务工作、对接上级的工作安排等。

业务工作属于科层制中的常规工作，也就是乡镇按照"三定"原则设置机构、履行职能所应承担的基本工作。它具有科层制的特点，比如专业性（需要专门的业务知识、工作人员经过培训之后上岗）、程序性（按照既定的规章制度办事）等[①]。

专项工作跟前述片区工作具有某些共性（比如群众性、综合性、常态性）。此外，它还具有全局性。一方面，专项工作属于上级（比如县委县政府）安排的重点工作任务，比如县级

---

① 韦伯. 经济与社会：下卷. 林荣远，译. 北京：商务印书馆，1997：278 - 286.

党委政府需要推动落实的重大工程项目;另一方面,专项工作属于"一票否决"的事项,比如综治维稳、计划生育等,一旦出现较大问题,不仅影响乡镇年终绩效考核,而且主要领导可能面临被问责的风险。这些工作都属于乡镇承担的政治任务,它们的完成情况直接关系到上级对乡镇的考核、评价结果,也间接影响到乡镇主要领导的政绩和仕途。因此,专项工作关系到乡镇乃至县域经济社会发展大局,是乡镇工作的重中之重。在 X 镇,历年的专项工作线虽有调整,但重点工程项目线、政法线和计划生育线这三条线每年都予以保留,只是镇里会根据工作量大小调整各条线上工作人员的规模。

乡镇在每条工作线设置主管领导、分管领导各 1 名。主管领导一般是乡镇党委中除书记、镇长外排名较为靠前的党委委员,比如人大主席、常务副镇长、党委副书记等。分管领导为党政班子副职,比如非党委委员的副镇长或者其他副科级干部。

各个片线人员安排实行双向选择制度。按照镇里的规定,除领导岗位和特殊岗位(比如对某些专长有特别要求的)外,其他岗位实行双向选择。即每年年初,每名干部根据自己的专长、兴趣、工作的难易程度、工作量的大小等报名选择片线岗位,主管领导再根据本条线工作的实际需求和报名人员状况确定人选。如果某位干部没有被各片线分管领导选中,那么就要面临待岗的风险(按规定未上岗人员只发基本工资)。X 镇曾经出现个别干部在双向选择中未被选中的情况。但近年来国家严禁"吃空饷"，在双向选择中落单的干部最后由镇领导统一安排上岗。

双向选择的基本原则是"大稳定，小调整"（见表 4-1）。即各个片线人员安排总体保持稳定，但每年可能会有微调。一般出现以下几种情况时会进行小调整：一是出现人事变动的情况，比如可能有新的干部调动，或者有的干部发生职务晋升；二是根据乡镇党委政府中心工作任务的变化进行调整，比如上级安排了新的中心工作任务，或者某项中心工作的任务量增加了，要求乡镇集中更多的资源去完成。此时，乡镇需要在某些线上增加工作人员，或者新增中心工作线。2015 年，X 镇为了完成县里的旧城改造这一中心工作任务，专门设立了"旧城改造指挥部"。2017 年，为了完成上级安排的清收信用社不良贷款任务，X 镇设立了"清收不良贷款工作专线"。这些阶段性的中心工作任务完成之后，相应的专项工作线就撤销。"大稳定，小调整"的原则有利于维护乡镇的总体工作秩序，同时又有利于激发干部的积极性。

表 4-1　X 镇历年片线人员优化组合情况

年份	党政领导	专项工作线				业务工作线	片区	合计
		重点线	计生线	政法线	其他线			
2010	11	9	22	6	24	16	35	123
2011	11	10	29	8	30	15	39	142

续表

年份	党政领导	专项工作线				业务工作线	片区	合计
		重点线	计生线	政法线	其他线			
2012	10	12	32	10	35	15	33	147
2013	14	10	35	10	0	24	35	128
2014	15	31	11	8	0	46	57	168
2015	15	25	13	10	11	47	62	183
2016	15	22	13	12	0	77	52	191
2017	13	24	13	13	12	66	48	189
2018	12	29	11	10	0	51	36	149
2019	14	29	8	9	0	47	32	139

注：本表数据来源于 X 镇历年干部优化组合实施方案。在 2010—2012 年这三年中，X 镇共设立了 7 个专项工作线，除重点线、计生线和政法线之外，其余 4 条专项工作线为党群线、农业线、工业线（含招商引资和安全生产）及财贸线。2015 年的其他专项工作线为"旧城改造指挥部"，2017 年的其他专项工作线为"清收不良贷款工作专线"。

　　X 镇的干部"混编混岗"制度重组了原先的"职责同构"体系。全镇干部不再按照之前的"三定"方案来安排工作，而是根据全镇的主要工作类型和需要解决的问题来进行分工。这种分工具有以下特征。

　　一是事本性。即"片线结合"制度是以事务/问题为导向的。在片线结合制度中，乡镇以治理事务类型来划分片线，进而配置相应的人员。乡镇需要完成什么重点工作、解决什么重要问题，就设置相应的片线和岗位，也就是"因事设岗，因岗聘人"。它实现了人与事的结合，而不是人与编制岗位的结合。

二是灵活性。乡镇可以根据工作需要尤其是重点工作的需要灵活配置人力资源，也可以根据治理事务的数量变化来调整人员配置。比如2014年之前，计划生育是乡镇工作的重中之重，X镇在计划生育工作上投入的人力资源始终维持在较高水平（见表4-1），而2014年后，随着计划生育工作的逐渐转型，工作量下降，乡镇相应地减少了计生线上的人员配置。同样，2014年之后，X镇经济社会发展进入快车道，城镇化进程快速推进，征地拆迁、重大工程项目建设不断上马，地处城关镇的X镇承担了越来越繁重的经济社会发展任务。相应地，X镇在重点工程线上配置的人员迅速由之前的10人左右攀升至30余人。此后，该镇重点工程线上的人员数量一直维持在二三十人。可见，在"片线结合"制度下，乡镇的人员配置表现出很强的灵活性。人员配置的变化，也反映出乡镇工作重心的变化。

三是高效性。"片线结合"制度有利于提升人力资源使用效率。在"片线结合"制度下，干部个人可以根据自己的兴趣、意愿、能力等来灵活选择相对比较适合自己的工作，实现"人尽其才，才尽其用"。

四是重构性。与职责同构不同，在"片线结合"制度中，每个工作人员的岗位职责可能并不同于自己编制所在部门的岗位，而是根据片线工作要求履行岗位职责。以X镇2019年的情况为例，当年该镇从事业务工作的人员数量为47人，仅占全镇干部的 33.8%。这就是说，X 镇实际上只安排了大约 1/3 的干部从事"三定"方案所规定的职能业务工作，其余近 2/3 的干部（党政领导除外）都被安排在专项工作和片区工作上。此外，乡镇对干部的考核也不是根据定编定岗的要求进行考核，而是以片线工作完成情况作为考核基准。因此，片线治理机制相当于重构了之前科层制中的职责体系（见图 4-2）。

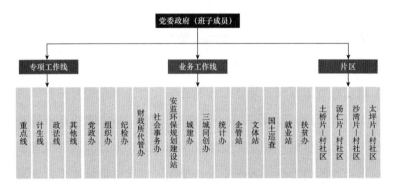

图 4-2 "混编混岗"后的乡镇组织结构图

乡镇"片线结合"治理机制的运行过程

乡镇的"片线结合"制度相当于在正式体制之外进行机制创新，这种治理机制创新为乡镇重组人力资源奠定了基础。但是，乡镇还需要创设一些机制来推动"片线结合"治理机制运行，达到适应性治理目标。

（一）考核激励机制

考核是我国干部管理的重要手段。考核的目的是督促干部履行职责、完成工作任务。实行"片线结合"制度之后，乡镇会依据不同片线的工作内容对干部进行分类考核。比如，在 X 镇，干部百分制考核分为共性考核和个性考核两大块。共性考核主要是日常工作考核，分值仅有 35 分。考核内容包括日常签到、出席会议、廉政建设和财务制度执行等。个性考核就是针对不同片线干部工作的考核，分值高达 65 分。对于重点线上的干部，主要考核其在重点工程项目中的矛盾纠纷调解、工程进度推进、信访维稳等工作内容。对于驻点干部（驻村干部），主要考核其村情熟悉、驻村集中办公、日常报表报送、贫困户帮扶、党建工作等方面的情况。对于行政业务线的干部，主要考核其日常值班、业务工作和参与其他工作的情况。

乡镇还在考核制度中加入了"分管领导点评"和"片区内考核"的内容，规定由分管领导、片长就各个片线上的干部服从安排、完成工作等方面的情况进行点评打分。这为分管领导、片长调动片线工作人员积极性提供了制度支撑。片线工作人员为了尽量提高考核绩效，需要努力配合、支持分管领导和片长安排的工作。

考核制度可为干部提供激励，表现为政治激励、经济激励和社会性激励三个方面。

政治激励主要是为干部提供晋升流动空间。在 X 镇，片线制度创造了一部分新的管理岗位。比如，每个片都设片长 1 名，片长在乡镇中属于中层骨干。升任片长的基本条件之一就是工作能力强。在重点工作线，还分设若干个工作小组，每个小组设组长 1 名。片区工作和重点线工作，需要较多地跟群众打交道，设立片长和组长这些岗位有利于干部积累基层工作经验。如果乡镇想有意识地培养、锻炼某些年轻干部，也会将这些干部安排到片区和重点线上。在片线上工作表现突出的，在政治晋升中可能占据优势。政治激励对于年轻干部尤其是年轻的公务员更能发挥作用。从身份的角度来看，乡镇干部群体主要由公务员和事业编构成（此外还包括劳务派遣、临聘人员等）。在乡镇，公务员可以晋升到副科级以上领导岗位（或者提升职级），而事业编只能晋升到中层骨干。相较而言，一般年轻公务员有更强的政治进步意愿，他们更希望在工作中有更好的表现，也有更高的工作积极性。所以，政治激励更容易对年轻公务员产生效果。

乡镇干部考核成效主要体现在经济激励上面。干部考核方案主要是将考核结果与干部绩效奖励挂钩。X 镇 2019 年考核方案规定："凡全年综合得分在 90 分以上（包含 90 分）的，100% 发放绩效考核工资；得分 85～89 分的，发放绩效考核工资的 95%；得分 80～84 分的，发放绩效考核工资的 90%；得分 75～79 分的，发放绩效考核工资的 85%；得分 70～74 分的，发放绩效考核工资的 80％；得分在 70 分以下的，发放绩效考核工资的 60％。"由于考核结果直接关系到个人收入，乡镇干部必须认真对待。

除了绩效考核方面的经济激励外，乡镇还为各个片区、重点线和政法线等片线提供一定额度的包干工作经费。包干经费的具体数额视乡镇财力状况、工作任务规模等而定。一方面，包干经费为片线工作提供了物质保障，有利于基层干部应对片线工作中出现的一些突发性、临时性问题（比如下乡处理矛盾纠纷、突发火灾、交通事故等），处理这些问题也需要耗费资源，但无法获得正规票据；另一方面，包干经费使片线干部不必自己垫付钱款干工作，有利于获得更好的工作体验，激发其工作积极性。

除了政治激励和经济激励外，乡镇干部还会获得社会性激励。所谓社会性激励，是指乡镇干部在工作中能够获得的荣誉、面子。社会性激励虽然不能直接给干部带来职务、物质上的好处，但可为他们开展工作提供动力。比如，实行"双向选择"之后，如果某位干部没能被任何片线负责人选中，那将是十分"丢面子"的事情。再如，如果本片线的工作落后于其他片线，在党委政府的会议上被领导批评，或者在通报排名中落后，也会令相关负责干部难堪。为了尽量避免难堪、丢脸，干部们必须要尽力做好工作。

（二）竞争压力机制

"片线结合"机制创新强化了乡镇行政中的竞争性。"片线结合"中的竞争压力是通过包干制来实现的。"片线结合"制度实际上也是一种行政包干制。行政包干是中国县域治理中的重要制度安排。在行政包干制中，作为上级的发包方赋予作为下级的承包方决策、执行和调配资源等自由裁量权。上级主要考核下级执行政治任务的结果情况，调动下级的积极性，在下级各单位和干部之间形成相互竞争的局面[①]。行政包干制被运用在县域信访维稳、征地拆迁、重大项目建设等众多工作领域[②]。

在督促干部履职方面，"片线结合"制度有两大优势：一是使乡镇干部的工作更容易量化；二是在乡镇内部重新嵌入了行政发包关系。如果按照之前的"定编定岗"原则，所有干部被分配到各个部门办公室，其所完成的工作难以量化考核，且按照既定的科层制程序来完成各项治理任务，不可避免地会陷入繁文缛节、推诿拖沓之中。而实行"片线结合"制度之后，乡镇将各项工作安排到各个片区和重点线上，然后根据各个片

---

① 杨华，袁松．行政包干制：县域治理的逻辑与机制：基于华中某省 D 县的考察．开放时代，2017（5）：182.

② 郭亮．土地征收中的"行政包干制"及其后果．政治学研究，2015（1）：114.

线的任务完成情况进行量化考核。乡镇主要对各个片线的工作进行结果管理。

同时，"片线结合"制度在乡镇内部建立了两类"发包—承包"关系。一是在片区内实行属地发包，每个片区都承包了属地内的治理事务。分片实质上是一种行政包干制（政治承包制）。乡镇对联片领导赋权，联片领导再向片长赋权，片长向驻村干部赋权。片区享有管辖范围内的治权。同时，片区必须按照规定完成各项治理任务，承担相应责任。如此形成乡镇—片区—驻村干部的双重"发包—承包"关系。二是在各条线上进行治理事务（业务）发包，其"发包—承包"的基本逻辑跟片区类似。各个条线承包了专项治理事务，并享有业务范围内的职权。

如此，"片线结合"制度相当于在乡镇行政体制内部建构了一个竞争性的政治市场。这种竞争表现在两方面：一是团队之间竞争；二是个体之间竞争。团队之间竞争主要发生在各个片区之间和各条专项工作线上。乡镇领导可以对各个片区、条线的工作进度、质量进行比较。对工作落后的片区和条线，乡镇领导可以进行督促和批评。另外，乡镇还可以将片区、条线工作与分管领导的考核绩效挂钩。比如，S 县 X 镇 2019 年考核方案规定："副书记、人大主席、政协联工委主任按所联片，片长取所在片的驻村干部的 60%、分管线的 40% 计分，其他分管线领导按所分管干部平均分考核，再参考驻村干部得分情况，上下浮动。"如此，各个片区、条线的工作不仅跟乡镇干部的绩效相关，而且会对他们的政治前途产生影响。为了在上级面前获得更好的评价，各个片区、条线都需要尽可能将工作做好，从而形成团队竞争局面。

"片线结合"制度还强化了干部个体之间的竞争。"双向选择"使每位干部都承受着待岗的风险。为了能够在"双向选择"中获胜，干部之间存在一定的竞争。干部们需要尽可能改进工作态度，提高工作业绩。虽然在乡镇内部存在的面子、关系、情感等因素，使严格的考核奖惩制度在执行过程中被打了折扣，从而软化了强激励的效果，但是这些制度设置至少为干部行为提供了基本底线。尤其是那些还具备晋升空间、有向上流动意愿的干部，他们更需要优异的工作业绩。各个片线就为这些干部提供了施展才华的舞台。

（三）情感动力机制

考核激励制度在推动工作方面发挥了基础性作用。但基层政府推动工作不仅要依靠制度性权力，而且需要情感润滑。"片线结合"制度在推动基层干部情感再生产方面具有重要意义。

首先，"片线结合"制度有利于增强团队认同。这种制度在乡镇范围内构造了不同的治理团队，实质上是人与人的优化组合。在双向选择中，分管领导与下属可以有一定的自由选择权。这赋予了每位领导干部一定的自主性。乡镇机关内部可谓是一个熟人社会。大家长时间共事，都比较熟悉对方的性格、能力和工作态度等。分管领导倾向于选择自己比较熟悉、工作能力强、工作态度好、团队意识强、专业素质符合要求的干部加入片线。普通干部通过双向选择，大多数能够选择到自己比较中意、符合个人志趣的片线工作。他们也倾向于选择去自己比较满意、性格合得来的领导分管的片线。各个片线工作人员一般是在自愿基础上的组合。每个片区、每个条线，形成一个荣辱与共、利益攸关的命运共同体。这有利于增进干部们的团队情感与认同。

其次，"片线结合"制度有利于情感再生产。片线工作人员安排遵循"大稳定，小调整"的基本原则。各个条线的工作人员长期共事，更容易产生情感与默契。干部之间既有竞争，又需要相互配合、支持。干部们还可以在日常工作中交流经验。如此，各个条线治理团队成为一个情感共同体。

最后，"片线结合"制度有利于情感治理。乡镇领导协调安排工作不能仅靠权力压人，而必须以德服人、以情感化人。各个片线领导的魅力、关怀，为干部们提供了更大的工作动力。尤其是那些因为身份问题而较难获得政治晋升空间的干部，"看领导的面子""为领导分忧"的情感因素甚至成为他们努力工作的主要动力。调研发现，在 X 镇，乡镇领导在组建治理团队时，往往会优先选择那些跟随自己多年的"铁杆"。

当领导岗位、分工领域或分管片区调整时，也常常会选择将自己比较得力的老部下"带走"。一些干部长期跟随某个领导，也愿意跟着这个领导调整工作岗位。有的干部透露，因为老领导调走，跟新上任的分管领导需要磨合，双方常常因此而产生张力。

总之，通过"片线结合"机制创新，乡镇在很大程度上将人财物资源的使用与调配权力赋予各个片线。在确保不出事的大前提下，乡镇并不过多介入各个片线的具体工作过程。换言之，各个片线的干部享有职权范围内的自由裁量权。片线内部的人员如何安排、资源如何调配、工作如何开展等事务，都可由片线分管领导或负责人自主决策，乡镇领导并不干涉各个片线的具体事务。这为各个片线的干部提供了较之前更为强大的激励。同时，乡镇侧重于从结果方面对各个片线的工作进行考核控制。最终的工作完成进度和质量是乡镇领导衡量各个片线工作优劣的主要标准。如果片线干部未能按照乡镇领导要求完成工作任务，或者在工作中"捅了大的娄子"，那么将面临问责风险。

乡镇治理中的体制弹性与机制创新

乡镇的适应性治理，以机制创新为基础。这些创新并没有改变既有的体制，而是维系了体制的稳定，增强了体制应对复杂环境的能力。体制稳定与机制创新构成了乡镇适应性治理中的一对辩证关系。

（一）体制弹性赋予机制创新空间

体制弹性是进行机制创新的前提和基础。所谓体制弹性，是指体制可以在一定范围内进行伸缩调整、变化，可以吸收和容纳新的要素。体制弹性赋予机制创新的空间具体表现为以下几方面。

首先，体制弹性为机制创新提供合法性基础。机制/制度创新虽然并不需要彻底改变体制，但是需要改变体制的运行方式。同时，机制创新意味着打破常规，带来新的意识形态。在中国的体制中，这些都需要来自上级的确认和支持。如果没有得到上级的合法性授权，那么基层创新将面临合法性风险。X镇的"片线结合"制度创新，得到了它的直接上级S县党委政府的支持。如今，S县下辖的各个乡镇都全面实施了"片线结合"制度，这正是体制拥有较大弹性的表现。上级对下级制度创新的合法性进行确认，会使下级具备更强的创新动力。

其次，体制弹性为机制创新提供权力支持。机制创新要引入和执行新的制度，它需要权力作为支撑。体制中的上级必须给下级赋权，下级才具备进行机制创新的权能。同时，机制创新涉及对既有权力体系的整合，它需要打破之前的权力配置格局。在机制创新过程中，需要乡镇主要领导的高位推动，而主要领导的高位推动必须以其掌握的体制权力为支撑。如果体制不赋予乡镇主要领导权力，那么机制创新是无法展开和持续的。

最后，体制弹性为机制创新提供物质基础。机制创新的目标是使人财物资源得到优化组合，以应对新环境的需求，完成各项治理任务。这些人财物资源都是由体制赋予的，是内生于体制的。没有体制提供资源，机制创新将成为无源之水、无本之木。

概言之，体制弹性为机制创新提供了合法性、权力和物质基础。X镇的"片线结合"制度对全镇人员进行了重组，这种重组并没有打破原先的体制，而是在保持体制稳定的前提下进行机制创新。体制保持稳定，并不是说体制没有弹性。恰恰相反，正因为体制有弹性，"片线结合"的机制创新才具备可能性。如果体制是僵化的，就无法为机制创新提供空间。

（二）机制创新激发体制活力

弹性和惰性，是体制的一体两面。体制有弹性，只是为机制创新提供了空间，但它本身不会自动产生机制创新。而且，体制的惰性常常使其缺乏活力，无法有效、高效应对环境变化。体制的惰性包括体制运行节奏缓慢、体制资源分散低效等。具体而言，机制创新从以下几个方面激发体制活力。

一是整合体制资源。如前所述，"片线结合"制度按照问题导向的逻辑对干部进行分类安排，而不是遵循之前"定编定岗"的职责分工原则。该机制创新将干部的兴趣、才能、意愿等与各类治理事务进行有机结合，促进了体制的人财物资源整合，增进体制内人员和部门的协同，通过整合机制来调动人力资源解决问题，从而减少资源、效率耗散。

二是提升体制效率。在科层体制下，按部就班，按常规运行，难以适应经济社会快速发展的需要，无法应对基层各种层出不穷的治理事务。"片线结合"的机制创新意在打破科层体制的常规运行流程，通过考核、激励和情感润滑来调动干部积极性，推动工作开展，提升体制运行效率，更好地回应乡镇治理中的各种问题。

尤其是 X 镇属于城关镇，镇内各种项目较多，发展任务繁重，治理事务庞杂。其治理事务的数量、规模巨大，工作任务具有常态化、规律性、持续性、密集性等特征。乡镇的中心工作具有非常规性、即时性、运动性，需要集中资源应对。如果按照之前的"定编定岗"方案，乡镇难以完成数量庞大且具有较强非规则性的工作，因此必须对资源进行统筹重组。"片线结合"的机制创新有利于整合既有的体制资源，加快体制的运转速度。

总之，体制稳定与机制灵活是乡镇适应性治理的一体两面。治理体制为机制创新设定了必要的框架和边界。机制创新并不需要改变体制，也不可能改变体制。在机制创新的同时，乡镇仍然保留了党政办、民政办、经管站等业务科室部门，使其具备与上级党委政府和各部门业务工作对接的能力，从而确保了体制的稳定性，同时增强了体制的韧性。

小结

本文以 X 镇的"片线结合"制度创新经验为基础，阐述了乡镇在保持体制稳定的前提下通过机制创新实现适应性治理的过程。面对治理资源匮乏而治理事务繁杂且具有较强非规则性的状况，乡镇必须通过机制创新整合体制资源、激发体制活力，以更好地适应经济社会环境的变化需求，完成治理任务。

体制稳定与机制创新是乡镇治理中的一对辩证关系。"'不变体制变机制'原则的核心是以机制的调整维系体制的活力，从而兼顾治理体制的制度化与有效性之平衡。"① 治理体制为机制创新提供权力支撑和人财物资源。但是治理体制的稳定性使其难以适应新的治理环境变化需求，需要其改变运行方式，即进行机制创新。治理机制创新能够使治理体制更加高效、高质地运行，提升其适应性。治理机制创新，就是要赋予基层一定的自主性。一方面，要赋予基层进行机制创新的权力和空

---

① 杜鹏. 一线治理：乡村治理现代化的机制调整与实践基础. 政治学研究，2020（4）：117.

间，使基层有权力、有能力、有魄力进行创新，整合既有的人财物资源；另一方面，要激发基层一线干部干事创业的自主性，赋予他们与职权相匹配的自由裁量权，让他们在一线治理中愿干事、能干事、敢干事。

乡镇的适应性治理问题，实质上就是要回答中国的体制/制度优势如何转化为治理效能、实现有效治理这一问题。党的十九届四中全会强调："突出坚持和完善支撑中国特色社会主义制度的根本制度、基本制度、重要制度，着力固根基、扬优势、补短板、强弱项，构建系统完备、科学规范、运行有效的制度体系，加强系统治理、依法治理、综合治理、源头治理，把我国制度优势更好转化为国家治理效能。"如何将制度优势转化为治理效能？这要求在不改变体制的前提下，最大限度地释放体制的能量（也就是集中力量办大事）。本文从实证层面为将我国的基层治理体制优势转化为治理效能提供了一种解释。研究表明，在中国基层治理领域，我们可以通过机制创新来赋予体制活力。换言之，我们可以在保持体制不变的前提下，通过机制创新来整合治理资源，完成治理任务，达到治理目标。

在学理上，本文侧重于从机制创新与体制弹性之间的关系对基层适应性治理展开研究，以弥补既有研究主要关注基层适应性治理的策略或非正式制度的局限。

当然，"片线结合"的机制创新也可能滋生一些新问题。

比如，在"片线结合"制度中，干部们长期在同一个片线上共事，固然有利于增进交流和团结，但也可能形成利益相对封闭的小圈子。这可能不利于整个乡镇政权内部的团结，阻滞乡镇党委政府政策、意志的畅通。而且，在乡镇—村（社区）关系日益行政化的背景下，如何更好地发挥联片驻点制度密切干群关系的功能，也是一大难点。这些问题都有待在日后的乡镇治理中予以防范或解决。此外，近年来，随着国家治理体制的规范化进程加速，基层治理中的过程管理不断加强，再叠加较大的问责风险，基层进行机制创新和干事创业的自主性因此受到了一定的束缚。基层干部更多地倾向于按章办事、循规蹈矩，导致治理机制创新的空间被压缩，进而可能影响体制的回应性、韧性。如何在推进治理体制规范化进程的同时，保持必要的体制弹性，赋予基层自主创新治理机制的空间，是实现乡村治理现代化必须面对的难题。

五　重塑激励：
乡镇治理机制创新的多元方式

科层制具有分工明确、各负其责、专业高效的特征。恰如韦伯所指出的："精确、迅速、明确、精通档案、持续性、保密、统一性、严格的服从、减少摩擦、节约物资费用和人力，在由训练有素的具体官员进行严格官僚体制的、特别是集权体制的行政管理时，比起所有合议的或者名誉职务的和兼任职务的形式来，都能达到最佳的效果。"[1] 然而，在现代社会中，科层制的弊端日益显现。尤其是 20 世纪以来，随着经济社会发展加速，治理事务日益庞杂。部门林立、职能分割、协同缺失导致科层制行政效率低下。

随后，西方国家掀起了一场新公共管理运动，试图通过私有化、市场化、管理分权等措施来克服传统公共行政的弊端，提高行政效率。然而，"这种新公共管理运动在革除官僚制效

---

① 韦伯. 经济与社会：下卷. 林荣远，译. 北京：商务印书馆，1997：296.

率低下、反应迟钝等弊端的同时，又进一步强化了'机构裂化'、'管理分割'"①。新公共管理不仅未能有效解决传统公共行政中的问题，反而带来了资源损耗、服务质量下降等新弊端。这一政府改革运动同样引发了学者们的反思。

20世纪90年代中后期，西方国家又掀起了建设整体政府的改革运动。"整体政府的核心目的是通过对政府内部相互独立的各个部门和各种行政要素的整合、政府与社会的整合以及社会与社会的整合来实现公共管理目标。"② 整体政府的改革就是要破除科层制中的部门分割、资源分散、协同缺失等障碍，在各政府部门之间、政府与社会之间形成治理合力。

西方的整体政府改革可以给我们提供参考。不过，中国国情不同于西方。中国的行政体制具有高度复杂性，不仅有纵向的多层级政府，而且横向部门林立，条块关系、条块矛盾是中国行政体制的鲜明特征。对于中国行政体制而言，加强政府协同与整合不仅具有必要性、紧迫性，而且更具挑战性。近年来，我国也大力推动政府机构改革，包括大部制改革、行政服务中心建设、"最多跑一次"、"一网通办"等。这些改革对于推动政府流程再造、提升行政效率具有重要意义。

此外，西方的整体政府理念主要局限于政府流程的重构，

---

① 蔡立辉，龚鸣．整体政府：分割模式的一场管理革命．学术研究，2010（5）：34．

② 同①36．

尤其是如何采用新型信息技术来加强政府部门之间和政府与社会之间的协同。但实际上，建构整体政府，不只是一个技术性的问题，也是一个结构性的问题。它需要对政府治理结构进行重塑。因此，在中国进行政府流程再造，需要超越西方整体政府的理念。

总之，如何克服行政体制的各自为政、协同不足、效率低下等问题，对于世界各国来说都具有挑战性。而中国作为一个大一统国家，发展不平衡特征突出，行政体制架构尤为复杂，如何通过机制创新推进政府流程再造，更具挑战性。尤其是乡镇基层对于中国国家治理至关重要。党和国家的各项方针政策，最终都需要乡镇基层来予以落实。因此，能否推进乡镇政府再造，使其具备更强的治理能力，事关国家治理任务能否落地。

本文以湘、鲁、赣三省乡镇治理的田野调研经验为基础，比较分析乡镇进行治理机制创新的结构与路径，总结乡镇治理机制创新的一般规律。在下文中，笔者将首先阐述大国基层治理所必须解决的一统性与灵活性难题，其次指出为解决这一难题，需要通过适应不同地区实际的治理机制创新来确保灵活性、适应性，而乡镇基层是国家政策任务的最终执行者，其治理能力直接关系到国家政策任务能否顺利落地，进而以湘、鲁、赣三省乡镇治理机制创新实践路径为基础，总结影响乡镇治理机制创新的主要因素。归纳起来，本文的行文逻辑是，大

国基层治理难题——因地制宜的灵活性、适应性需求——差异
化的乡镇治理机制创新实践——影响乡镇治理机制创新的一般
规律总结。

一统性与灵活性：大国基层治理的难题*

一统性与灵活性是中国国家治理中的一对基本关系。中国
作为一个大国，治理规模庞大，纵向管理层级较多，中央需要
拥有强大的权威，以确保各项方针政策的落实。中央权威的一
统性集中表现为体制、政治和政策的一统性。因此，中国国家
治理的一统性与灵活性之间的关系具体可从三个维度去理解：
体制的一统性与机制的灵活性，政治的一统性与治理的灵活
性，政策的一统性与执行的灵活性。

首先，体制的一统性与机制的灵活性之间的关系。体制是
一种基本的制度架构。它的一统性表现为：一是体制的普遍
性，即体制在不同层级、不同地区甚至不同领域具有总体类似
的特征和构成。"职责同构"① 是体制具有普遍性的重要例证。
二是体制的稳定性，即体制在较长的时段内总体而言保持稳

---

* 本节部分观点受到与杨华讨论的启发，特致谢忱！

① 朱光磊，张志红."职责同构"批判.北京大学学报（哲学社
会科学版），2005（1）：101.

定，一般不轻易变动。在体制一统性的前提下，治理机制具有灵活性，即可以建立和创新各种治理机制，来整合体制中的人、财、物资源，激发体制的活力①。

其次，政治的一统性与治理的灵活性之间的关系。政治的一统性，是指国家在政治上是大一统的。中国作为一个大国，必须确保中央的至高权威，要保证政令畅通。中央权威不容挑战，各地党委政府必须有正确的政治站位，与中央保持高度一致。在治理层面则应具有一定的灵活性，各地、各领域可以根据实际情况来开展治理。

最后，政策的一统性与执行的灵活性之间的关系。对于大一统的国家而言，国家政策必须具有统一性，这表现为：一是中央政府享有最高政策制定权；二是中央的政策具有指导性。中央政策从总体上、原则上作出规定，它对于各地政府执行政策具有宏观指导意义。但是，在执行政策时，各地政府可以有一定的灵活性，可以根据辖区内实际情况制定政策落实方案。在中央出台的诸多政策中，往往都会要求各地在不违背中央政策精神的前提下根据自身实际制定政策实施方案。这便是政策一统性与执行灵活性的具体表现。

总之，一统性与灵活性是贯穿中国国家治理的一条主线。

---

① 田先红．适应性治理：乡镇治理中的体制弹性与机制创新．思想战线，2021（4）：116.

国家治理既要有一统性，又要有灵活性。一统性与灵活性之间
是否保持动态平衡、是否能够顺利实现转换和支持，将极大地
影响着国家治理绩效。对于中国这样一个非均衡的大国而言，
实现灵活性的一个前提，就是要考虑不同地区、不同领域的实
际情况。换言之，大一统的体制需要适应不同地域经济社会文
化的实际情况，需要因地制宜地进行创新，才能使中央统一的
方针政策更好地落地。尤其是地方和基层政府，需要将中央和
上级的政策与本地实际相结合，对政策进行转化。中国幅员辽
阔，地域差异较大，不同地方拥有不同的实际，各地政府在基
层治理中形成不同的治理机制创新。乡镇作为行政体制的最低
层级，直接关乎国家各项方针政策的落地。大一统体制灵活性
的实现，需要乡镇作为载体。同时，乡镇不仅组织机构不健
全，而且人财物资源相对匮乏。乡镇若不进行治理机制创新，
将难以甚至不可能承接和完成各种自上而下下达的治理任务。
因此，乡镇能否进行治理机制创新，很大程度上决定了国家治
理的灵活性能否实现。

乡镇治理机制创新的差异化实践路径

如前所述，不同地区经济社会发展状况存在巨大差异，各
地人财物资源配置状况也有不同，因而，乡镇治理机制创新具
有差异性。下文以江西省 G 县、湖南省 H 县、山东省 C 市经济

技术开发区的乡镇为例，阐释乡镇治理机制创新的逻辑与机制。

（一）乡镇副职领导下沉的机制创新

在江西省 G 县，乡镇治理机制创新的主要方式是建立驻村工作组。据了解，G 县各乡镇普遍实行驻村工作组制度。按照规定，乡里的所有班子成员副职都必须驻村。驻村工作组由乡镇班子成员副职任组长，每个工作组一般由 4～5 人组成。在 G 县 Y 乡，全乡下辖 7 个行政村、1 个居委会。在岗的乡干部总计 55 人（含公务员、事业编和临聘人员）。除乡党委书记、乡长和便民服务中心的 2 名工作人员外，其他所有乡干部都要驻村。副职领导下沉机制如图 5-1 所示。

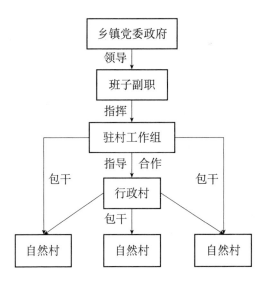

图 5-1 副职领导下沉机制

驻村工作组以包干制的方式开展工作，即乡镇将行政村的各项工作包干给驻村工作组，驻村工作组再进行分片包干，每位驻村干部包干数个自然村。驻村工作组组长一般负责行政村各项工作的宏观指导和协调，不具体负责包片。当然，对于某些任务较重的事项，有些驻村领导也亲自包片，承担部分工作任务。

副职领导下沉驻村工作组具有如下优势。

一是提高行政效率。相比普通乡干部驻村，副职领导具有更高的权威，因此，由副职带领驻村工作组能够动用更多的资源，提高解决问题的效率。尤其是当村庄中出现一些棘手的问题时，副职领导可以凭借其权威、动用其资源，更加高效快速地协调解决。

二是减少行政协调成本。在其他地区，一般是普通乡干部驻村。如果驻村干部在工作中遇到难题，那么他需要跟包片领导汇报，包片领导再向分管领导或主要领导汇报沟通。其间的环节多、协调成本较高。如果是副职领导驻村，当驻村工作出现难题时，如果问题超出副职领导的能力范围，副职领导可以迅速跟乡镇主要领导汇报，从而降低协调成本。

三是减少条块之间的阻碍。在常规体制下，每个乡镇副职领导都分管相应的业务，乡镇部门的业务工作需要通过乡镇党委领导进行协调，再安排落实到村庄。而在驻村工作组制度下，每位副职领导既是分管业务的领导，又是驻村领导，都要完成其他副职领导的业务工作。大家需要相互支持、相互配合。这有利于大大减少"条条"与"块块"之间的摩擦。

四是副职亲力亲为，发挥示范带动作用。驻村副职领导并非只给各驻村干部安排工作任务，而是亲自带领各驻村干部一起完成任务，尤其是棘手的工作任务。副职领导亲力亲为，一方面发挥示范带动作用；另一方面，利用责任心、情感对其他驻村干部起到濡化作用。驻村工作组相当于构建了一个治理共同体，驻村副职领导拥有相应的权威，同时也必须团结其他驻村干部。

（二）"片线结合"的治理机制创新

在湖南省 H 县，乡镇实行"片线结合"的治理机制创新。所谓片线结合，是指乡镇将各项工作划分为三条片线，分别是业务线、重点线和驻点片①。乡镇将所有工作进行分类，然后根据工作类型配备不同的干部。不同时期，乡镇治理事务存在差异。大体而言，乡镇的治理事务可分为三大类：一是办公室的业务工作；二是驻村工作；三是重点工程工作，包括征地拆迁等。当然，这三条片线上的工作人员并不是固定不变的，而

---

① 关于"片线结合"制度的系统分析，参见田先红．适应性治理：乡镇治理中的体制弹性与机制创新．思想战线，2021（4）：116.

是遵循"大稳定，小调整"的原则。干部调配采用双向选择的原则。乡镇干部可以根据自身需求申请去相应的片线工作岗位，乡镇领导再根据全局进行统筹安排。每个片线上都设有相应的负责人。如果有的干部没有被各片线负责人接纳，那么就要待岗。待岗期间，只发放基本工资。

概括而言，"片线结合"的机制创新具有如下优势。

一是专业人做专业事。各个片线上的干部相对稳定，为其提供了相对较长的熟悉工作的时间。长期在某些工作岗位上，可以积累该岗位工作的专业知识和相对丰富的工作经验。

二是为干部提供强大的激励。在双向选择制度下，乡镇干部需要支持、配合各片线的工作，那些消极怠工的干部可能面临待岗的风险。而待岗对于干部而言，无论是经济上还是面子上都是较大的损失。对于事业编干部而言，重点线会配置相应的工作经费，可为他们提供一定的经济激励。事业编干部在重点线上工作，可以获得相应的报酬和奖励。

三是乡镇干部可以将兴趣与工作较好地结合起来。因为实行双向选择，所以干部可以根据自己的兴趣爱好来申请相应的片线工作岗位。有了兴趣作为支撑，乡镇干部会更有动力投入工作之中。

（三）农村管区治理机制创新

管区制度普遍存在于山东省内。所谓管区，又称管理区，是介于乡镇和行政村之间的一种准管理组织①。每个管区下辖数个行政村。管区人员规模根据村庄数量、治理事务的多少等而定，一般为8～12人。管区职位包括书记、主任、副书记、副主任、文书等。管区没有独立的人事权、财权。但是，管区对于干部具有较强的激励作用。一是管区具有人员调配的权力。虽然管区干部是由乡镇安排的，但是管区书记可以根据工作需要对干部进行灵活调配。二是管区具有一定的经济激励。虽然管区没有独立的财权，但是乡镇往往会为管区提供一定的工作经费。这些工作经费可以由管区自主支配。三是管区是培养干部的重要舞台。管区类似于一个小乡镇，乡镇将各项工作发包给管区，并根据管区工作的成果来对干部进行评价。管区内部岗位层级较多，管区干部能在不同的岗位上得到锻炼和提拔。尤其是管区书记在乡镇的地位至关重要，一般被安排到管区担任书记的干部都是"有政治前途的人"。愿意到管区担任书记的干部，也大多是在政治晋升方面有想法的。

管区的治理采取行政包干制。行政包干制是县域治理中普

---

① 杜鹏.制度化动员型结构：乡镇有效治理的深层基础：基于"管区制度"的分析.云南行政学院学报，2017（6）：14.

遍存在的一种治理模式。它聚焦于政府内部的发包—承包关系，强调政府多元激励的作用。它一般以中心工作模式推动工作的开展，具体包括目标责任制、领导包干制和临时机构包干制等方式①。在管区，行政包干制体现为乡镇将各种治理任务发包给管区，由管区来承包治理任务（见图 5-2）。乡镇主要根据管区完成任务的情况来进行考核、监督，并给予管区干部相应的奖惩或者政治待遇，管区则根据辖区内实际来落实完成乡镇发包的治理任务。管区还拥有人力资源整合权，根据工作的不同需要来调配不同的人力资源，具有综合性、灵活性、群众性和沟通性等优势。

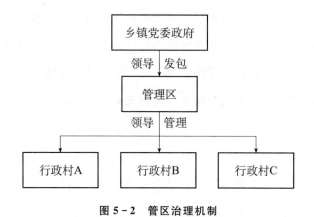

图 5-2　管区治理机制

①　杨华，袁松．行政包干制：县域治理的逻辑与机制：基于华中某省 D 县的考察．开放时代，2017（5）：182；郭亮．土地征收中的"行政包干制"及其后果．政治学研究，2015（1）：114．

乡镇治理机制创新差异化的结构基础

不同地区的乡镇治理形成了不同的机制。这些机制对于各地基层治理事务的开展具有重要意义。那么，为什么不同地区的乡镇会形成差异化的治理机制创新呢？笔者认为，这跟不同地区乡镇面临的差异化治理结构紧密相关。具体而言，乡镇治理机制创新差异化的结构基础主要表现在人事结构、治理事务结构和治理资源结构三个方面。

（一）乡镇的人事结构

乡镇作为科层体制的最底端，所拥有的资源非常有限。可以说，人力资源是乡镇最重要的资源。如何使人力资源发挥最大效用、达到最优配置，是乡镇实现善治的重要条件。人事结构主要是乡镇的人员身份构成。从身份来看，乡镇的人事结构主要包括公务员、事业编和临聘人员。人事结构是乡镇配置人力资源的基础条件。在江西省 G 县，当地乡镇公务员，尤其是年轻公务员数量较少，而事业编人员相对较多。此外，乡镇还有一小部分临聘人员。乡镇公务员中，领导班子成员占比较高。无论规模大小，各乡镇都配备了 10～14 人的党政班子成员。以 Y 乡为例，该乡共有 55 名干部，18 名公务员中 12 人为班子成员，另 6 名公务员中，有 3 名被上级借调。因此，除班子成员外，乡镇能够调用的公务员数量极少。在此情况下，如何调动班子成员的积极性就成为乡镇治理的难题。当地乡镇副职领导下沉的机制创新，恰恰就有利于调动乡镇领导班子成员的积极性，发挥领导班子成员的优势。

在湖南省 H 县，乡镇公务员数量少，而事业编干部规模大。事业编干部基本上缺乏政治晋升的通道，但是，他们长期在乡镇基层工作，积累了丰富的基层工作经验和人脉。乡镇如果能激发出事业编干部的积极性，将给乡镇工作带来巨大推动力量。如果不能给这些事业编干部以适当的安排，他们将越来越缺乏工作的动力，变得越来越消极。所以，乡镇需要调动事业编干部参与乡镇治理的积极性。H 县的"片线结合"治理机制创新，将大量的事业编干部安排在重点工程线等需要丰富的群众工作经验和人脉的岗位上，发挥他们的优势和特长。乡镇还为重点线工作人员提供经费保障激励。在重点工程线上的事业编工作人员，除了工资和其他干部一样外，还能获得额外的重点线工作津贴。如此，乡镇通过"片线结合"机制将事业编人员队伍激活。

在山东省 C 市，乡镇人事结构的突出特点是干部数量庞大，尤其年轻干部多。乡镇需要为年轻干部提供展示才能的舞台，而管区为年轻干部培养、成长提供了舞台。一方面，管区更加接近乡村社会，管区干部需要做大量的群众工作，跟群众接触的机会更多。将年轻干部安排到管区，可以锻炼他们的群众工作能力。另一方面，管区内部岗位层级众多，制造出更多的隐性晋升层级，能为年轻干部提供政治晋升激励。年轻干部在管区从一般办事员晋升到主任、书记，往往需要多年时间。每上升一个岗位层级，管区干部都可以获得一种价值感。

（二）乡镇的治理事务结构

治理事务结构包括两个方面：一是治理事务的内容；二是乡镇的治理规模。治理事务的内容主要是乡镇需要完成的事务领域。在不同地区，由于经济社会发展阶段不同，乡镇所要完成的治理事务内容存在较大差异。比如，在江西省 G 县，乡镇的主要工作是驻村工作，即通过驻村完成自上而下的各种治理任务，还有一部分是工程项目、征地拆迁的工作任务。乡镇需要将各种治理任务落地到村庄。由乡镇副职领导带领驻村工作组开展工作，其推动力度更大，有利于驻村工作的落实。

在湖南省 H 县，X 镇为城关镇，各种重大项目、征地拆迁工作较多，因此，乡镇需要调动人力资源集中投入到重点线上。而征地拆迁需要大量具有丰富的群众工作经验、熟悉本地社会关系的干部。事业编干部既熟悉本地情况，又因为长期在本地工作而积累了丰富的群众工作经验。因此，事业编干部成为乡镇动员来参与重点线工作的首选。虽然也有少量公务员参与重点线，但是公务员流动性大，一般不会长期待在一个地方，且公务员数量偏少。

在不同地区，乡镇治理规模也存在差异。在江西省 G 县，县内下辖 25 个乡镇（街道、工业园区）。当地为山区，县域面积广，人口较为分散。县内各乡镇所辖行政村（居委会）数量普遍较少。比如，Y 乡下辖 8 个行政村（居委会），总人口 1.7 万人；F 乡下辖 7 个行政村，总人口 1.5 万人；最小的 W 乡只有约 5 000 人，下辖 5 个行政村。乡镇规模较小，再加上乡镇干部数量相对充足，使各乡镇能够建立驻村工作组制度，大大充实了乡镇的驻村力量。在山东农村，乡镇下辖的行政村（居委会）数量众多，大大加重了乡镇的治理规模负荷。乡镇需要将治理规模进一步细分，以更好地对接乡村社会。在乡镇内部设置管区就成为一种较好的选择。因此，乡镇的治理事务规模（管理幅度）也是影响乡镇治理机制创新的重要因素。

（三）乡镇的治理资源结构

从根本上说，干部是乡镇最重要的人力资源。但是，如何使用资源来激励干部，则是另一种治理资源。乡镇对干部的激励面临一系列资源约束条件，主要是政治资源、经济资源有限。政治资源是指政治晋升空间，就是给予干部相应的政治前途。经济资源就是乡镇所能采用的经济手段，包括考核奖惩、工作经费配套等。

在江西省 G 县，乡镇所拥有的政治资源和经济资源都极为有限。在政治资源方面，乡镇党委书记掌握的最重要的资源就是乡镇副职领导干部的推荐权。也就是说，在乡镇副职班子成员晋升时，乡镇党委书记享有一定的推荐权。副职班子成员要想获得乡镇党委书记的推荐，就需要积极配合党委书记的工作。因此，在当地，调动副职的积极性、推动副职下沉，成为乡镇更好地完成各项治理任务的不二选择。

在山东省 C 市农村管区，乡镇组织内部隐性层级多，各种层级岗位成为乡镇激励干部的重要政治资源。管区干部每上升一级，都意味着政治进步。尤其是管区书记，往往是乡镇班子成员的重点提拔对象。因此，在当地，乡镇拥有相对充足的政治资源来激励管区干部。

湖南省 H 县 X 镇为城关镇。该镇经济发展任务重，经济资源相对较为充裕。尤其是县城内各种征地拆迁工作较多，县里为 X 镇提供了较多的征地拆迁工作经费。乡镇可以采用经济激励的手段来调动干部的积极性。比如，乡镇为重点线上的干部提供一定的工作经费配套。对于工作业绩突出、在征地拆迁工作中做出重要贡献的干部，还给予一定的经济奖励。

可见，不同地区、不同形态的乡镇治理机制创新，根植于当地的一系列结构性约束条件。乡镇的人事结构、治理事务结构和治理资源结构，为乡镇治理机制创新提供了基础，共同形塑出不同的治理机制创新模式。

小结

中国国家治理必须妥当处理一统性与灵活性之间的关系。国家治理的一统性是灵活性的前提，为灵活性提供基本的秩序保障。没有一统性作为前提，灵活性就容易陷入各自为政、各行其是。同时，灵活性又是维系一统性的途径。治理机制和政策执行的灵活性可以更好地整合优化一统体制的资源，激发一统体制的活力。国家治理任务的最终落地，需要依托位居一统体制最末端的乡镇政权。因此，乡镇在保持国家治理灵活性中发挥着至关重要的作用。权小、人少、责任重的乡镇能否自主开展治理机制创新、重塑乡镇政府治理结构，直接关系到国家治理灵活性能否实现。

中国幅员辽阔，因为经济社会发展阶段及其制度传统存在差异性，不同地区的乡镇面临着不同的人事、事务和资源结构性条件。这些结构性条件要求乡镇作出不同的治理机制安排（见表5-1）。乡镇治理机制创新，并不是简单的政府流程再造，不能完全依托于现代信息技术，而是对政府治理结构的一种整体性重塑。当然，乡镇在从整体上重塑政府治理结构的同时，也维持了乡镇治理体制的稳定性、完整性。乡镇既有的部门和功能仍然得以保留。总之，乡镇治理机制创新是在确保体制稳定基础上展开的，并不构成对乡镇治理体制的冲击。

表 5 - 1　乡镇治理机制创新的结构与路径

	人事结构	事务结构	资源约束	主要激励对象
副职下沉机制	班子成员多、公务员和事业编相对较少	驻村工作繁重，治理规模小	既缺政治资源，又缺经济资源	班子副职领导
"片线结合"机制	公务员少、事业编多	重点工程项目多，征地拆迁任务重	缺政治资源，有一定的经济资源	事业编干部
管区治理机制	年轻干部多	行政村数量多，治理规模大	拥有一定的政治资源和经济资源	管区年轻干部

　　乡镇治理机制创新的实质是激活体制资源，使体制更好地对接乡村社会，其核心就是如何激励人。乡镇通过治理机制创新，重新配置权力资源，建立起一套新的激励结构。乡镇的激励结构主要包括两个层面：一是激励对象；二是激励手段。就前者而言，乡镇需要根据自身的人力资源状况确定主要的激励对象，比如在班子副职领导较多的乡镇，如何激励、调动副职领导的积极性就至关重要，而在事业编干部较多的乡镇，事业编干部就应该是乡镇的重点激励对象，在年轻干部较多的乡镇，则必须充分激励年轻干部。就后者而言，乡镇需要根据自身掌握的资源来采取相应的激励手段。比如，在经济资源较为丰富的乡镇，可将经济激励作为乡镇的主要激励手段；而在政治资源相对较多的乡镇，政治激励可作为乡镇的主要激励手

段。乡镇通过治理机制创新,建立新的激励结构,使乡镇的人财物资源达到更优匹配状态,尽可能实现人尽其才、物尽其用。由此,乡镇治理保持了灵活性、适应性,国家治理的灵活性也在一统体制的最末端得以实现。

六 任务包干:
乡镇"管区"有何用

　　管区,又称"管理区",是介于乡镇(街道)与行政村之间的一级准行政组织①。之所以将其界定为"准行政组织",是因为,一方面,管区具有一定的行政功能,承担了乡镇(街道)安排的各项行政和治理任务;另一方面,管区又不是一级完备的行政组织,它不仅组织结构不完整,不具备明确的法律地位,而且没有独立的人事权、财权等。管区由来已久。据考

---

　　① 目前学界对管区有多种定义,但无论取何种定义,都基本上将管区视为一种准行政组织。参见王印红,朱玉洁.基层政府"逆扁平化"组织扩张的多重逻辑:基于"管区制度"的案例研究.公共管理学报,2020(4):21;杜鹏.制度化动员型结构:乡镇有效治理的深层基础:基于"管区制度"的分析.云南行政学院学报,2017(6):14;王荣武,王思斌.管理区干部和村干部的互动过程与行为:豫西南花乡的实地研究.社会科学研究,1996(3):72;陈文琼.管区设置与基层政府的政策执行力强化机制:基于L镇管区设置的经验阐释.江西师范大学学报(哲学社会科学版),2016(2):64.

证，早在人民公社时期，管区就已存在①。人民公社体制被废除后，管区又以不同形式重新焕发出生命力。时至今日，管区仍然延存于全国多地。其中，山东的管区保留得最完整且分布最为普遍。毫无疑问，管区在农村基层治理中发挥了重要作用。但管区作为一种准行政组织，既没有人事权、财权等正式权力，又缺乏完备的组织，那么它是如何承接乡镇（街道）安排的各项政策任务、如何对接村庄（社区）进而推动政策任务落地的呢？换言之，管区在实践中的主要运行机制是什么？

　　笔者在田野调查中发现，通过党委领导推动的行政包干制，是管区调动干部积极性、整合各方资源、最终实现治理任务落地的有效制度安排，构成了管区运行的核心机制。农村的管区制度为我们分析行政包干制提供了一个极佳的窗口。对于研究行政包干制而言，管区的独特性体现为：一是管区性质的独特性。管区作为一级准行政组织，既相对独立又内嵌于上级政府（乡镇/街道）。这样的结构特征使其既享有较大的自主权，又受到上级政府的较强控制。其所体现的上下级关系既不同于一级政府内部严格的命令—服从关系，又不同于相对松散的府际关系。这有利于我们将行政包干制研究拓展到准行政组织之中。二是管区独特的权责结构。作为一级准行政组织，管

---

　　① 王兆刚，种道台．我国基层治理中的管区问题探析．东方论坛，2018（3）：9.

区享有决策权、资源整合权、执行权等权力，但是上级未赋予管区人事权、财权。这使乡镇政府与管区之间的权责配置跟一般的府际间权责配置呈现出较大差异。三是管区独特的发包—承包关系结构。管区的发包—承包关系呈现出多领域、多条线、多主体的特点。这一复杂的发包—承包关系结构确保了管区行政包干制的运行。

案例概况

本文的研究资料主要来源于笔者及研究团队于 2020 年 10 月 12 日至 31 日在山东省 L 市 C 街道的田野调查。采用的田野研究方法主要是深度访谈法。访谈对象涵盖乡镇干部、管区干部、村干部和普通村民。每位受访对象的访谈时长一般为 2～3 小时。C 街道毗邻 L 市城区，隶属于 L 市国家级经济技术开发区。街道下辖 48 个行政村（社区），户籍人口约 4 万人，版图面积 80 平方千米。2018 年，C 街道对管区设置进行了调整，由原先的 5 个管区调整为 6 个。每个管区下辖 7～9 个行政村（社区）。管区内部成立党总支，设总支书记、主任、副书记、副主任和文书等。管区工作人员一般为 8 名左右。具体规模视管区下辖村庄数量和治理事务复杂程度等而定。C 街道在城乡接合部的结构性位置使其下辖各个管区的治理事务、治理样态等都呈现出较大差异，这为我们观察管区的运行机制提供了更为便利的条件。

　　据笔者调研及查阅相关资料，从全国来看，山东省的管区保留得较为完整。时至今日，山东省各地农村仍然保留了管区。因为山东省的管区具有典型性，故将其选为研究对象。在选择案例时，笔者尽可能覆盖不同类型的管区，以多元的研究样本将管区行政包干制的实践机制更为充分地揭示出来。C街道的6个管区概况及分类如表6-1所示。

表 6 - 1　C 街道管区概况

管区类型	管区名称	主导的治理事务	治理负荷
城市化管区	庐陵管区	征地拆迁	重
上楼型管区	北集管区	合村并居、物业管理	中
农业型管区	张湾管区、刘集管区、浏河管区、弓峰管区	日常管理	轻

　　注：管区类型划分的标准是依据管区的主导功能。比如在城市化管区，土地已经被较多地征用，许多农民已经转变为城市居民。在上楼型管区，管区内部多个村庄已经合村并居。在农业型管区，农民维持着传统农业型的生活方式。依托城郊的区位优势，农民已经较少种地，主要在本地务工或外出务工。许多农地已经租赁给农业公司。治理负荷分类依据的是一种相对标准，属于质性评估。

管区的行政包干体系

　　乡镇在党委领导下，以管区作为行政包干制的载体，进行相应的权责配置，构建出属地包干与条线包干相结合的行政包干体系。

（一）作为行政包干制载体的管区

与其他地方农村作为虚体的片区、包片不同，管区是实体化的一级准行政组织。管区是基层政府为了推动治理任务更好地落地而进行的一种机制创新。只是这种机制创新不是临时性的，而是常态化的。从公共行政功能的角度来看，管区的实质是承包乡镇（街道）行政任务的一级组织。换言之，管区充当了乡镇（街道）行政包干制的组织载体。管区的包干制优势体现在以下方面。

一是公共行政空间的重构。地方政府设置管区的主要考量是细分乡域内的治理单元。在山东，乡镇（街道）下辖的村庄数量多，如果乡镇直接对接各个行政村，那么其治理成本会极为高昂，且影响治理效率。在乡镇下面设置管区，能大大减少乡镇对接行政村的成本，缩小治理单元规模。由管区对接行政村，可以降低乡镇治理规模负荷。它是地方政府为摆脱治理规模困境而创造的一种制度安排。扁平化结构适应于小规模组织。对于下辖村庄数量较多、治理规模较大的乡镇政府而言，需要在组织内部设立新的行政层级，细分治理单元，提升治理效率。

二是公共行政组织的下移。管区制度相当于在乡镇与行政村之间再造了一个行政层级，这使乡镇政权的触角进一步渗透进乡村社会，且这种组织是常态化的，它代表着国家权力在乡村社会的常态化运行。常态化的组织为管区承包乡镇的公共行政事务提供了载体。管区直接对接乡村社会，为推动行政事务落地创造了更为便利的条件。

三是公共行政事权的下移。管区是乡镇推动公共政策落地的重要载体。尽管管区并非一级完备的政府组织，但它承载了来自乡镇的几乎所有公共行政事务。乡镇几乎所有的工作都需要通过管区来部署。管区承接乡镇的工作包括两个方面：一是乡镇党委政府的中心工作；二是乡镇各个站所部门的业务工作。乡镇将工作任务安排到管区，管区再对接各个行政村。因此，建立管区之后，乡镇的事权进一步下移到乡村社会。

（二）以党组织为核心的包干体系

"党政体制"是理解中国政治的关键词，它为我们建构了一个认识中国政治的整体性分析框架[①]。在管区行政包干制中，党组织扮演着核心领导者的角色，发挥着高位推动作用。从管区的组织架构来看，管区只成立了党总支，并没有设置行政机构。这也表明，管区治理主要依靠党组织系统来推动。乡镇通过党的组织系统将公共行政事务发包到管区。基层党组织

---

① 景跃进，陈明明，肖滨. 当代中国政府与政治. 北京：中国人民大学出版社，2016：4-8.

的负责人，是管区行政包干体制中的主体责任承担者。在组织架构上，管区包干制体现为乡镇党委会（街道党工委）—管区党总支—村（社区）支部的组织体系。在责任主体上，管区包干制体现为乡镇党委书记—管区帮包领导—管区书记—村（社区）支部书记的责任体系。各级党组织及其负责人承担着统筹谋划发包行政事务落地、调配各方资源的责任。

在 C 街道，每个管区还设有帮包领导 2～3 名。帮包领导由乡镇党政班子成员中的副职领导担任，其作用有：一方面，督促、安排管区承包的各项工作任务；另一方面，管区或村庄（社区）在完成承包任务过程中遇到困难时，可以向帮包领导反馈，帮包领导再报告乡镇党委主要领导，协商找到对策。从字面上看，"帮包"二字就体现了"包干"之意，即乡镇把某个管区包干给该帮包领导。理论上，帮包领导全权负责该管区的一切事务，承担管区工作的连带责任。当管区完成承包工作任务不力时，乡镇党委政府也可以督促帮包领导，甚至追究帮包领导的连带责任。如此，帮包领导实际上是代表乡镇党委政府分管某个管区。确切而言，帮包领导依托党委的授权，调动资源安排落实管区的包干任务。通过帮包领导制度，乡镇将管区进一步整合进治理体系内。

乡镇在为管区配置帮包领导时，主要考虑几个方面：一是管区工作的重难点及其需求。比如，庐陵管区处于 C 街道发展前沿，各类重点项目需要推进，征地拆迁任务繁重。街道为该管区配备了分管执法业务工作的帮包领导丁某，他之前在另一街道做过大量的征地拆迁工作，具备丰富的工作经验。此外，还配备了帮包领导蒋某分管信访业务工作。庐陵管区征地拆迁任务重，矛盾纠纷量大，上访案件也多。帮包领导丁某和蒋某分管的执法、信访业务和庐陵管区的工作重难点比较匹配。二是考虑干部个体的因素，包括性别、出身、专长、能力和过往帮包经历等。比如，庐陵管区的帮包领导蒋某是回民，且他老家所在的蒋庄就隶属于庐陵管区。庐陵管区下辖的蒋庄和朱旺村都是回民村。街道安排蒋某帮包庐陵管区，显然是考虑了蒋某的民族身份因素。乡镇需要尽可能将帮包领导的个体因素与管区工作需求相匹配。三是考虑领导班子建设问题。为促进领导班子团结，乡镇会权衡帮包领导和管区书记之间的关系。比如，浏河管区的帮包领导高某跟管区书记李某的关系很好。李某之前担任弓峰管区书记时，高某也帮包该管区。李某调任浏河管区书记之后，高某也被派到该管区任帮包领导。

管区帮包领导的安排遵循"大稳定，小调整"的原则。一般在乡镇发生人事变动、领导班子成员分工调整，或者管区主职干部变动时，帮包领导会进行相应调整。

那么，党组织是如何推动行政包干制运行的呢？乡镇依托党组织的制度性权威来落实包干责任。乡镇推动包干制的主要形式就是党组织会议，通过党组织会议安排包干任务。一方面，党组织将行政事务转化为政治任务，使其成为各级党员干部必须重视的工作；另一方面，这些包干任务成为各级党员干部的政治责任。如果党员干部没有完成包干任务，那么党组织可以对其进行政治问责。概言之，乡镇发挥党组织的政治统合功能，采用政治激励等方式，来推动行政包干制的运行。

（三）管区包干体系中的权责配置

行政包干制的核心内容是权责配置结构。权责配置结构关系到发包方、承包方的一系列权力、责任安排。它直接影响到行政包干制的运行。管区作为一级准行政组织的独特性，决定了管区行政包干制权责配置结构与一般的行政包干制存在差别。管区的权力是乡镇授予的。管区不是一级独立的政府，缺乏基本的人事权、财权。管区的工作人员由乡镇政府选拔任命。其日常开支由乡镇政府承担，管区干部可以到乡镇政府报销所支出的费用。此外，管区不像正规的政府那样有专业化的部门分工，但管区有独立的办公地点，管区干部也属于专职工作人员。

跟一般的行政包干制中的承包方一样，管区也享有行政决策权、执行权。值得一提的是，由于管区不是一级独立的政府，它要根据乡镇政府的统筹决策安排来开展工作。因此，管区的决策权也是不完整的。这也是管区与一级完备政府之间存在的重要差别。此外，管区还享有资源整合权，这表现在三个方面：一是人力资源整合权。由于管区没有独立的人事权、财权，除了办公场地外，管区能够自主调配的资源只有其工作人员。所以，管区的资源整合权主要表现为对管区人力资源的整合。二是资金项目整合权。管区可以向上级争取一些项目资金等，在项目资源分配落地上有一定的话语权。三是"条条"部门的资源整合权。一些由"条条"部门提供的资源，管区也可以进行一定程度的整合。

在控制方式上，乡镇对管区主要采取结果导向控制，即乡镇根据管区完成承包任务情况对其进行奖惩。管区承担着完成承包任务的责任，并享有剩余索取权。比如乡镇给管区提供一定数额的包干工作经费。在以前，"三提五统"、计划生育抚养费征收工作中，乡镇还按照一定比例返还一部分经费给管区。

概括起来，在管区行政包干制中，其权责配置结构为：乡镇享有正式权威，包括人事权、财权、剩余控制权；乡镇向管区授权，管区享有部分决策权、执行权和资源整合权（见表6-2）。在控制方式上，主要是结果导向控制。在激励方式上，乡镇为管区提供强激励。

表6-2　管区行政包干制的权责配置结构

	权力分配	责任分配	控制方式	工作状态
乡镇	人事权、财权、剩余控制权	提供必要资源	结果控制	—
管区	决策权、执行权、资源整合权	完成包干任务	—	主动性强

（四）管区行政包干的方式

在管区行政包干制中，公共行政事务的发包主要沿着两条路径展开：一是属地发包；二是条线发包。

属地发包，就是公共行政事务通过作为属地的"块块"层层往下转包。属地发包的主要内容是重点中心工作，包括上级党委政府交付的至关重要的工作（比如扶贫工作、高铁建设等），以及关涉乡镇经济社会发展大局的重要工作（比如信访维稳、安全生产等）。属地发包中的属地主要有三大主体，分别是乡镇党委政府、管区和村庄（社区）。管区和村庄（社区）承担着行政包干任务的属地责任。虽然村庄（社区）属于村民（居民）自治组织，但是在现实条件下，村庄（社区）仍然受到基层政府较强的控制。如此，乡镇党委政府—管区—村庄（社区）形成层级化的属地发包体系。

条线发包就是乡镇的办公室、站所等部门向管区发包的行政任务。条线发包的主要内容是部门业务工作。条线发包又可分为直接发包和间接发包。条线部门直接发包是指乡镇（街道）建设委员会的工作人员分包管区，每人负责跟管区对接，完成业务工作。条线直接发包的工作一般是相对较为简单且常态化的业务工作。条线间接发包是指条线部门通过乡镇党委政府分管相关业务工作的领导出面，将业务工作分包到各个管区。其逻辑线索为：乡镇业务部门—（请示）分管领导—（发包）管区—（对接）村庄。乡镇（街道）的每个副职领导一般都分管若干项业务工作。领导分管业务不仅是一种分工，更多的是一种责任包干。分管业务的领导不仅要推动业务落实和发展，而且不能出现问题，否则要担负责任。虽然领导分工在一定程度上依据专业标准，但更多强调政治责任①。

在级别上，管区和乡镇的站所、办公室等部门一样，属于正股级。但在科层体系的地位上，管区的地位要高于乡镇大部分的站所、办公室等部门。所以，站所、办公室等部门在部署、安排一些重要工作时，一般无法直接调动各管区书记，而需要请分管业务的党政领导出面召集各管区书记。每个业务分管领导不仅掌握相应的权力，而且代表着党委政府，依托党委政府的推动来完成包干任务。经过间接发包之后，业务工作由条线部门的业务转化为管区和村庄的属地政治任务，条线部门的责任转化为管区和村庄的属地责任。

总之，乡镇通过设置管区重构基层公共行政空间，对管区进行授权和控权，以属地发包和条线发包并行的方式，构建起管区行政包干体系。通过这一体系，乡镇既能依托帮包领导制度较好地控制作为"块块"的管区，又能通过业务分管领导制度将部门业务工作落实到位，从而将"条条"和"块块"的组

---

① 因此，我们常常可以看到，在基层政府中，有不少领导分管的业务并不是其所擅长的，而且领导之间也可能进行较为频繁的分管业务调整。

织、资源都加以整合。乡镇党委作为中枢，对辖区全域进行调控，主要领导决策可以快速输出。乡镇的各项公共行政任务得以快速推动落地，同时乡村社会的各种信息也能较为畅通地上达。

管区行政包干制的运行

管区行政包干制的运行通过考核激励机制、合作机制和制衡机制三种机制得以实现。

（一）考核激励机制

行政包干制提供自上而下的强激励。乡镇政府是治理任务的发包方，而管区是承包方。乡镇对管区的激励措施主要包括政治激励、经济激励和价值激励。

第一，政治激励。乡镇为管区干部流动提供晋升激励。管区是培养基层干部的舞台，在乡镇干部培养体系中占据重要位置。乡镇政府高度重视管区干部的培养。乡镇为管区干部提供的政治激励主要有以下几种。

一是对管区主职干部尤其是管区书记的激励。管区书记是行政包干制的总承包人。能否掌控和激励管区书记，直接关乎行政包干制的绩效。虽然管区不是一级政府，管辖面积有限，但管区书记也算是"主政一方"。县、乡（镇）政府在提拔、推荐副科级干部时，格外注重从各个管区总支书记中进行选拔。在干部换届时，从管区总支书记中提拔的干部往往至少占所有提拔干部的一半以上。2016 年，C 街道办事处干部换届时，在 5 名管区总支书记中（当时 C 街道管区尚未调整，只有 5 个管区），除 2 人因身份原因（学历不够）未获提拔外，其余 3 人均获提拔。乡镇政府将管区书记作为副科级后备干部的重要人选。管区书记一般被认为是乡镇的准副科级干部。只要被派往管区担任总支书记，在符合身份条件且不出意外的情况下，一般都有很大的希望进入副科级干部序列。管区书记往往是在政治前途上"有想法的人"。调任管区书记的干部，往往更为珍视自身的政治前途。他们需要努力、高效地完成乡镇发包的治理任务。同时，其他管区干部也有晋升为管区书记的动力，因为管区书记经历是进入乡镇副科级干部序列的重要门槛和资源。

据我们调查统计，C 街道 18 名副科级以上干部中（含非党政班子成员），有 9 人拥有管区工作经历。除了那些从上面下派的领导干部和跨地域调来的领导干部外，本地成长起来的干部大多数都具有管区工作经历。其他研究者的调查也表明，山东某镇的 10 个党政班子成员中，有 9 人拥有管区工作经历①。这足见管区在基层领导干部培养中扮演着重要角色。

---

① 杜鹏. 制度化动员型结构：乡镇有效治理的深层基础：基于"管区制度"的分析. 云南行政学院学报，2017 (6)：14.

　　二是对其他管区干部的激励。管区虽无明确分工，但管区内部的职务也有等级之分。从管区一般干部到副主任、副书记、文书、主任和总支书记，分属不同层级。从管区一般干部升任总支书记，往往需要十年时间。管区干部每晋升一级，都能产生政治进步的价值感。同时，一些优秀的管区干部还可以跨域流动，到乡镇办公室或者站所担任负责人。其他研究者的调研数据显示，山东某镇政府各类在编人员共计 65 人，其中担任过管区总支书记和区长（主任）的人员多达 35 人。该镇超过 50％的人员都拥有管区工作经历①。另一研究者在山东 L 镇的调查则显示，该镇 90％以上的干部有管区工作经历②。如此，管区既为干部提供了政治晋升激励，又为乡镇培养、输送了大量综合素质较强的干部。

　　第二，经济激励。乡镇为管区干部提供的经济激励主要包括年终考核奖励、提供包干工作经费和税费征收返还奖励。一是年终考核奖励。乡镇每年对各个管区工作进行年终考核，考核成绩分为三等：获一等的管区，每位干部奖励 3 倍绩效工资；获二等的奖励 2 倍绩效工资；获三等的奖励 1 倍绩效工

---

　　① 杜鹏. 制度化动员型结构：乡镇有效治理的深层基础：基于"管区制度"的分析. 云南行政学院学报，2017（6）：14.

　　② 陈文琼. 管区设置与基层政府的政策执行力强化机制：基于 L 镇管区设置的经验阐释. 江西师范大学学报（哲学社会科学版），2016（2）：64.

资。二是提供包干工作经费。乡镇每年会为管区提供一定数额的包干工作经费。这笔经费可以由管区自主支配，用于车费、伙食、通信等日常工作支出。对于管区书记，乡镇还额外提供下乡油费补贴。三是税费征收返还。在没取消农业税费前，乡镇会对各个管区征收税费的完成进度进行排名，对排名靠前的管区进行奖励。同时，乡镇还按照一定的比例给予各个管区税费返还，作为管区的日常工作经费。这些奖励、经费不仅能够为管区干部开展工作提供较好的物质保障，而且使他们更有动力投入管区工作。

第三，价值激励（社会性激励）。这主要表现为：一是感觉有面子、有荣誉感。管区作为乡镇的一个行政层级，在乡镇科层体系中具有重要地位。在管区任职尤其是担任管区书记的干部往往会有很强的荣誉感，也会感觉有面子，因为调任管区书记意味着受到上级的重视。二是提供成就感、价值感。管区干部尤其是管区书记主政一方，完成乡镇发包的行政任务，能够得到上级领导的认可，可以产生干事创业的成就感、价值感。三是培养团队价值认同。作为承包方的管区，形成一个综合性的行政团队。管区的工作业绩攸关管区各位干部的切身利益。管区干部之间不仅有利益连带，而且在共事过程中可以培养团队情感。

管区干部既有政治激励，又有经济激励，还能在工作中凸显自身价值，这使他们在工作中具有更强的主动性。对于行政包干制而言，其至关重要的环节，就是激发承包责任人的主动性。承包责任人必须充分调动私人关系网络、动用各种资源去完成任务。在各种激励机制作用下，管区干部会产生更大的工作动力。

（二）合作机制

合作机制主要产生于管区与乡镇的办公室、站所等部门之间。如前所述，管区与乡镇各部门的级别相同，都属于乡镇的中层组织，彼此相互依赖、相互合作。乡镇的办公室、站所等部门需要管区承包一些业务工作。比如乡镇各部门要获得村庄的一些与低保人口、育龄妇女等相关的数据信息，需要通过管区对接村庄。此外，各部门的一些重要的业务工作，比如美丽乡村建设、农村改厕、煤改气等，也需要由管区出面安排到各个村庄。尽管乡镇各部门可以通过业务分管领导来调度管区，但在工作开展过程中，不可能绕开管区。因此，乡镇各部门在一定程度上是依赖管区的。尤其是在当前资源下乡的背景下，各部门的业务工作量大大增加，且对精准治理要求更高，因此更需要管区的支持。

管区也离不开乡镇各部门的配合和支持。一方面，乡镇各部门掌握有关政策信息，管区需要向各部门了解、咨询有关政策，以便向群众传达解释；另一方面，各部门是各类项目资源的直接操盘手，管区要争取各种项目资金，需要各部门提供相关信息。而且，各部门都拥有相应的业务分管领导，若管区不配合各部门发包的业务工作，那么各部门可以向分管领导反映，这可能对管区不利。因此，管区和乡镇各部门之间形成了一种相互依赖、相互合作的关系。

此外，乡镇干部跨域流动有利于增进管区和部门之间的相互了解。管区与乡镇各部门之间常常存在干部跨域流动的情况，即部门的干部可能流向管区，管区干部也可能流向部门。干部跨域流动不仅有利于积累更为丰富的工作经验，而且有助于增进部门和管区干部的相互了解。

（三）制衡机制

管区与村庄之间形成制衡关系。管区承包的行政任务，最终要对接到各个村庄。在法律上，村庄属于自治组织。管区可以代表乡镇，对村庄工作进行指导。但实际上，在党组织体系下，管区可以通过管控村支部负责人来达到管控村庄的目的。所以，实践中的管区和村庄之间的关系远比法律上的关系更为复杂。一方面，管区可以控制村庄，甚至直接给村干部下派任务；另一方面，村庄享有自治权，村干部属于体制外人员，体制内的某些规则对他们的约束力比较有限。因此，村庄的独特地位和角色使管区与村庄之间的发包—承包关系复杂化。管区与村庄的发包—承包关系既不同于标准的行政内部发包，又不是严格意义上的行政外包①。这种复杂的发包—承包关系，也决定了管区与村庄的互动方式不同于体制内的上下级互动。

管区主要通过三条制度化的渠道与村庄进行互动，将行政任务发包给村庄。

一是通过党组织控制村庄。村支书作为党在农村基层组织的负责人，必须承担上级党组织发包的行政任务。否则，上级党组织可以对其进行政治问责。当前农村推行的村支书、主任"一肩挑"制度，在一定程度上有利于管区党组织强化对村庄的控制。

二是通过包村制度控制村庄。管区干部承担着包村的责任。管区包村干部的职责主要包括三大块：负责村级组织阵地建设，整合村庄班子队伍，促进班子和谐团结；督促和指导村庄落实管区安排的各项工作任务；做好群众工作，包括协助解决村庄社会矛盾纠纷等问题，搜集村干部和群众的意见建议，并反馈给管区和乡镇领导。

三是通过联合包干机制控制村庄。联合包干机制是指由乡镇、管区和村干部共同组成包干专班，来推动包干任务的落实。联合包干机制主要针对上级发包的重大中心工作任务，比如高铁建设中的征地拆迁工作等。这类中心工作，由于涉及村

---

① 关于行政外包，参见周黎安. 行政发包的组织边界 兼论"官吏分途"与"层级分流"现象. 社会，2016（1）：34.

庄和广大群众的切身利益，村干部推动工作的动力可能不足。而且，村干部作为村庄社会的一员，嵌入复杂的村庄社会关系网络中，这是他们开展工作的优势资源，但他们也难免会受到各种关系的牵绊。有的村干部甚至可能会与村民共谋，充当村庄的"当家人"，与管区和乡镇干部作对。此外，这些阶段性的重大中心工作任务繁重，时间紧迫，仅仅依靠村干部的力量可能不够，而需要乡镇干部、管区干部与村干部一起组成包干联合体来推进。比如，在2020年郑济高铁征地拆迁工作中，C街道Q管区就采取了联合包干体的工作机制。在李楼村开展征地拆迁工作时，管区干部和村干部结成包干专班。

除了管区干部之外，乡镇的帮包领导也参与拆迁工作。在联合包干机制中，形成了村干部—管区干部—乡镇领导的层级性包干秩序。在开展工作时，主要由村干部出面，管区干部协助，并提供政策解释。对于个别实在不愿意拆迁的村民，由乡镇领导兜底，乡镇领导和管区干部、村干部共同做工作。乡镇领导出面，既代表着科层体制权威，又可以在政策方面提供一定的灵活操作空间。比如，在李楼村的拆迁过程中，村妇女主任马某包干的1户未能完成拆迁任务。最后，乡镇和管区将具有丰富群众工作经验的管区副书记张某纳入包干专班，C街道办事处帮包张湾管区的副科级干部、财政中心主任王某也参与进来。二人合力，最终成功做通了拆迁户的工作。由村干部打前锋、管区干部垫后、乡镇干部兜底的层级性包干秩序，有利于充分掌握行政对象的信息和底线，整合人力、关系资源，发挥管区和村干部各自的优势，集中力量攻克中心工作落地过程中遇到的各类难题。

管区制衡村庄的方式包括正式和非正式两类。正式的制衡方式主要是：（1）建议任免权。一般而言，村干部都支持管区干部的工作。对于那些拒不配合的村干部，管区书记可以向乡镇领导建议对其采取停职等处分。当然，这种情况比较少见，除非是双方关系已经闹僵。（2）日常管理权。管区掌握着村庄的财务审核权。村干部报账，需要经过管区干部审核签字。此外，村庄的公章也由管区保管。村干部盖章需要经过管区。（3）资源分配权。在乡镇安排的项目资源分配落地时，管区也有一定的话语权。管区一般会选择将项目安排到那些积极配合工作、班子较为团结的村庄。这实质上是通过利益诱导来调动和控制村干部。

非正式的制衡机制，主要是管区干部通过情感机制，与村干部建立和维护私人关系网络，来推动工作的开展。基层工作一般较少完全依靠僵硬的正式机制开展，而更加依赖平常的私人关系和情感积累①。这些非正式的方式包括：（1）日常情感沟通。管区干部通过跟村干部吃饭喝酒等互动方式，拉近关

---

① 田先红，张庆贺．城市社区中的情感治理：基础、机制及限度．探索，2019（6）：160.

系，增进感情。（2）为村干部提供力所能及的庇护。在村干部没有违法犯罪或出现重大过错的情况下，管区干部可以为其提供庇护。管区干部的庇护行为既是出于情感驱动，也是为了安抚村干部，使其日后能够更加支持管区工作。这些非正式的互动方式积聚了情感能量，为管区行政包干机制的运行提供了润滑剂。

总之，考核激励机制、合作机制和制衡机制共同推动着管区行政包干制的运行，使管区承包的各项公共行政任务得以落地。乡镇与管区、管区与部门、管区与村庄之间形成了不同的关系结构（见表6-3）。乡镇与管区之间构成上下级关系，乡镇可以直接通过命令方式向管区发包各类公共行政事务。管区与部门属于合作关系，二者在完成发包任务时相互依赖、相互合作。管区与村庄属于准上下级关系：一方面，管区可以通过党组织向村支部发包任务；另一方面，管区又必须顾及村干部的体制外特性，兼用各种情感治理方式赢得村干部的支持。

表6-3 管区行政包干制中的关系结构

关系主体	关系类型（性质）	关系载体	互动方式
乡镇—管区	上下级关系	体制内	领导
管区—部门	合作关系	体制内	协商合作
管区—村庄	准上下级关系	体制外	督促、制衡

管区行政包干制的治理优势

管区行政包干制依托于乡镇党委的高位推动，对各种资源进行整合，较好地适应了乡镇治理的需求，产生了良好的治理效果。具体而言，管区行政包干制的治理优势有以下几点。

（一）综合性

与科层制强调专业部门分工不同，管区内部呈现弱分工的状态。作为一级准行政组织，管区的分工程度远远不如作为"不完整政权"①的乡镇。具体而言，管区的综合性表现在以下几方面。

一是管区的工作性质具有综合性。管区承包的公共行政事务既包括乡镇党委政府发包的中心工作（群众工作），又包括乡镇各个部门发包的业务工作。管区不是专门承包某一类业务工作的政府部门，而是具备承包各种工作任务能力的综合性组织。

二是管区未进行明确的专业分工。管区内部只有相对的、模糊的分工。从管区包村工作来看，每位干部都承担了包村任

---

① 陈文琼. 富人治村与不完整乡镇政权的自我削弱？：项目进村背景下华北平原村级治理重构的经验启示. 中国农村观察，2020（1）：29.

务，但是如果管区承包了重点中心工作任务，那么管区干部又会打破包村的分工，共同组成工作专班，投入到中心工作之中。从年龄分工来看，一般而言，管区的年轻干部承担着较多的业务工作，尤其是管区文书一般由年轻干部担任。管区文书的重要工作职责就是撰写材料、整理报表。年轻干部文化程度相对较高，熟悉计算机等新型技术设备的操作，更能胜任日常业务工作。管区老干部长期在基层一线工作，积累了丰富的群众工作经验和社会资本，他们更擅长做群众工作，尤其是一些从村支书中选拔到管区的老干部，都是基层群众工作的行家里手。当然，这种分工都是相对的。管区年轻干部也需要从事群众工作。年轻干部到管区任职初期，一般由老干部带领他们开展工作。比如在征地拆迁过程中，组建包干专班时，一般会考虑年龄结构。这种传帮带的机制使年轻干部能够尽快熟悉基层工作，掌握群众工作方法。经过若干年训练之后，一些管区干部可以成长为复合型干部，既懂国家政策，又擅长做群众工作。

　　管区的综合性，构建了一种有统有分、统分结合的格局。管区"统"的优势体现为可以集中调配人力资源，应对中心工作难题。而在日常工作中，管区又可回归"分"的状态，管区干部各司其职、各就各位。

（二）灵活性

管区的综合性实质上表明管区是一种弹性结构。管区的弹性又使管区治理表现出鲜明的灵活性。管区治理的灵活性体现在以下几方面。

其一，管区设置的灵活性。管区设置可以根据经济社会发展变化的实际情况进行调整。2018 年之前，C 街道共设置管区 5 个。2018 年时，C 街道管区数量调整为 6 个。此次调整中，之前的梁庄管区被撤销，其中的 4 个村跟张湾管区的 5 个村合并，成立庐陵管区。新成立的庐陵管区紧靠城市边缘，是 C 街道重点开发的地段。新成立的北集管区，则主要承担 C 街道合村并居的政策任务，下辖的 2 个村庄已完成合村并居，其余村庄正在规划中。管区设置调整主要考虑主体功能、发展规划、管理幅度等因素，以灵活应对经济社会发展变化情况。

其二，职责分工的灵活性。如前所述，管区内部没有明确的职责分工。管区可以根据每名干部的性格、专业和能力以及上级下达的任务情况对人员分工进行灵活调配。这使管区可以集中优势力量开展工作。征收农业税费时期，管区干部分包各个村庄的税费征收任务，先易后难，各个击破。对于征收难度最大的村庄，管区会将所有干部都汇集到该村进行集中攻关。这类似于中国共产党的"游击式"政策风格，体现出极强的灵活性①。

其三，管区考核的灵活性。乡镇对管区的考核，并非严格按照各项常规指标（比如经济、环保、民生、党建等）进行，而是一种对管区工作的总体评价。考核评价的主要标准是管区完成乡镇发包的中心工作任务情况。这种考核方式有利于兼顾不同管区的实际特点，体现出较强的灵活性。

其四，包干机制的灵活性。管区的包干专班可以根据中心工作进度情况进行灵活调整。如前所述，在李楼村高铁建设拆迁工作中，村妇女主任马某包干的1户没能完成拆迁任务，由乡镇和管区干部重新组建包干专班，最终完成了拆迁任务。包干机制的灵活性，有利于优化资源配置，随时应对基层治理中出现的各种难题。

其五，政策执行的灵活性。管区是政策转化的中转站。乡镇政府向管区下达政策要求时，管区可以将上级政策与管区实际相结合。某些需要重点执行的政策，管区可以集中优势力量执行。如果某些政策与管区实际相关性不强，那么管区可以宽松执行。这种选择性执行的策略，有利于实现自上而下的政策转化，使政策更契合各个管区的实际情况。

概括而言，管区治理体制具有较大的弹性，可以灵活应

---

① 韩博天．红天鹅：中国独特的治理和制度创新．石磊，译．北京：中信出版社集团，2018：26 - 36.

变。这种简约、灵活的制度安排，使管区可以有效应对治理中的各种复杂难题。

（三）群众性

管区具有专群结合的治理优势。一方面，管区干部具有专业优势，在政策信息获取和解释上具有优势。而且，管区干部的文化程度相对较高，他们比村干部更擅长做业务工作。另一方面，相较于乡镇各个站所部门的干部，管区干部与村干部和村民交往更多，具备更为丰富的群众工作经验。不少管区还配备了擅长做群众工作的干部。这些干部有的是老乡镇干部，有的是从优秀的村支书当中遴选的。管区专群结合的治理优势，糅合了科层制与乡土性，达至科层逻辑与乡土逻辑的合一。科层制强调专业、分工、规则等，而管区干部则需要积累情感、建构私人关系做工作。管区干部常常需要直接跟群众打交道，增强了对群众需求的回应性。

（四）沟通性

管区发挥着承上启下的对接、沟通功能。

一是管区承担着联络村干部与乡镇领导和站所部门的功能。设置管区之后，乡镇与行政村之间直接沟通的机会较少。乡镇发包行政任务时，都是直接对接管区，召集管区干部开会。管区书记再召集辖区内的村干部开会传达任务。当乡镇领导或站所部门需要向村庄了解有关情况，或者村干部需要向乡镇领导和站所部门反映有关情况时，要通过管区干部来进行沟通。管区干部尤其是管区书记跟乡镇领导和各部门较熟，接触机会更多，跟乡镇领导和各部门沟通起来也更方便。

二是管区承担着自上而下和自下而上的信息传递功能。管区干部属于乡镇干部，同时又直接对接行政村。他们既了解、熟悉乡镇政府和有关政策的情况，又跟村庄社会相对较为亲近。一旦上级有相关政策信息，或者村庄社会出现了需要引起关注的变化信息，管区干部可以充当信息传递者的角色。比如，上级出台的新政策，村干部因为文化程度相对较低、专业知识相对缺乏等原因，对政策的某些细节可能理解不透，此时具备更多专业知识的管区干部可以向村干部讲解政策。当村庄社会出现异常情况，或者村干部有需求上达时，管区干部也可以及时跟乡镇领导汇报、沟通。有了管区干部的沟通，乡镇可以在内部形成一个快速的信息传递与反馈系统。

总之，管区行政包干制的综合性、灵活性、群众性和沟通性，使其呈现出独特的治理优势。管区治理体系能够较好地适应乡村社会需求，将基层治理体制的优势转化为治理效能。

转型中的管区行政包干制

近年来，国家大力推动乡村治理现代化，集中表现为精准化、技术化、规范化等特征。这一新趋势不可避免地影响到农村管区治理。2018 年，山东还推行了管区变社区、完善社区管理服务体制的改革，要求按照新建城市社区不低于 500 平方米、农村社区不低于 500 平方米，且每百户居民不低于 30 平方米的标准，到 2020 年年底前基本实现城乡社区综合服务设施全覆盖①。当前，农村管区治理正处于深刻的转型过程中，管区行政包干制的运行效率遭遇了一定的瓶颈。

（一）管区正规化限制包干制的灵活性

近年来，管区呈现正规化发展趋向。这表现在以下几方面。

一是管区人员的专职化。之前，管区的专职工作人员主要是书记、主任和文书，其余工作人员都是兼职。但近年来，管区设立了越来越多的专职工作人员。除部分管区书记兼任站所、办公室等部门职务外，其余管区干部都是专职工作人员。

---

① 《中共山东省委　山东省人民政府关于加强和完善城乡社区治理的实施意见》（鲁发〔2018〕30 号），2018 年 7 月 1 日。

而且，即使是兼职的管区书记，也主要负责管区的工作，基本不用承担部门业务工作。

二是日常坐班服务制度化。近年来，管区新建了正规的办公场所。办公场所不再设在乡镇政府内部，而是位于辖区内某个行政村中，并加挂了"中国社区""党群服务中心"的牌子。按照上级要求，管区改社区之后，必须强化社区服务功能。上级要求管区设立专门业务办理窗口，每个窗口受理固定的业务工作。以 C 街道张湾管区为例，该管区 2020 年新建成的办公大楼一层已经设立社会保障、综合业务等开放式窗口。根据规划，该管区将承担 L 市基层依申请及政务服务事项指导目录76 项，事项类型包括公共服务、行政给付、行政许可、民政救济、社会保障、物业管理、计划生育等内容。设立服务窗口后，每个窗口都必须有专人分工值班。管区干部的职务分工呈现出专门化趋势。农村管区的组织制度将逐渐与城市社区趋同。

三是管区干部群体的变化。过去，管区可以将村支部书记等基层群众工作经验丰富的干部吸纳进管区，但现在政府招聘了大量高学历的毕业生进入管区。这些年轻干部擅长文字工作、处理业务材料，但他们下乡做群众工作的时间比之前要少。管区干部的行政化、职业化、专业化趋向日益明显。不少年轻管区干部（尤其是公务员、事业编）都不愿意留任管区，而是千方百计通过上级选拔考试调离管区。

因此，管区的正规化为管区治理提供了更加坚实的人力、物质资源保障，但也限制了管区的灵活性。管区越来越成为一个专门办事、服务的机构，而做群众工作的能力下降了。管区行政包干制的有效运行，需要灵活配置人力资源、模糊分工界限，但管区干部的行政化、专职化、专业化趋向，无疑极大限制了管区行政包干的灵活性。

（二）管区权限的削减限制其动员能力

管区行政包干制的运行，需要必要的权限支撑。在农业税费时期，管区承包中心工作任务可以获得乡镇政府提供的奖励和返还，用以弥补日常办公开支。在取消农业税后的很长一段时期，乡镇政府也会给管区提供必要的工作经费。但随着国家对基层过程管理的强化，财务制度越来越严格。例如，上级纪委在对 C 街道的巡查过程中，提出管区工作经费不符合财经纪律要求，随后，C 街道给管区提供工作经费的制度被废除。街道也不再为管区干部提供下乡油费、通信和餐费补贴。之前，管区干部可以利用工作经费跟村干部吃饭喝酒，拉近关系，增进情感，但现在这些都被禁止了。管区干部与村干部之间的互动变得越来越"公事公办"，缺少了情感的润滑，村干部支持管区工作的动力也下降了。

如今，管区的任何支出都必须通过乡镇政府实报实销。但是，管区在开展工作中，有些临时性支出（比如买水、用车、工作餐等），无法通过正常渠道报销，只能由管区干部自行垫付。有的管区干部可能采取变通做法报销一部分费用，但是留下了财务风险。有的费用无法报销，会严重影响管区干部的工作积极性。庐陵管区总支书记冯某曾自述其在数年的工作中已经垫付了数万元工作经费。

在自上而下监管强化的情况下，管区灵活变通操作的空间被大大压缩。私人情感、人际关系越来越难有用武之地。管区行政包干制的动员能力也下降了。

（三）管区生存空间的压缩

税费改革后，国家与农民的关系发生了深刻变化。国家角色从"汲取型国家"到"给予型国家"① 转变，各种资源不断输入农村，大量资源下乡客观上导致农村基层治理任务增多。

首先，大量的条线部门任务被压到管区。在国家资源下乡的背景下，大量项目资金通过条线部门进入乡村。部门业务工作需要通过管区对接乡村社会。条线部门向乡镇的分管领导汇报，请分管领导召集和协调各个管区，业务部门工作转化为党委政府中心工作，成为管区必须承担的政治任务。分管领导代表党委政府，管区不能不配合。大量的业务工作泛政治化，使

---

① 王雨磊. 数字下乡：农村精准扶贫中的技术治理. 社会学研究，2016（6）：120.

管区疲于应付。管区之前主要承包阶段性的中心工作，而现在不仅要承包阶段性的中心工作，还要承包大量的部门业务工作。正如有干部所述："以前管区以阶段性的工作为主，如计划生育、税费征收，平常没有那么多的工作。现在日常性的杂事多，各式各样的核查太多，部门把所有的压力、指标全部压到管区这儿，责任全是管区的。"（访谈记录：20201022DM）

其次，国家大力推进乡村治理现代化。乡村治理的精细化程度不断提高。上级对业务工作的要求越来越精细，乡镇站所部门无法依靠自身力量完成某些业务工作，而必须依靠管区。上级强化痕迹管理、过程管理，办事必须留痕，拍照、做材料等事务耗费了管区干部大量时间精力。繁杂的治理任务使管区干部疲于应付，难以有充足的时间思考和回应群众的真实需求。

最后，近年来上级对管区的问责呈强化趋势。管区承担了兜底责任，因此管区干部被推向基层治理的第一线。当基层工作遇到难题，而村干部又难以调动时，乡镇领导便把管区书记推到前台。在基层干部看来，这就是"牺牲"管区书记。只要管区内出现问题，那么管区干部尤其是管区书记就是属地责任人。一旦辖区内出现影响信访稳定、安全生产等重要问题，最先被问责的是管区，然后是帮包领导、职能部门负责人和部门业务分管领导。管区干部的风险、责任越来越大。问责对体制外的村干部影响不大，但是对体制内的管区干部影响极大。不少基层干部都对管区工作表现出厌倦之态。

自上而下过程管理的强化，导致管区行政包干制权责结构出现了一定的变化。管区的自主权被削弱，几乎不享有决策权，资源整合的能力也丧失殆尽，只有包干任务的执行权，表现为被动应付。管区从之前的权责相对均衡转变到而今的"权小责重"，相应地，管区行政包干制权责结构如表 6 - 4 所示。

表 6 - 4　过程管理强化后的管区行政包干制权责结构

	权力分配	责任分配	控制方式	工作状态
乡镇	人事权、财权等	卸责	过程与结果并重	—
管区	执行权	责任超载	—	被动

此外，管区整合、动员乡村社会的能力也呈下降趋势。一方面，管区动员村干部的能力下降。自实施村民自治制度之后，村干部通过选举方式产生。村干部的权力、权威来自村民授权，村级自主性得以增强。一些村干部凭借自身的社会性权力消极应对管区工作。尤其是在山东的小亲族分裂型村庄，村庄派性政治往往让村政陷入瘫痪。虽然管区可以依托党组织体系向村庄发包行政任务，但在缺乏情感润滑的情况下，管区权力渗透进入村庄的难度加大。管区难以再像之前那样直接给村干部发包任务，而需要跟村干部多说好话，尽力争取村干部的配合，甚至"求着"村干部办事。另一方面，基层干部的权威下降。在现代化、理性化的当下乡村社会，无论是管区干部还

是村干部的权威总体上都呈下降之势。在群众眼中，基层干部不再是之前"高大威猛"的形象，他们身上的"卡里斯玛"特质退却。科层权威的下降，加大了干部做群众工作的难度。

如此，管区面临上级和村庄的双重挤压。对上，管区必须完成承包的各种治理任务；对下，管区的权威下降，推动承包工作落地的难度加大。面对上挤下压的格局，管区的治理优势、灵活性降低。管区越来越正规化、行政化，行政包干制的灵活性日渐丧失，适应乡村基层社会的能力变弱。管区干部也越来越缺乏工作主动性，工作中消极应付的情况增多。

小结

如何既确保一统性又兼顾灵活性，是大国基层治理面临的难题。对于中国这样一个大国而言，要将国家治理体制、制度优势转化为治理效能，使国家一统性的政策最终能够落地，就必须使治理体制精准对接乡村社会。管区制度是我国农村基层治理中的一种机制创新。它使科层体制进一步下沉至乡村社会，并重新整合配置资源，激发体制的活力。本文运用行政包干制这一理论框架，分析农村管区治理的实践机制。乡镇以管区作为组织载体，建构了一套健全、严密的行政包干体系。这套体系是一种弹性结构，展现出鲜明的综合性、灵活性、群众性和沟通性，它延续了基层简约治理的风格。管区行政包干较好地满足了处理农村基层复杂治理事务的需求，维系了基层治理体制的韧性，在国家治理体系的最末端实现了灵活性、适应性。

转型时期，管区行政包干制遭遇到一定的瓶颈。管区承包了日益繁重的中心工作和业务工作任务。管区的自主性、灵活性下降，适应基层社会的能力被削弱。管区包干制的困境，是当前中国基层治理困境的一个缩影。国家加强自上而下的监控、推进基层治理现代化，有其客观需求。但是，在推进基层治理体系与治理能力现代化过程中，要避免"一刀切"，应该给基层政权保留一定的自主空间。基层管区可以实行分类改革，比如在已经完成城市化的地区，管区可以社区化，以提供日常服务为主。对于正处在城市化过程中的农村地区及纯农业型地区，管区不宜过度社区化、正规化、行政化，而应该保留以做群众工作为主的功能，使其具有灵活性，适应农村基层社会的需求。

本文进一步深化了行政包干制的研究。在行政包干制的适用范围上，本文不仅关注以官员个人为主体的包干制，而且研究了以基层组织为载体的包干制。所提及的行政包干，既涵盖基层政府中心工作领域的包干制，又包括日常业务工作的包干制。在行政包干制的实践机制上，分析了临时性的包干机制和常态化的包干机制。本文还分析了行政包干制的边界条件，指出在自上而下控制强化的情况下，行政包干制的灵活性、适应性降低，功能空间被压缩，治理效能遭到削弱。

此外，本文对行政包干制的研究，拓展了行政发包制理论。行政发包制理论将党委与政府混同，未能明确党委在发包制中的领导地位和高位推动作用。实际上，行政发包的决定性力量就是作为领导核心的党组织。行政包干制突出了党组织在包干体系中的作用。行政包干制的政治-行政混同运作，彰显了其与行政发包制的不同。党组织的政治统合作用，是行政包干制得以推动、运行的根本力量。这是既有的行政发包制理论未曾关注过的。这一判断也可回应公共行政学中的经典命题。公共行政学的经典理论强调政治与行政二分①。但行政包干制的基层实践表明，行政包干的本质是政治任务包干。党组织是推动行政包干任务落地的核心力量。行政包干制不可脱离政治组织体系，由此形塑了政治与行政合一的状态。

---

① 何艳玲. 公共行政学史. 北京：中国人民大学出版社，2018：33.

七 县域政府如何激励干部
   推动重点工作

改革开放以来，中国经济社会发展取得了举世瞩目的巨大成就，学界谓之"中国奇迹"。毫无疑问，在中国奇迹的形成过程中，地方政府扮演了非常重要的角色[1]。对于改革开放以来地方政府在中国经济社会发展中所扮演的角色，学者们提供了诸多解释视角。有代表性的如地方分权的联邦主义、地方政府即厂商（地方政府公司化）、中国特色的财政联邦主义、地方政府竞争、锦标赛模式等。

学者们注意到，改革开放以来，地方政府在经济社会发展中的角色和行为存在一个变化的过程。在改革开放初期，地方政府更多地扮演"企业家"的角色，其行为主要以经营企业为主。20世纪90年代中期以后，地方政府逐渐把重心放到经营

---

① 罗兴佐. 基层治理制度创新是如何可能的：基于浙江宁海"36条"的调查. 求索，2018（5）：137.

土地上。近年来,经营城市成为地方政府的工作重心①。地方政府角色和行为的变化与国家宏观制度安排变迁(比如分税制、土地管制等)有着密切关系。学者们发现,无论身处何种制度环境之中,地方政府似乎总能找到破解国家"紧箍咒"的办法。一方面,地方政府能够较为顺利地实现自身利益(包括经济和政治层面的利益);另一方面,地方政府的行为能够有效促进地方经济社会发展,并在总体上保持社会稳定。比如,折晓叶发现,当前县域政府将政治、行政和公司三种手段统合起来,快速地推动着城市化的进程,谓之"三位一体统合机制"②。这是地方政府在面临财政税收和严格土地管理等方面约束的条件下,仍能使地方经济社会实现持续发展的奥秘所在。

上述观察为我们理解地方政府在经济社会发展中的角色和行为奠定了重要的理论基础,具有极为重要的启发意义。不过,我们同样注意到,已有研究大多只是提供了关于地方政府角色和行为的宏观认识和判断,而对地方政府动员的微观机制缺乏关注。笔者认为,无论是国家政策自上而下的执行,还是地方政府自主决策的事务,其最终落实都离不开地方政府内部

---

① 周飞舟,王绍琛.农民上楼与资本下乡:城镇化的社会学研究.中国社会科学,2015(1):66.

② 折晓叶.县域政府治理模式的新变化.中国社会科学,2014(1):124.

动员机制的有效运转，离不开地方政府的强大动员能力。有鉴于此，对地方政府内部的微观动员机制进行观察和探讨就显得尤为重要。在某种意义上，它也是我们理解中国地方经济社会发展乃至中国奇迹的一把钥匙。

本文以笔者于 2016 年 7 月在沿海发达地区 A 县进行田野观察所获取的一手资料为基础，探讨县域政府动员的逻辑和机制。A 县位于浙江省东部。县域总面积 1 931 平方千米。全县辖 4 个街道、11 个镇和 3 个乡，共有 41 个社区和 363 个行政村，常住人口 68.5 万，户籍人口 63.3 万。2018 年地区生产总值为 603.64 亿元，全年完成财政总收入为 100.07 亿元，比上年增长 11.1％（截至 2018 年年末的数据）。

已有关于基层政府动员的研究多局限于一般化地讨论政府动员问题，或者将中西部地区的基层政府作为主要研究对象。笔者认为，在动员逻辑和机制方面，发达地区的县域基层政府与一般中西部地区基层政府呈现出巨大差异。沿海发达地区，由于资源、利益高度密集，地方发展任务繁重，各类中心工作繁多，因此县域政府必须具备强大的动员能力才能应对。在发达地区，县域政府中心工作模式逐渐常态化，通过政治动员将大量的常规工作转换为中心工作，以迅速推动工作落实，提高治理效率。

县域治理中的常规工作与中心工作

在中国的政府治理中，存在两类不同性质的工作：一是常规工作；二是中心工作。所谓常规工作，是指日常性的业务工作，主要根据政府内部既有的规章制度、程序安排来展开。常规工作又可分为两类。一类是各个条线、部门内部的业务工作，如统计局的统计业务工作、建设局的建设规划工作等。这些业务工作一般可由各个条线内部的工作人员来完成。恰如马克斯·韦伯所说，科层制具有专业分工和权力分割的特征。"存在着固定的、通过规则即法律或行政规则普遍安排有序的、机关的权限的原则""职务工作，至少是一切专门化的职务工作，一般是以深入的专业培训为前提的"①。另一类是涉及不同条线的跨部门、跨条线工作，比如房地产开发审批涉及国土局、住建局等不同部门。这类常规工作仅靠一个部门无法完成，而必须协调多个条线和部门。需要强调的是，尽管这类工作也涉及多个条线和部门，但它们大多可以依据既有的制度、规章或者依托既有的机构来完成。

常规工作具有几个特点。一是专业性，即需要进行专业分

---

① 韦伯. 经济与社会：下卷. 林荣远，译. 北京：商务印书馆，1997：278-280.

工，并依据专业知识来予以完成。二是非政治性，即常规工作不关涉官员的政治前途，只要求官员能够按章办事、不出岔子。常规工作虽然也有考核要求，但常规工作业绩不是官员提拔的主要依据。三是非紧迫性。常规工作只需要政府官员在常规时间内完成即可，不必紧急动员。一般而言，常规工作能够在既有的条块体制中完成，不需要在短时期内进行大规模的政府内部动员。

所谓中心工作，是指在某一段时间内，政府必须高度重视、迅速落实的工作。毛泽东曾经专门谈过中心工作方法："在任何一个地区内，不能同时有许多中心工作，在一定时间内只能有一个中心工作，辅以别的第二位、第三位的工作。因此，一个地区的总负责人，必须考虑到该处的斗争历史和斗争环境，将各项工作摆在适当的地位；而不是自己全无计划，只按上级指示来一件做一件，形成很多的'中心工作'和凌乱无秩序的状态。"① 毛泽东将中心工作方法视为一种领导艺术。事实上，中心工作方法除了具有领导艺术的意味，还是党实现治理目标的一种重要制度安排。在县域治理中，中心工作具有政治性、紧急性、阶段性等特征②。

---

① 毛泽东选集：第 3 卷．北京：人民出版社，1991：901.
② 杨华，袁松．中心工作模式与县域党政体制的运行逻辑：基于江西省 D 县调查．公共管理学报，2018（1）：12；欧阳静．中心工作与县域政府的强治理．云南行政学院学报，2017（6）：5.

在中国的行政体制中，特别是在基层治理中，中心工作已经被制度化，成为行政体制完成治理任务的一种独特机制。基于不同的角度，我们可以将中心工作划分为不同的类型。从中心工作的来源来看，它可以分为两类：一是上级安排的工作；二是地方政府围绕地方经济社会发展目标和重心而自主设置的工作。按照中心工作持续时间的长短，可以分为长期性的中心工作和阶段性的中心工作。

对于政府官员而言，常规工作只需要按照规章制度进行操作、不出岔子即可。因此，常规工作难以体现出官员工作能力的高低。上级也难以通过常规工作来给下级提供晋升激励。换言之，能否做好常规工作不是培养和提拔干部的有效依据。

中心工作体现了党委政府的施政意图，是政府治理的重点所在。中心工作往往规模、难度较大，需要在一定时间内集中精力、资源予以完成，更容易体现出官员的政绩，往往需要在较短时期内见成效，因此，地方政府必须集中人力物力资源全力以赴。对下级来说，完成党委政府的中心工作就是政治任务。若中心工作未按要求完成，地方官员不仅难以获得提拔，而且可能面临问责的风险。县域中心工作的政治性、紧急性和阶段性特征决定了其具有很强的动员色彩，即县域政府必须在短时期内通过强动员来完成中心工作任务。因此，中心工作是我们观察和了解县域政府动员机制的重要窗口。

在现实中，我国条块分割的政府体制给县域中心工作的实

施带来了较大的难度。条块分割容易带来条块矛盾，进而导致
资源分散，使县域政府难以集中精力和资源在短时期内完成中
心工作。这种独特的政府体制架构使国家政策自上而下贯彻落
实时，必然要面临条块关系如何理顺的问题。尤其是政府的中
心工作往往涉及多个层级和部门，整合"条条"与"块块"的
任务更重。所以，在完成中心工作时，县域政府必须打破原来
条块分割的体制，将整个县域党政体制动员起来。

中心工作与县域政府动员机制

为了尽快完成中心工作，县域政府必须提供强激励，在条
块体制内进行强动员。县域政府动员，是以党政体制为载体，
通过一系列动员技术实施，涵盖纵向动员与横向整合的综合性
动员体系。从动员的方向来看，它可以分为纵向和横向两个
层面。

（一）动员的方向

1. 纵向动员：纵向一体化

所谓纵向动员，是指"块块"对"块块"的动员，就是自
上而下地从县到乡镇（街道）到村（居）的动员过程。在我国
条块体制中，"块块"与"块块"之间的关系是其中的重要方
面。居于上级的"块块"必须加强对下级的"块块"的控制，

使自上而下的政策得以执行。为了使中心工作得以落实，县域政府必须将乡镇和村（居）两级都整合进来。纵向动员主要在上级党委与下级党委（组织）之间进行。纵向动员的主要途径包括两种：一是控制（收权）；二是放权。

（1）通过控制（收权）的动员。

通过控制（收权）进行动员的主要方式是目标考核责任制。无论是在县与乡镇之间，还是在乡镇与村之间，都签订有目标考核责任状。目标考核责任制在被考核对象与工作内容之间建立起责任-利益连带关系①。

根据目标考核责任制的结果，上级可以施以奖惩措施。对于考核结果排名靠前的，给予奖励；对于排名靠后的，实行末位淘汰，采取扣发奖金、诫勉谈话等措施。在完成党委政府中心工作方面取得突出成绩的，给予政治晋升激励。

县域政府将目标考核结果与福利待遇挂钩，从而为广大基层干部提供经济激励。在 A 县，由于资源高度密集，工作任务繁重，所以广大乡村干部的工作压力都非常大。但是，乡村干部的工资待遇也比较高。一般乡镇正科级干部年薪可以达到 20 多万元，副科级干部可达 18 万元，普通科员在 15 万元左右。这一收入在当地处于中等偏上水平，基本可以维持比较体

---

① 王汉生，王一鸽．目标管理责任制：农村基层政权的实践逻辑．社会学研究，2009（2）：61．

面的生活。

此外，那些能力强、能干事、会干事的干部，也拥有相应的政治晋升机会。比如，A 县 C 镇的武装部副部长祝某在 2014 年群众考干部大比武中得分排名第一，被提拔到 A 县 Q 街道担任党工委委员、武装部长。虽然不排除干部晋升中可能存在其他影响因素，但是县域党委政府确实为广大干部提供了比较强的政治激励。

虽然村干部并非体制内成员，但是乡镇同样会通过一些制度安排将村干部群体动员起来。在法律上，村（居）委会属于村（居）民自治组织，并不是一级政府，但村（居）委会也承担着大量的自上而下的行政事务，其工作直接关系着国家政策的落地状况。因此，我们可以将村（居）也视为"块块"。乡镇对村庄的动员方式主要有两种：一是目标考核责任制；二是联村制度。我们发现，乡镇每年都会对村两委的工作进行考核。在当地，村干部的工资收入主要分为三大块：一是基本工资；二是绩效工资；三是奖金。其中，绩效工资占一半的比重，这体现出激励效应。乡镇根据考核结果给村干部核发绩效工资和奖金。除了经济激励之外，村干部也可以获得政治晋升机会。比如，A 县 T 镇下辖的某社区居委会的支部书记在 2015 年被直接提拔为镇党委委员、纪委书记。

乡镇对村级政权的动员除了目标考核责任制外，还有联村制度。联村制度意在加强县乡政权对村庄（以及村干部）的控制，使乡镇能更好地与村庄对接各项中心工作。联村干部又称包村干部。在 A 县，除了乡镇党政一把手外，几乎所有乡镇干部都要联系村庄。在其他许多地方，包村干部主要发挥上传下达的联系沟通功能。但在 A 县，联村干部不仅在乡镇与村庄之间发挥上传下达、沟通信息的作用，而且成为动员村干部完成中心工作的主要抓手。由于当地各种中心工作繁多，联村干部承受着非常大的工作压力。联村制度不是虚设的，而是一项实体制度。如果某个村庄的中心工作处于落后状态或者未能按要求完成，此时联村干部首先面临被问责的风险。联村干部的工作情况也一并列入乡镇干部年度目标考核责任制中。

（2）通过放权的动员。

"块块"对"块块"的政治动员不仅是控制，而且可以"放活"。所谓"放活"，就是将上级和"条条"的权力下放，赋予乡镇更多更大的职权。近年来，A 县尝试开展了一系列强镇扩权改革。例如，在 A 县某些重点发展乡镇，乡镇的财政所属于内设机构，归乡镇直接领导和管理。在这些乡镇，某些重要的"条条"部门还设立了分局，比如 X 镇就成立了国土、城建、规划总局。这些乡镇还成立了综合执法中队。乡镇可以突破编制限制，招募临聘人员（编外人员）。在乡镇综合执法中队，就有大量的临聘人员。此外，这些乡镇的派出所所长还兼任乡镇党委委员，实质上是赋予并强化了乡镇对派出所这一重要机构的控制权。上级和"条条"权力下放，实质上是赋予

"块块"更大的权力。这有利于激活"块块"的工作积极性，大大节约条块关系协调的资源，使"块块"能够更为高效地推动工作落实。

概言之，县域政府通过收权和放权两种途径来展开对乡镇和村庄的动员。如此，县域政府通过建立纵向的动员体系，将乡（街道）、村（居）都整合进了中心工作模式中，大大提高了县域治理任务的完成效率。

2. 横向动员：横向一体化

横向动员主要是对政府内部各个部门的动员。如前所述，条线分割是中国条块体制的基本特征。由于中心工作往往涉及多个条线部门，需要不同条线部门相互配合、形成合力才能顺利完成。所以，县域政府必须将各个条线部门整合进工作流程中。每当需要完成一项重要中心工作时，县域政府都会成立一个领导小组或者指挥部，比如，某某重大项目指挥部、拆迁工作领导小组、禁炮工作领导小组等。这些领导小组或指挥部一般由县领导担任组长或者指挥长，领导级别视中心工作的重要程度而定。领导小组或者指挥部还会配备若干个副职，副职由级别相对低一些的领导担任。领导小组或者指挥部的成员主要由中心工作涉及的相关部门的主要负责人构成。这些领导小组或者指挥部可以将各个部门的力量整合起来，提高执行力，以迅速推动工作落实。

A县涉农资金规模庞大，且每年以不同比例递增。但由于资金分散于各个条线部门，投放使用分散，影响了资金使用效率。2015 年，县委政府决定对涉农资金进行整合，提高资金使用效率。县里成立了涉农资金整合工作领导小组，由县委书记亲自担任领导小组组长，县长、副县长、财政局局长、农业局、林业局等其他相关部门负责人也都加入领导小组。A 县建立涉农资金整合平台，实际上是对政府体制内部权力关系的调整。县委政府想通过对财政局、农业局、林业局、农工部等各条线部门的横向整合，使涉农资金集约投放，围绕县委政府中心工作打造若干亮点工程。这一改革必然会触动农业局、林业局、农工部等条线部门的利益，必须由县委政府出面进行协调整合。领导小组或者指挥部实际上是对既有的条块体制进行重组，使条块体制各个部门都被动员服务于党委政府的中心工作。

（二）动员的载体

在县域政府动员的过程中，党委发挥着关键性作用。执政党掌握人事任免权（即党管干部原则），有效控制着政府体制的运转。这种独特的党政体制为县域政府动员提供了基础。在各种中心工作的推行过程中，党委发挥着主导作用。中心工作需要党委的强力推动。党委掌握着人事调配权力，为广大干部提供政治激励。只有通过党委的领导作用，各个条线部门才能被整合进来。因为每个条线部门都设有党组，部门负责人一般担任党组书记职务。作为党的成员，自然要服从党委的领导。

在县级政权中，县委书记是事实上的一把手。县委常委会是县级政权最重要的决策机构。在 A 县涉农资金整合改革过程中，县委主要领导发挥着至关重要的作用。A 县农办主任曾说："这项工作涉及部门利益，如果领导不重视，是没法做的。"关于涉农资金改革的未来计划走向，A 县财政局副局长讲道："要看县委县政府主要领导的决心和力度。看县委县政府领导重不重视，如果重视可以推到下一步，如果不重视，那可能就做不到这一步。"这两位受访者的话语都表明县委主要领导在该项改革中的重要性。县委书记作为县级党政主要领导，其注意力分配对于工作推进发挥着重要作用。县委书记高度重视某项工作，意味着县委将主要注意力集中到该项工作上面，该项工作将成为县委政府的中心工作。

县委要推动中心工作开展，必须依靠一系列激励制度。党委主导动员过程的基础为：党委控制人事任免权，并可对党员干部进行问责。党管干部的基本原则，为县委通过职位晋升给基层干部提供政治激励打下了基础。

所以，县域党委政府通过纵向和横向动员，使整个县域社会被纳入中心工作的网络中，形成"纵向到底，横向到边"的动员网络。中心工作被提升到政治任务的高度，直接与广大干部的经济利益和政治晋升机会挂钩。对于广大干部而言，中心工作就是政治任务。

中心工作既然被定位为县委的政治任务，无论是乡镇还是各个条线部门都不敢怠慢，而必须相互配合和支持。否则，一旦出了岔子，那么相关官员将面临被追责的风险。此外，在推行工作时，乡镇和条线部门各有优势和短板。例如，条线部门拥有专业知识和资源优势，但是它们与村庄缺乏交往，缺乏与村庄社会对接的经验。而乡镇政权常常与村庄对接，乡镇干部对村庄较为熟悉，懂得如何在村庄开展工作。尤其是中国乡村社会的非程式化程度较高，有其自身内部的行为规则。如果缺乏乡镇的配合，那么条线部门很难直接进入村庄开展工作。因此，必须将"条条"与"块块"结合起来，推动中心工作，结合的载体就是县域党政体制。

（三）动员的技术

为了调动广大基层干部的积极性，县域党委政府会综合采用多种动员技术。

1. 正向激励式动员

正向激励旨在从正面强化和引导人的行为，调动行为者的积极性，形成积极向上的局面。正向激励是党委政府最常采用的动员手段，类似于学界所谓的"政治锦标赛"模式。上级通过设置一定的评判标准，激励下级围绕上级设定的目标展开竞争，竞争获胜者得到提拔重用。当然，正向激励不限于提供政治激励，还包括经济激励、荣誉奖赏等。在 A 县，诸如提拔重用业绩突出的第一书记和联村干部、根据年度目标考核结果发放基层干部绩效、工资福利等，都属于正向激励式动员手段。正向激励的主要目的是发现和培养干部中的优秀分子，从正面引导广大基层干部，激励他们争先创优、积极向上。

2. 逆向激励式动员

与正向激励或"政治锦标赛"模式的择优激励策略不同，逆向激励式动员（或末位淘汰）主要是为了鞭策后进，发挥"劣汰"的作用，类似于所谓"淘汰赛"模式。"一票否决"是"淘汰赛"模式的具体表现。"淘汰赛"模式对官员行为提出了底线要求，它督促官员不甘落后。官员工作可以不出彩，但是不能出事，为避免被淘汰，必须努力把工作做好。因为一旦被淘汰，意味着官员政治前途的终结。在 A 县，在全县年度目标考核中排名后三位的乡镇（街道）会被扣发年终绩效奖励，并取消年度评优评先资格。对于连续两年排名倒数第一的乡镇，县委政府主要领导还要约谈乡镇（街道）主要领导。在信访维稳、安全生产等领域出现重大事故、引发重大社会不良影响的，实施"一票否决"，单位主要领导一年内不得提拔。

"淘汰赛"模式在信访维稳、计划生育、环境保护、社会治安综合治理等领域被普遍运用，可能跟这些领域的工作事务性质有关。在这些领域，上级主要要求下级不出事，遵循的是"不出事"的逻辑。只要下级不给上级"捅娄子"，特别是不惹出大事，上级就不会过多在意下级的具体工作业绩。

如果说"政治锦标赛"模式是了解"中国奇迹"的一个重要视角，那么政治淘汰赛模式通过鞭策后进的方式来对广大地方干部进行逆向激励，也是了解"中国奇迹"的另一个重要维度。

3. 行政包干式动员

行政包干制或领导包保责任制是中国县域基层治理的重要制度安排①。行政包干制广泛存在于经济发展、社会稳定、安全监管和重点项目实施等领域。前文述及的联村制度也是行政包干制的一种。行政包干制的基本特点是作为发包方的上级给作为承包方的下级分配任务，并要求下级按时保质保量完成。发包方通常并不给承包方提供相应的资源，或者其所提供的资源与分配的任务并不匹配。行政包干制的这一特点与科层制权责匹配原则存在不一致之处。根据韦伯提出的科层制，每个官员所在岗位都有相应的权力和职责，官员只需要按照既定的权限范围、规章制度办事即可。换言之，在典型的科层制中，责权利是相匹配的。官员有多少权力，就办多少事情，承担相应的责任，获取相应的收益（报酬），不会也无法去办理超越其职权的事务。

---

① 杨华，袁松．行政包干制：县域治理的逻辑与机制：基于华中某省 D 县的考察．开放时代，2017（5）：182；田先红．基层信访治理中的"包保责任制"：实践逻辑与现实困境 以鄂中桥镇为例．社会，2012（4）：164.

　　但是，在中国的政府治理领域，特别是在基层，责权利不匹配现象非常普遍[1]。对于各个部门的常规业务工作，官员只需要按照职权、规章程序来开展即可。这类似于韦伯的科层制。但是，在开展中心工作时，基层官员几乎都会面临责权利不匹配的问题，这在行政包干制中体现得尤其明显。典型的说法是："不管你用什么方法，任务必须完成""既要合法合规，又要完成任务，又不要出事"。此时，谁的能力强，人脉广，谁就能在完成中心工作过程中表现得更出色，越可能得到上级领导的赏识，其获得晋升的可能性自然也就越大。

　　例如，A 县 Q 镇双林村的一位从县行政审批中心下派驻村的第一书记应某曾给我们讲过一个案例。有一次，一位老年村民找他申报民政部门的补助金。按照规定，需要县民政部门到该村民原来的工作单位调查核实情况，涉及多个部门。因年代久远，该村民的很多问题都已经难以核实，且事实上民政部门也不可能专门派人来调查某个村民的情况。此时，应某通过他自己的熟人关系，到民政部门顺利给该村民申报了救助金。从表面来看，行政关系的人缘化与理性化、规范化的科层体制要求相悖，但是对于官员而言，建立广阔的人缘关系网络常常有助于他们应对一些工作难题。

---

　　① 贺雪峰. 行政体制中的责权利层级不对称问题. 云南行政学院学报，2015（4）：5.

4. 仪式化动员

政治仪式不仅是一种形式，而且展现出一种支配性权力。举行政治仪式往往能够激发民众的热情，使其迸发出巨大的情感能量，从而在短时期内推动工作的开展。在以往的治理实践中，国家（及政党）非常重视通过政治仪式来动员民众。群众大会就是一种非常重要的政治仪式。

政治仪式动员对于当下的县域治理同样不可或缺。县域政府进行仪式化动员的途径和方式多种多样。例如，县委主要领导在县委常委会、县长办公会、乡镇主要领导工作会议上对各项中心工作、各重大项目进展情况进行通报。对于进度缓慢、执行力度不够的中心工作，要求相关负责人作出解释或检讨等。在会议上公开各项中心工作的进展，无疑会给相关负责人带来巨大压力，从而督促他们努力开展工作。仪式化动员的另一种方式就是将各项中心工作、重点项目的进展张榜公布。在A县调研时，笔者注意到各个乡镇大厅里都张贴有年度重点项目工程进度公示表，上面标明了每一个重点项目的负责人、投资额、工作进度等情况。这无形中给重点项目负责人施加了一种压力，督促他们想方设法加快项目进度。

此外，A县政府还通过联村干部大比武的方式来进行仪式化动员。如前所述，联村干部是当地政府推动中心工作落实的重要纽带。各项中心工作的落实情况与联村干部的工作状态、努力程度密切相关。因此，县域政府必须设法调动联村干部的工作积极性。近年来，A县每年都举办联村干部大比武活动。活动内容包括展示联村干部推动工作落实情况、联村干部与群众之间关系等。开展联村干部大比武活动，一方面有利于县域政府选拔优秀分子，给他们提供职务晋升的政治激励；另一方面，有助于在全县联村干部队伍中营造一种积极向上的氛围。

通过上述各种动员方式，县域政府营造出一种你追我赶、不甘落后的竞争局面。县域政府动员的强度因中心工作的政治性高低而异。上级要求越高、施加压力越大的中心工作，政治性越强，下级进行动员的强度也越高。县域政府动员式治理模式实际上是赋予政府业务工作政治色彩，将原本属于政府行政职责的事务工作进行政治化。它呈现出的是"行政政治化"的逻辑。

中心工作模式与县域政府动员的结构性根源

县域政府通过政治动员可以在短时期内完成中心工作，提升政治效率。实际上，在沿海发达地区县域基层治理领域，将常规工作转换为中心工作的运动式治理方式是一种常态。它跟县域政府的常规业务工作一样，共同构成了县域政府治理的谱系。这也彰显出中国政府治理模式与西方科层制的重要区别。县域政府围绕中心工作展开的运动式治理方式有其深刻的体制结构根源。

（一）中心工作的协同性要求与条块体制的分割性之间的矛盾

中心工作要求不同条线之间相互协调、相互配合。中心工作的开展，涉及不同层级政府和部门的利益，需要"条条"和"块块"共同投入资源。但是，各条线部门都有各自的任务分工，并掌握有或多或少的权力资源，政府体制形成了条块分割的结构。无论是纵向的每一级"块块"政府还是横向的每一个条线部门，都有其自身利益。每个条线部门都倾向于维护自身利益，实现自身利益最大化。因此，条块分割很容易使各个条线各自为政，进而容易造成政策执行梗阻。如果按照条块体制的常规程序，那么这些中心工作可能久拖不决甚至无法完成。因此，通过打破部门分割、整合条块体制来推动中心工作的落实就成为势所必然。

（二）中心工作的高效性要求与条块体制的低效率之间的矛盾

中心工作具有很强的时效性，这与科层制和条块体制的低效率存有冲突。按照既定的规章制度和程序来处理公务是科层制的典型特征。科层制的繁文缛节往往使行政效率低下。对于县域政府的中心工作而言，如果科层制的某些部门按照既定流程去执行，那么所耗费的时间可能非常长。同时，按照条块部门设置原则，各个条线接受双重领导，即各部门既接受同级地方党委政府的领导，又接受上级对口部门的领导。双重领导制度虽有利于顾及上下级的利益，但加大了协调难度，并不可避免地带来了效率损耗。此外，党委政府与各个条线部门的衔接以及不同条线部门之间的联系都需要耗费时间精力。而对于一个以发展主义为导向、对行政效率有着超高追求的政府来说，这是无法容忍的。因此，为了追求更高的效率，在更短的时间内凸显政绩，县域政府必须整合科层制的各个部门，在短时期内迅速推动工作落实。如此，现有条块体制的效率损耗与中心工作对效率的要求之间难免存在矛盾。加强条块协调与整合，就成为地方党委政府必须解决的难题。

（三）中心工作的资源丰富性需求与县域治理资源有限性之间的矛盾

如前所述，在现行体制下，中央和上级掌握着更多的资源和权力，包括对地方和下级进行随机干预的专断权力。地方和下级则不仅权力小、资源少，而且事情多、责任重。越到基层，责权利不匹配的情况就越严重。更大的问题在于，中心工作往往需要在短时间内积聚大量资源才能完成。为了完成上级交付的中心工作任务，县域政府必须动员各方力量全力以赴。在权力、资源有限的条件下，人的因素就得到凸显。具体而言，就是谁的能力强、人脉广，谁就更有可能较为出色地完成中心工作任务，也就更有可能在政治竞争中胜出。所以，在县域政府政治动员中，对党政官员特别是各部门一把手的动员就显得非常重要。

县域政府根据上级的任务安排和辖区内治理需求，来决定某项工作是否应提升到中心工作的高度。县域政府将某项工作上升为中心工作，一是引起广大党员干部的重视，二是集中资源在短时间内迅速推进该项工作，取得实质性成效。对于一些难度较大的工作，这种动员方式更能发挥攻坚克难的效果。

特别是在发达地区，发展任务重，项目资源多，由此带来的中心工作任务也非常繁重。县域政府会在短时间内动员条块体制将某一项中心工作完成，然后再转向另一项中心工作。县域政府通过安排各种中心工作来展现自身的施政意图和发展思路。当县域政府的注意力转移时，中心工作重心也随之发生变化，之前的政治动员、运动式治理也就暂时告一段落。待某一项中心工作完成之后，该项工作要么淡出政府的视野，要么随之转入常规状态，主要由相应的政府业务部门去负责。

当然，这种通过打破条块部门分割、整合党政体制来完成中心工作的动员式治理只是阶段性的。一是因为中心工作具有即时性，即每一项中心工作只需要在特定时期内完成。虽然有的中心工作是长期性的，但是在不同阶段，党委政府有不同的中心工作重心。二是因为政治动员本身需要成本。政治动员本身会打断科层体制的正常运转，影响政府部门的常规业务工作。虽然将不同部门的力量和资源集中到中心工作上，有助于中心工作的快速推进，但部门的人力物力资源也是有限的，它们不可能长时期把注意力聚焦在某一项中心工作上。否则，各个部门必然苦不堪言、疲于应付。

小结

本文以浙江省 A 县的经验材料为基础，探讨了沿海发达地区县域政府为了推动中心工作落地而实施的动员机制。值得一提的是，沿海发达地区县域政府动员机制具有一般县域政府动员机制的共同特征。但沿海发达地区县域在资源、利益等方面与中西部地区存有巨大差异。在沿海发达地区，资源和利益高度密集。这使发达地区县域治理呈现出相较于一般中西部地区的独特性。理解沿海发达地区县域治理的一个前提是，该地区资源总量巨大，发展任务繁重。发达地区县域政府面临着如何将巨大的资源进行分配、将繁重的发展任务予以推进的难题，其动员的频率、强度和广度都不同于中西部地区。

一是发达地区县域政府动员的频率更高。发达地区县域中心工作数量多，县域政府为了将各种资源分配下去、将各类项目推进落地，会高频度地开展政治动员，将大量的常规治理事务转换为中心工作，保持和提高发展速度。因此，可以说中心工作模式是发达地区县域政府治理的常态。同时，正因为发达地区县域政府动员的频率更高，所以更有必要将一些动员机制予以制度化。动员机制的制度化不仅有利于提高动员效率，而且可以实现动员的常态化，降低治理成本。这也意味着发达地区县域治理的制度创新会更加密集。

二是发达地区县域政府动员强度更高。发达地区县域政府大幅提高动员强度，有两方面的原因。其一，为了应对和完成繁重的治理任务。为了激发广大基层干部的干事创业热情，县域政府必须强化政治动员，给广大干部提供强大的激励。其二，有雄厚的财力资源作为动员基础。发达地区经济实力雄厚，财政支持力度较大，能够为广大干部提供较好的福利待遇，有利于形成不甘落后、创先争优的工作局面。

三是发达地区县域政府动员的范围更广。发达地区县域政府动员涉及更多的领域，动员手段更为多样。发达地区县域政府不仅需要完成自上而下的各种治理任务，而且要努力保持经济社会快速发展的势头。它们既要主动对外招商引资，又要积极吸纳各地涌入的项目资金。这在客观上使发达地区县域政府必须在较短时期内集聚和分配大量的、各个领域的资源，形成多领域、多条线动员的格局。跟中西部地区县乡相比，沿海发达地区的县域和乡镇干部处于多任务、高报酬、强激励的状态。这自然有利于推动发达地区县域政府各项中心工作的落地。

概言之，在保持基本体制稳定不变的情况下，发达地区县域政府对具体治理机制进行大规模的重构，以应对繁重的治理任务。发达地区县域治理形成了一套迥异于中西部地区一般县域的治理结构和机制。

本文关于县域政府动员机制的分析有利于我们进一步深入理解中国县域基层行政体制的运作逻辑。与已有研究将党政体制和科层制进行比较不同，本文将党政体制与中国独特的条块体制关联起来，认为县域党政体制有利于克服条块体制的弊端，推动县域中心工作的开展。长期以来，中国政府体制中的条块分割、部门林立的现象为学界所关注。一些学者在此基础上提出"碎片化的权威主义"①、政策执行阻滞②等概念。然而，我们要追问的是，面对这样一个条块分割、权力碎片化的体制，中国政府如何将各项工作落实下去？本文以县域政府治理的中心工作为载体，从党政一体化治理模式的角度，对县域政府推动工作落实的过程进行了实证分析。笔者认为，在县域政府治理领域，存在一套将常规工作转化为中心工作的机制。县域政府将中心工作上升为政治任务，为官员提供强大的经济和政治激励，从而使各项中心工作得以迅速落实。县域治理中的党政体制，实现了党委的领导，发挥了党委的高位推动势

---

① CAI Y S. Power structure and regime resilience: contentious politics in China. British Journal of Political Science，2008，38（3）：411.

② 丁煌. 政策执行阻滞机制及其防治对策. 北京：人民出版社，2002.

能，对县域条块体制展开强大的政治动员，同时又将党从具体的行政事务中解脱出来。县域党政体制宜统则统，宜分则分，统分结合，从而迅速推动中心工作落地。这其中，党委的领导地位是达至条块整合、实现一体化治理的关键。这种以运动的形式呈现出来的一体化治理模式是县域政府治理的常态。

已有诸多研究将县域政府动员式治理模式与韦伯式经典科层制进行比较，将动员、运动式治理视为一套与科层制正式行政方式相对的非正式治理机制。还有不少学者将县域政府的这一治理模式归因于党政不分、政治现代化滞后等。但实际上，县域政府围绕中心工作展开动员式治理，是县域治理中的常态机制。而且，这可能正是中国政府体制的活力和优势所在，从而也构成了我们理解"中国奇迹"的一个重要维度。对于仍然处于发展中的国家而言，县域政府的一体化治理模式仍然有其重要意义。

当然，我们强调县域政府一体化治理模式的优势，并不是说这一治理模式不存在任何问题。县域政府的过度动员，容易带来"泛政治化"① 的问题，冲击政府部门的常规业务工作和治理秩序。此外，这种治理模式较多地受党政主要领导的个人意志及其注意力分配的影响，具有较大的不确定性。领导重

---

① 　杨雪冬．压力型体制：一个概念的简明史．社会科学，2012（11）：4.

视，则某项工作可能得到快速落实，反之，则可能迟迟难以落实。此外，县域政府动员式治理也可能会遗留一些问题，使县域治理的法治化、规范化难以扎根。展望未来，随着全面依法治国在我国的推进，经济社会发展将进入一个全新的阶段，那么，县域政府的一体化治理模式也需要相应地进行改革。

第二篇

...

权力配置与运行

八 从结果管理到过程管理：
县域治理体系变迁

郡县治，天下安。县域在我国国家治理体系中的重要性不言而喻。随着中国经济实力的增长，国家发展理念也在逐渐转变。国家不再只是追求发展速度和绩效，而越来越注重环境保护、社会分配、行政规范等。特别是近年来，随着国家资源不断下乡，如何分配资源、加强社会治理成为国家越来越重视的目标。党和国家越来越强调"将权力关进制度的笼子里"。行政体制中的淘汰赛色彩日益鲜明。官员一旦行为不合规不合法，会立即被问责查处。同时，国家不断强化对县域官员行为的监管，县域治理的规范化建设取得长足进展。上级对县域政府和官员的管理方式发生了重大转变。县域政府在治理实践中越来越注重过程规范、痕迹管理。县域治理体系的过程监管特征日益凸显，而结果导向的考核方式逐渐弱化①。

县域治理体系的转变产生了一系列后续效应。县域政府和官员在治理过程中的形式主义、办事留痕等消极避责现象屡禁不止。一些县域官员似乎不再一味追求政绩，而是在追求政绩的同时，把如何规避风险和责任摆在了越来越重要的位置。这些治理现象和官员行为虽然不是当下县域治理中特有的，但其强化、蔓延之势却是县域治理中的新问题。那么，县域官员行为为何会发生这样的转变？县域治理体系演变的逻辑和机制是什么？

县域结果管理模式及其治理效应

长期以来，中国县域治理中盛行着结果导向的考核方式。在选拔干部时，被考察对象完成任务业绩是重要依据。在压力型体制中，上级政府给下级政府分配指标任务，考核以指标任务完成情况为主要依据。"评价的标准则是项目、资金数量以

---

① 笔者对县域治理模式的划分主要依据结果和过程这两个维度。结果管理模式主要侧重对基层干部治理任务目标完成情况的管理；过程管理模式则侧重对基层干部行政过程的监管，高度强调行政过程的规范化。当然，这并不意味着过程管理和结果管理是一种线性替代关系，而只是表明在县域治理体系中，过程管理的特征越来越明显，结果管理的地位则被弱化。

及各种经济指标的增长幅度，即有成绩就大奖特奖，成绩不突出则要进行处罚。"[①] "政治锦标赛"也是由上级根据下级的业绩排名情况来进行奖惩，排名达标的可以进入下一轮晋升赛道，未达标者则被淘汰[②]。在行政发包制（包干制）中，上级对下级的考核也以行政任务完成结果为导向[③]。与之类似，县域治理中的包干制具有将行政业务政治任务化、任务包干、强激励等特征。"在控制方式上，行政包干制以结果控制取代程序监督和过程控制。"[④] 包干制对于调动地方和基层干部的积极性、自主性具有重要作用。在完成上级任务的情况下，县域政府具有较大的自由裁量空间。虽不排除跑官要官、派系圈子等因素，但官员的行政业绩确实是其晋升的重要标准。无论是压力型体制、行政发包制，还是"政治锦标赛"体制，都具有鲜明的结果管理色彩。

在结果管理的治理模式下，县域治理呈现以下几方面特征（见表8-1）：

---

① 荣敬本，崔之元，王拴正，等 . 从压力型体制向民主合作体制的转变：县乡两级政治体制改革 . 北京：中央编译出版社，1998：33.

② 周黎安 . 转型中的地方政府：官员激励与治理 . 上海：上海人民出版社，2008：90.

③ 周黎安 . 行政发包制 . 社会，2014（6）：1.

④ 杨华，袁松 . 行政包干制：县域治理的逻辑与机制：基于华中某省D县的考察 . 开放时代，2017（5）：189.

表 8 - 1　结果管理模式的特征

治理模式	管理目标	考核方式	行政手段	自主空间	存在问题
结果管理	调动积极性	结果导向	包干制	大	裁量权较大、乱作为

　　在管理目标上，以调动积极性为主。在结果管理模式中，上级更加注重下级的实际治理绩效。上级通过考核、奖励等方式来为下级提供强激励。"政治锦标赛"是结果管理模式的集中体现。下级为了在锦标赛中获胜，想方设法完成上级安排的各项指标任务，下级的积极性被充分调动起来。

　　在考核方式上，上级注重结果导向。结果管理模式塑造出县域行政的"事本主义"特征。上级要求下级的各项行政工作都围绕具体事项展开。只要下级完成了上级交付的治理任务，就可以通过考核。至于下级是如何完成治理任务的，上级不会过于计较。当然，前提是下级没有捅大的"娄子"。

　　在行政手段上，上级主要采取包干制。包干制是结果管理模式中的普遍做法。上级作为政治任务的发包方，下级作为承包方。包干制具有清晰化的特性。一是上下级责权利的清晰化。上级将一定的政治任务包干给下级，并赋予下级相应的责权利。若下级完成了指标任务，可以分享相应政治、经济收益。否则，必须承担相应责任。二是指标任务的清晰化。在包干制中，下级的业绩很容易通过其承包的数量化指标任务来进行测评。上级只需要根据下级完成承包指标任务的情况进行考核，而不必对下级的行政过程进行实时监控。

在自主空间上，上级赋予下级较大的自由裁量权。下级可以在自身职权范围内合理安排工作计划、调配治理资源、决定治理方式。同时，基层还可以利用一些自主空间，采取变通方式，来使上级政策与本地基层社会实际更好地结合，从而既能完成上级安排的任务，又能够兼顾本地经济社会发展需求。"几乎可以说，在大的政策环境允许的前提下，基层无论怎样做，只要能够成功地实现目标，就很有可能被上级默许乃至认可和鼓励，这无疑为基层政府的制度创新或'变通'（甚至违规）创造了巨大的空间和机遇。"①

总之，在结果管理模式下，县域基层政府"更多地体现了高度的目标导向性，或者说，它们的行为主要受到目标的强约束力，而相对缺乏来自过程或手段的约束"②。结果管理模式赋予了县域治理较强的自主性，具体表现为，县域基层拥有自主创新的空间、自主决策的权力以及自主做事的动力和价值感。如此，县域干部的自主性、创造性、积极性能够得到较好的激发。

当然，结果管理也存在一些问题，主要是县域基层干部自由裁量权较大，可能产生乱作为、侵害民众权益的问题。

---

① 王汉生，王一鸽．目标管理责任制：农村基层政权的实践逻辑．社会学研究，2009（2）：84.
② 同①.

县域过程管理的强化：行政规范化的发展进程

　　县域过程管理的强化具有渐进性特征。在不同时期，国家对行政过程的规范化要求程度存在差异。改革开放以前，国家比较缺乏行政规范化的自觉，且行政规范化建设常常被各类政治运动打断。行政的科层化、规范化建设让位于常态化的国家动员。而改革开放以来，大规模的政治运动渐渐退却，国家越来越强调制度建设、依法治国，国家治理的总体进程和趋势是制度化、法制化。国家对基层行政过程管理的强化可以分成几个阶段。

　　第一阶段：县域行政规范化导向的确立。

　　尽管自改革开放之后制度建设、依法治国越来越受党和国家的重视，但直到世纪之交，行政规范化建设才逐渐被提上议事日程。1999 年，国务院颁布了《关于全面推进依法行政的决定》。2004 年，国务院又颁布了《全面推进依法行政实施纲要》。国家越来越坚定地推进公共服务型政府的建设。正如有研究者所言："2004 年，在以公共服务为本的新型治理体系逐步形成的同时，法治化、规范化、技术化和标准化已经成为行政建设和监督的核心议题。从政府官员到基层百姓，都相信只要行政官员任期固定、职责明确、监督到位、问责严明；只要行政机构设计合理、分工明确且守持程序规则，就会提高公共服务的效率，使社会建设走上公平公正的轨道。这种技术治理的理念，极为强调理性化的目标管理和过程控制。"①

国家层面的行政规范化理念不可避免地会映射到县域基层治理中。尤其是 20 世纪 90 年代，税费收取、计划生育等问题引发农村干群关系紧张、社会矛盾突出，因此国家高度重视县乡基层干部行政行为规范化问题。1998 年，中共中央办公厅、国务院办公厅印发了《关于在农村普遍实行村务公开和民主管理制度的通知》。2000 年，中共中央办公厅、国务院办公厅发出《关于在全国乡镇政权机关全面推行政务公开制度的通知》，要求在推行乡镇政务公开的同时，县（市）级以上政权机关也要积极探索实行政务公开的有效途径，逐步推行政务公开制度。2005 年，中共中央办公厅、国务院办公厅印发《关于进一步推行政务公开的意见》，要求：县（市）和市（地）级行政机关要规范和完善政务公开的内容、程序、形式和监督保障措施，全面推行政务公开；乡（镇）要重点公开其贯彻落实中央有关农村工作政策，以及财政、财务收支，各类专项资金、财政转移支付资金使用，筹资筹劳等情况。县（市）、市（地）要重点公开本地区城乡发展规划，财政预决算报告，重大项目审批和实施，行政许可事项办理，政府采购，征地拆迁和经营

---

① 渠敬东．项目制：一种新的国家治理体制．中国社会科学，2012（5）：118.

性土地使用权出让，矿产资源开发和利用，税费征收和减免政策的执行，突发公共事件的预报、发生和处置等情况。

除了在县域逐步推行政务公开之外，党和国家还在此期间陆续颁发了一系列有关农村财务管理、基层信访举报、党风廉政建设等的规范性文件。党和国家对县域行政规范化建设的部署体现了从村（社区）、乡（镇）到县（市）逐级向上推进的特点。这一时期，一方面，国家需要从农村汲取资源，中央和上级更多关注县域政府是否完成各项资源汲取的指标任务；另一方面，国家也注意维持农村社会的基本治理秩序。农村干群关系紧张、基层干部贪污腐败、社会冲突加剧等问题，引起上级和中央忧虑。党和国家日益强调与重视加强县域行政规范化建设，强化对县域基层干部的监督。只是，受资源、技术等条件限制，县域的过程管理尚处于较低水平。

第二阶段：县域行政规范化的强化。

自 1994 年分税制实施之后，随着中央财政实力日益增强，中央对地方的财政转移支付日渐增多。这些转移支付资金多以项目的方式实施。2006 年，我国全面取消农业税后，国家实施反哺农村战略，大量资源自上而下输入农村。国家与农村、农民的关系从之前的"汲取型"转变为"给予型"。国家与农村、农民关系的转变，使得国家进一步强化了对县域基层干部行政过程的监督。"在汲取型国家治理形态中，汲取能力尤为重要，政府作为国家行政者，更关注如何达成治理目标，而在给予型国家治理形态中，由于给予作为直接的施政目标，其治理结果很难通过直观的汇总结果加以呈现，因此，如何提升信息能力，以便对治理过程和结果进行全面而系统的监管与掌控就至关重要。"① "在汲取型治理形态中，上级更关心汲取目标是否达到，而并不关心具体的汲取过程，但是在给予型治理形态中，国家更加在乎给予的目标是否符合初衷，以及是否具有合法性和相应的绩效。国家的给予不是单纯的、不求回报的，它有一定的合法性诉求——通过帮助农民在经济上脱贫来生产国家的政权合法性。"②

　　其实，囿于信息不对称难题，国家对县域基层干部贪污腐败、中饱私囊问题的担忧始终存在。取消农业税后，国家进一步强化对基层干部项目资金使用过程中行政行为的监管，实质上就是一直以来国家对待基层干部态度的逻辑延续。只是，国家的财政资源通过部门专项资金的形式输入农村，国家必须关心专项资金的使用合法性和绩效问题。资源输入进一步增加了基层干部发生越轨失范行为的风险。国家必须借助严格规范的现代审计制度来强化对县域基层干部的监管。

　　与此同时，国家推进县域过程管理的措施不断加强。2005年，财政部颁发了《国家农业综合开发资金和项目管理办法》，

---

　　① 　王雨磊. 数字下乡：农村精准扶贫中的技术治理. 社会学研究，2016（6）：120.

　　② 　同①126.

对农业综合开发项目、资金管理等问题做了详细规定，并特别就县级农发机构的责任做了说明。2006 年，中共中央办公厅、国务院办公厅下发了《关于加强农村基层党风廉政建设的意见》（简称《意见》）。《意见》要求全面推进乡镇政务公开、村务公开和党务公开，逐步消除滋生腐败的条件。同年，中共中央纪委、监察部、财政部、农业部还印发了《关于进一步规范乡村财务管理工作的通知》，针对乡村财务预算管理、支出管理和县乡财政体制改革等问题作出规定。2011 年，中央纪委、监察部颁发《农村基层干部廉洁履行职责若干规定（试行）》，对农村基层干部廉洁履职行为规范及违规处理措施作出了详细规定。同年，中共中央办公厅、国务院办公厅印发《关于深化政务公开加强政务服务的意见》，就政务公开、服务中心建设等问题作了规定，并要求着力深化基层政务公开。总结推广基层政务公开的成熟做法，大力推进乡镇（街道）政务公开，及时公开城乡社区居民关心的事项。

在此阶段，县域过程管理强化不仅体现在深入推进政务公开、加强党风廉政建设上面，而且集中表现在自上而下的加强项目资金申报、管理、使用、评估、审计等方面。上级就项目资金管理形成了一整套严格的流程。当然，面对上级的严格监管，下级也并非完全没有自主空间。在项目制运行过程中，县域基层政府通过资金整合等方式来服务于自身的发展需求，艰难寻求和拓展生存与发展空间。不过，项目制的盛行也带来了一些负面效应，比如复杂烦琐的程序和更为高昂的治理成本等。

第三阶段：县域行政规范化的全面推进。

党的十八大以来，党中央作出"四个全面"战略布局。全面推进依法治国、全面推进从严治党，为新时代进一步加强制度建设、深入推进反腐败斗争提供了基本遵循。党和国家高度强调"将权力关进制度的笼子里"。在此背景下，县域治理规范化建设得以全面推进。这主要体现在四个方面。

一是大幅调整中央与地方的关系。典型表现是强化中央和上级的权力集中程度，在国土资源、环境保护等领域加强自上而下的垂直管理。垂直管理并非党的十八大以来的新现象，但党的十八大以来垂直管理被进一步强化。垂直管理的主要目的是使"条条"部门尽可能摆脱"块块"的制约，强化"条条"对"块块"的掣肘和监督，从而尽量压缩"块块"违法违规的行政空间。"条条"（特别是财政、自然资源等某些重要部门）取得了相对于地方"块块"的权力优势。国家自上而下输入的各种专项资金，都要通过各个"条条"部门与县域基层社会对接。"条条"部门掌握了资源分配的主导权。而基层政府要争取更多的资源，只能尽力支持和配合"条条"部门的工作。

二是县域治理制度化建设全面推进。强化过程监督要求制定和完善相应的规章制度，推进县域治理的制度化、规范化是题中之义。上级越来越强调治理过程中的程序正义。2018 年，中共中央印发新修订的《中国共产党农村基层组织工作条例》，要求加强农村基层干部队伍作风建设。坚持实事求是，不准虚假浮夸；坚持依法办事，不准违法乱纪；坚持艰苦奋斗，不准奢侈浪费；坚持说服教育，不准强迫命令；坚持廉洁奉公，不准以权谋私。坚决反对形式主义、官僚主义、享乐主义和奢靡之风。严格农村基层干部管理监督，坚决纠正损害群众利益行为，严厉整治群众身边腐败问题。2019 年，中共中央印发了《中国共产党农村工作条例》，就党对农村工作的组织领导、队伍建设、考核监督等方面作了详细规定，并强调县（市、区、旗）党委处于党的农村工作前沿阵地，应当结合本地区实际，制定具体管用的工作措施，建立健全职责清晰的责任体系，贯彻落实党中央以及上级党委关于农村工作的要求和决策部署。此外，不少地方还陆续建立健全了基层干部权力清单制度。通过上述制度安排，县域基层干部职责、财务、公车、公务接待等各方面的制度得以进一步健全。

三是县域反腐败工作全面推进。反腐败是强化干部监督的主要途径。党的十八大以来，党和国家坚持高压、硬核反腐举措，坚持"老虎""苍蝇"一起打。基层"微腐败"也在国家反腐行动之列。2019 年，全国纪检监察机关处分县处级干部 2.4 万人、乡科级干部 8.5 万人、一般干部 9.8 万人，农村、企业等其他人员 37.7 万人①。

_____

① 陈治治．继续坚持"老虎""苍蝇"一起打．中国纪检监察报，2020－01－20（2）．

四是县域巡视、督查工作全面推进。党的十八大以来，自上而下的监督不断强化。上级对县域党政机关、干部的巡视、督查工作已经常态化，在县域建立起强大的、广覆盖的巡视监督网络。

与之前相比，这一时期随着大数据、人工智能等新型信息技术的出现，县域治理中的技术色彩得到大幅强化。上级借助先进的信息技术，可以极大地增强对下级行政行为的过程管理。县域基层治理中，办事留痕、痕迹管理日渐兴盛。

综上可知，县域行政规范化建设并不是近年来才出现的，而是一个长期渐进的过程。在多层级行政体制中，上级始终面临着信息不对称困境。国家对县域基层干部行为偏离要求、越轨失范的担忧长期存在。党的十八大以来，国家大幅强化了对县域基层干部的监督，并借助各类新型信息技术深入推动监督下乡。县域治理中的过程管理模式由此得以凸显。

县域基层过程管理强化的动力主要有两方面。其一，国家治理理念转型的推动。改革开放以来国家治理理念越来越强调制度化、法治化。加强法治和制度建设是社会各界的共识，县域基层行政也不例外。特别是自20世纪90年代以来，县域基层干部侵害农民权益的现象时有发生，农民上访明显增多。这引起国家对基层干部行政行为和方式的担忧，采取措施规范基层行政行为势在必行。其二，增强资源下乡合法性的需要。取消农业税后，国家反哺农村战略拉开帷幕，源源不断的资源开

始输入农村。为确保资源能够得到合理高效使用，国家必须要
加强对资源分配和使用过程的监督。

县域过程管理模式的特征

　　与结果管理模式相比，过程管理在管理目标、考核方式、
行政手段和自主空间等方面都呈现出较大差异。概括而言，县
域过程管理模式的主要特征包括以下几个（见表 8-2）。

表 8-2　过程管理模式的特征

治理模式	管理目标	考核方式	治理手段	自主空间	存在问题
过程管理	监督干部	过程导向	行政体制	小	缺乏自主性，消极应付

　　其一，在管理目标上，以监督干部为主。与结果管理模
式注重下级完成指标任务的绩效不同，过程管理模式重在监
督干部的行政行为，即所谓"上线管理"。过程管理模式试
图对县域基层干部行政过程进行全景式管控。一旦发现基层
干部在行政过程中存在违背程序、制度的行为，就对其进行
问责。上级主要以淘汰、追责为主，确保基层干部不出事。
因此，过程管理不是采用"政治锦标赛"方式，不强调下级
之间的竞争，而是采用"政治淘汰赛"方式。下级一旦出现
违规违法行为，就很容易被淘汰。相应地，下级所受到的激
励与业绩关系较小，而主要视其行为是否合法合规。下级的

积极性不容易被调动起来。

其二，在考核方式上，以过程监管为导向。在过程管理模式中，上级衡量基层干部的主要标准是法律法规、纪律、制度等，而不是业绩。上级也可能既要求下级完成指标任务，又要求下级行为规范，即业绩结果和行为过程并重。但无论如何，下级行为必须符合制度规范。上级注重对下级具体行政行为进行监督和矫正，对其施加严格的"过程-手段约束"。上级考核下级的重点是行政行为是否符合既定的程序规范，特别是有无违法行为。如果下级在行政过程中出现违法违规行为，那么即使完成了任务，也将面临问责。换言之，行政行为规范具有"一票否决"的威慑力。

其三，在治理手段上，以行政体制为主。与结果管理模式主要依赖包干制不同，过程管理模式依托于科层制来开展治理工作。科层制的特有原则是"基于抽象规则的支配权行使"[1]。科层制强调程序和规则。它"以足额拨款的预算体制、固定但具有竞争性的公务员收入和福利体系、低自由裁量权为特征"[2]。县域基层干部在行政过程中应严格遵循各项规章制度，一切行政行为以既有规章制度为基准。基层干部在很大程度上成为机械执行上级命令和程序的办事员。

---

[1] 韦伯. 支配社会学. 康乐，简惠美，译. 桂林：广西师范大学出版社，2010：58.

[2] 周黎安. 行政发包制. 社会，2014（6）：5.

其四，在自主空间上，基层自主行政空间较小。与结果管理模式中的高度自主性不同，过程管理模式中的基层干部较为缺乏自主性。各项严格的制度规范极大地压缩了基层干部的自主空间。基层干部只能按照既定的规章制度开展工作，基本没有自由裁量权，缺乏主动性、创造性，难以通过变通等方式来谋求自主发展空间。

县域过程管理模式的治理效应

县域治理体系从结果管理模式到过程管理模式的转变，带来了一系列新的治理效应。其中的正向效应包括以下几方面。

一是县域基层治理越来越规范。基层干部的规范行政意识增强，更加注意按照制度、规范来开展行政活动。一些研究者也观察到，基层治理的规范化、技术化、行政化趋势日益强化[1]。

二是县域基层干群关系得以缓和。随着国家对县域基层干部行政过程管理的加强，基层干部乱作为、侵害群众权益的现象大幅减少。此前干群之间的紧张关系得到缓解。基层干部越来越注意群众的感受，"情感治理""打感情牌"的特征日益明

---

① 田先红．治理基层中国：桥镇信访博弈的叙事，1995—2009．北京：社会科学文献出版社，2012：247-251.

显①。干群关系呈现和谐局面。

同时，结果管理模式也带来了一系列负向治理效应，具体包括以下几方面。

一是县域政府的自主性弱化。自上而下权力收紧、制度规范建设的强化，使县域政府的自由裁量权缩小，县域政府自主行政的空间被压缩。县域基层干部不再具有如以前那样的积极性、创造性来开展工作。他们不再是充满活力的能动者，而成为行政体制机器上的一颗"螺丝钉"，其行为循着行政体制机器的运转节奏而展开。他们不再采取超常规措施来完成治理任务，而是按部就班做工作，不敢越雷池一步。

二是县域基层干部的情感体验弱化。在县域治理的包干制中，上级以结果考核下级，下级只要完成上级交付的任务，就可以拥有一定的剩余控制权，这能使下级获得较大的成就感。承包指标任务的下级作为一个治理团队，可以产生亲密的情感体验。基层干部也具有较强的干事创业的动力和积极性。而在过程管理模式下，县域基层干部大多是机械执行上级的任务命令，其干事创业的成就感、荣誉感降低。

三是县域治理的自主空间被压缩。县域基层干部不再通过变通、打破常规、大胆创新来谋求县域发展空间，而选择墨守

---

① 田先红，张庆贺．城市社区中的情感治理：基础、机制及限度．探索，2019（6）：160.

成规、谨小慎微。只要突破现有规章、制度来办事可能给自身带来不利影响的，县域基层干部一概搁置不办。基层干部进行政策创新的动力被削弱，"公事公办"成为广大基层干部的行为准则，基层治理的灵活性下降。

四是县级中转站角色的弱化。县域政府本应在将自上而下的国家政策与本地县情结合中扮演中转站的重要角色，但随着县域自主行政空间的大幅压缩，县域基层干部难以再将上级安排的任务与本地实际进行结合，而更多的是机械地执行上级命令。县域作为承上启下的中转站角色弱化，其进行政策转化和输出的功能被弱化。无论上级政策命令是否符合县域实际，县域基层干部大多按部就班地进行布置安排，至于行政效果如何，就可能难以兼顾。只要按照既定程序规范完成了上级交付的各项任务，他们就已完成分内职责。

五是县域基层避责现象的蔓延。过程管理强化塑造了县域治理的新样态。行政体制试图通过大量的制度、程序来规范和监督县域基层干部，这将会产生高昂的行政成本。过程监控的强化导致自上而下的督导、督查、问责增多。伴随县域治理过程监控的强化，县域政府自主性被削弱，基层干部越来越多地采用按章办事、痕迹管理、形式主义等消极避责方式，忙于应付各种自上而下的任务。上级越是加强对下级的巡视、督查，就越会强化下级的避责策略，下级越会想方设法保全自身。下级的注意力不再聚焦于如何更为出色地完成治理任务，而是如何在应付治理任务的同时让自己更加安全。如此，基层干部便难以在工作中放开手脚、大胆创新。基层干部的"不出事"逻辑日趋明显。他们倾向于讨好群众，选择向群众妥协退让。更有甚者，即使群众的行为违规违法，基层干部也选择"睁一只眼闭一只眼"。

同时，在当下县域治理中，过程管理与政治任务增多并存，这进一步强化了过程管理模式的负面治理效应。近年来，"条条"部门权力的强化和资源的增多，使其更有能力和动力将业务工作转化为地方党委政府的政治任务。每一个部门都倾向于扩张自身的权力、提升自身在行政体制中的地位，都希望自身的业务工作受到下级的重视，成为下级的中心工作和政治任务①。政治任务具有政治性，是直接攸关基层干部"帽子"的任务。上级对政治任务大多实行"顶格管理"，向下级提出高标准、高要求。部门的业务工作一旦转化为政治任务，基层政府就必须完成，否则就会被问责。

县域政治任务的大幅增多，进一步强化了基层干部的消极避责行为。过程监管需要付出高昂成本，兼之政治任务又是顶格管理，必然带来更高的行政成本。各种各样的问责、督查，使得基层干部花费大量人力、物力、时间在填写表格、应付检

---

① 杨华."认真应付政治任务"：从县域条块机制探讨基层形式主义产生的根源.东方学刊，2020（1）：2.

查上面。上级下达的任务不断增多，且每一项任务都是"顶格管理"，要求基层干部"既快又好、多快好省"，但基层干部的治理工具、治理资源却捉襟见肘。上级要求基层既要完成任务，又不得突破既有的政策、制度规定。但实际上，基层事务具有很强的不规则性、不确定性。上级制度规定日益规范化，使基层的自主行政空间被大大压缩。当无法完成政治任务时，基层干部只能采取形式主义策略，亦步亦趋、唯上是从。因此，试图通过过程管理去督促基层干部完成越来越多的政治任务，最终可能产生越来越多的消极避责行为。

小结

对于中国这样一个多行政层级的大国而言，如何实现政令统一与有效治理的结合，历来是个难题。本文有关县域治理体系变化及其效应的讨论再次凸显了这一问题的重要性。县级政府在国家治理体系中扮演着中转站的角色，承接自上而下的各项国家政策和任务（承接者的角色），可以将国家政策进行转化输出，使其更好地与县域地方社会实际相结合（转化者的角色）。同时，县级政府是一个完整的治理单元，具有较为完整的政策制定体系，拥有较强的政策对接能力（治理者的角色）。县域基层干部是中国县域治理的能动者，他们的工作状态、积极性直接攸关县域治理的绩效乃至地方经济社会发展状况。县级结果管理模式赋予了县级政府较大的自由裁量权，县级政府可以较好地扮演中转站的角色，将自上而下的国家政策、任务转化为与本地经济社会实际相契合的方案。在结果管理模式下，县域治理手段主要为包干制，上级只以结果论英雄（前提是不出大问题）。县级政府拥有较大自主权。县域基层干部更容易产生积极性和正向情感体验。

近年来，在县域治理体系中，结果管理模式弱化，而过程管理模式强化。这一转变是央地关系变化在县域治理体系中的投射。上级试图通过过程管理加强对地方政府的监督。随着过程管理模式的强化，行政体制成为县域主要的治理手段，而行政包干制的空间越来越小，呈现行政包干制向行政体制回归的趋势。基层干部的自由裁量权被削减、自主行政空间被压缩。县域治理体系的变化给基层治理带来了深远的影响。它强化了县域治理中的问责导向，使问责政治从结果问责转向程序问责，淘汰赛的色彩日益明显。县级政府作为国家治理体系中转站的角色、枢纽作用被弱化。面对过程管理的导向，基层干部疲于应付自上而下的各种政治任务，采取形式主义等消极避责策略，以规避政治风险。相应地，县域基层干部的自主性、创造性被削弱，难以对治理任务进行战略规划。

尤其是近年来县域各项政治任务维持只增不减的态势，越来越多"条条"部门的行政业务政治任务化，基层党委政府承担的政治任务越来越多。无论是过程监控还是政治任务的增多,本质上都反映出县域治理责任越来越大。二者相互结合,互为强化,进一步加重了县域基层干部的负荷。而且,部门权力扩张也滋生了一些新的问题。"项目制中的权力上移,扩大了县级行政部门的行政权威,增加了在设项立项中滋生设租寻租的机会。"①

县域治理体系的变化及其效应使我们重新思考县域行政规范化、现代化问题。韦伯认为,科层制具有理性化、规范化的特征,拥有效率优势,但科层制的过度发展和膨胀也可能导致"理性的牢笼",吞噬社会,禁锢人性②。当前,我国县域治理体系建设同样需要面对这一难题。一方面,县域行政需要走向规范化;另一方面,县域基层干部必须具有一定的治理能力。以牺牲县域治理能力来换取行政规范化,或者为扩大县域自主行政空间而导致基层干部行为失范,均不可取。如何在过程监控与调动基层干部积极性之间取得平衡,仍然是中国县域治理必须面对的难题。当前,为激发县域基层干部的积极性,应该适当赋予县域政府自主权,进一步建立健全容错纠错机制。要在一定程度上宽容县域基层干部决策、执行和监察等方面难以避免的失误,为他们创造出干实事的氛围与制度环境③。

---

① 渠敬东.项目制:一种新的国家治理体制.中国社会科学,2012 (5):128.

② 韦伯.经济与社会:下卷.林荣远,译.北京:商务印书馆,1997:278-311.

③ 王炳权.各地容错纠错机制的优点与不足.人民论坛,2017 (26):45.

九　领导观摩：
注意力竞争与基层创新

　　"现场主义"是中国国家治理的重要传统。所谓"现场主义"，是指领导通过前往政策执行现场的方式，将其有限的"注意力"资源分配给特定的地方、机构或者事项，以便向下级或者公众展示某一事项的重要性、亲自收集某一方面信息或者监督某一政策措施执行的效果①。领导赴现场的方式多种多样，包括调研、视察、考察、暗访等。在中国古代，巡视、微服私访等"现场主义"工作方法常被统治者采用。新中国成立后，党和国家的主要领导人也常常运用"现场主义"方法来了解基层实际、推动政策落实、完善政策决策。领导亲临现场，表明领导对某项工作的重视，说明领导将"注意力"资源分配到该项工作上。一旦得到领导重视，那么该项工作的推动力度会更大，也更容易落实。"现场主义"的一部分功能，就是将

---

　　① 李振. 注意力推动政策执行：中国领导人的"现场主义"机制研究. 马克思主义与现实，2018（5）：189.

领导人注意力下沉到政策执行一线①。因此，"现场主义"工作方法是透视领导注意力分配机制的重要窗口。

除了国家高层政治外，在地方治理领域，"现场主义"工作方法也普遍存在。当前一些地方采用的领导观摩（又称"拉练"），就是一种非常重要的"现场主义"工作方法。地方治理中的"现场主义"与国家宏观层面的"现场主义"有着不同的运作逻辑。它不仅能宣传解释政策、发挥居中协调功能、监督评估政策执行，而且有着更为复杂的运行逻辑和机制。此外，县域治理距离研究者更近，更有利于我们近距离观察地方"现场主义"的实践状态和逻辑。

那么，县域治理中的"现场主义"是如何运行的，它又是通过何种机制来推动县域政府的政策尤其是重点任务落地的呢？在县域治理中，如何让下级切实贯彻县域领导的意图、体现县域党委政府的施政方针，是一个非常重要的问题。通过田野调查发现，领导观摩是县域领导展示、传递、竞争注意力的重要途径，也是县域领导推动工作落实、实现其施政意图的重要抓手。县域领导为了凸显其对某一方面工作的重视，常常采用观摩的形式给下级施加压力。

县域领导观摩，是以项目为载体分配领导注意力的过程。

---

① 李振. 注意力推动政策执行：中国领导人的"现场主义"机制研究. 马克思主义与现实，2018（5）：189.

上级领导通过观摩重点项目向下级表达和展示其注意力导向，下级则围绕经营项目、打造亮点来吸引领导的注意力。项目思维在县域领导的行为中体现得淋漓尽致。领导观摩的主要对象，就是下级打造的各种特色、亮点项目。

领导观摩的方案由县督查办负责安排。参与观摩的人员包括县域"四大家"（党委、政府、人大、政协）在家领导、县直部门一把手和各个乡镇党委书记，总计 100 余人。每次观摩耗时 1～2 天。县领导在每个观摩点停留的时间一般为 20 分钟左右。观摩时，先由乡镇党委书记介绍观摩点的基本情况，包括规模、产值、经济社会效益等。随后，县领导就项目点的一些情况进行询问。观摩完所有项目后，县领导会召开总结会议，对观摩的总体情况进行评价。最后，参与观摩的县领导对各个乡镇进行评分。评分结果纳入县里对乡镇的年终考核。县里还对各个乡镇的观摩成绩进行排名通报，通过观摩"比一比、看一看、赛一赛"，激励先进、鞭策后进（访谈笔记，20210320WH）。

同时，领导观摩也使人产生了一系列困惑：为何领导观摩能够激发下级如此高的参与热情？下级为了应对领导观摩，争相投入大量资源打造各种亮点项目，哪怕这些项目并无实质意义，其背后的行为逻辑是什么？对于这一系列问题的探讨，不仅有利于深入理解领导观摩的运行逻辑，而且能够深化对县域治理机制的认识。本文将以笔者在中部某省 C 县、东部某省 S

县的田野调查资料为基础，分析县域政府通过领导观摩制度来分配领导注意力的逻辑与机制。

注意力的表达与凝聚：领导观摩的过程和机制

领导观摩的过程就是上级领导向下级展示、传递注意力的过程。县域领导观摩通过以下机制来竞争下级的注意力。

（一）注意力的表达与凝聚机制

领导观摩需要首先确定观摩内容，即进行议程设置。设置议程，就是表达领导（委托方）的注意力导向。议程设置需要遵循以下两项原则。

一是显著性原则。阿克洛夫（Akerlof）指出，组织处理事务的机制之一是显著性，即对显著事件赋予较高权重，而对不显著事件赋予较低关注度[①]。在领导观摩中遵循显著性原则，即需要确定重要议题，明确议题优先性，并据此拟定观摩方案。对于县域领导而言，重要议题就是体现党委政府施政意图的工作。县委主要领导根据年度重点工作任务来确定观摩内容。这些工作关乎县域经济社会发展大局，也是党委政府的中

---

① 练宏.注意力竞争：基于参与观察与多案例的组织学分析.社会学研究，2016（4）：1.

心工作，是政治任务，具有较强的显著性。比如，2021 年，S 县领导观摩的内容包括工业项目、农业项目、镇区建设和新型社区建设。从观摩内容可以观察出县委主要领导的注意力分配方式。

当然，县委主要领导确定观摩议题时，需要通过一定的民主程序，比如县委常委会、党政联席会议等，集体研究决定（民主集中制）。确定观摩议程的过程，也是县域政府汇集注意力、形成共识的过程。可见，领导观摩不纯粹是县域领导的个人行为，而是县域党委政府的组织行为，它表达的是县域党委政府的组织意图。

二是稳定性与可变性相统一原则。领导观摩的内容具有稳定性。比如，县域领导关注经济发展问题，尤其是工业发展、招商引资，这些领域的观摩项目内容具有很强的稳定性。发展是第一要务，经济发展是县域政府常态化的中心工作。县域领导必须将注意力聚焦在经济发展上面。

领导观摩的内容还具有可变性。首先，县委每一任主要领导观摩的内容是可变的，由于每一任主要领导施政思路不同，关注的重点方向可能存在差异，他们要观摩的重点领域、重点项目很可能是不同的。其次，年度观摩内容是可变的。县委每一年度的重点工作领域、中心工作任务可能存在差异，因此，主要领导可能根据年度工作重心的变化来调整观摩内容。

总之，领导观摩议程设置是县域主要领导表达和凝聚注意力的过程。显著机制在领导观摩议程设置中发挥着重要作用。领导观摩说明领导重视，主要领导的想法又代表着县域党委政府的意图，主要领导重视的事情，就是县域党委政府的政治任务，就是主要领导注意力分配的方向。领导确定观摩议题，类似于给下级布置"命题作文"。它集中体现了上级的指挥棒导向，下级必须围绕上级的指挥棒来安排观摩项目。确定观摩议程后，各个乡镇向县督查办上报观摩项目点。每个乡镇将自己符合县域政府观摩内容要求的、最有特色、最能吸引领导注意力的项目进行上报。县督查办对各乡镇上报的观摩项目进行统计备案，据此拟定观摩方案。

（二）注意力的强激励机制

在领导观摩中，上级领导通过以下几种途径对下级进行强激励。

一是通过上级的正式权威进行激励。上级领导凭借其权威地位和政治压力对下级进行强激励。上级领导对下级的注意力凝聚通过压力型体制来实现。领导观摩会向下级输出巨大的政治压力，它是以县委主要领导的高位推动，对县四大班子、县直部门和各个乡镇党委主要负责人的强动员。县域范围内掌握主要权力的领导都参与观摩，从而在一次活动中实现了权力的高度集聚。观摩展现了领导的权威，表明领导对某项工作的重视。下级必须积极响应上级的注意力导向。

在观摩过程中，领导可以发现问题、督促乡镇进行整改。若项目进度不够理想，或者项目建设不符合县委主要领导的施政思路，那么县领导可以对乡镇进行问责，给乡镇干部施压。问责将人、事、责勾连起来，进一步激活了干部的责任意识，把上级领导的注意力转化为下级的注意力并进行内化①。

二是通过上级的仪式性权威进行激励。仪式与权力、权威紧密相连。有国外学者认为，领导观摩具有很强的仪式化特征，是一种权力的象征机制②。在领导亲临观摩项目点现场之前，下级要进行布置。布置的内容包括打扫卫生、修剪花草、粘贴横幅、摆放物品、做好安保工作、维护交通秩序、雇请民间艺人进行手工艺展示等。某些项目的观摩安排还需要考虑季节因素。比如，领导观摩农业项目，一般选择在秋天进行。秋天是收获的季节。金黄的稻田、轰鸣的机械、忙碌的农民、丰收的喜悦，更加衬托出领导观摩的效果和领导对农业的重视。

上级领导和下级是观摩仪式中的参与者。县领导在观摩中要通过讲话、询问等方式强调做好项目点工作的重要性，展现领导的关注点，表明领导的态度。在观摩时，乡镇领导要在现场对项目进行展示，要尽量向县领导展现出项目的亮点、特色，吸引县领导的注意力，形成共情的场景。观摩现场就是一

---

① 陈辉. 县域治理中的领导注意力分配. 求索，2021（1）：180.
② 格尔茨. 尼加拉：十九世纪巴厘剧场国家. 赵丙祥，译. 北京：商务印书馆，2018：89.

个能量场。观摩者（支配者）、被观摩者（被支配者）、项目点，共同构成了一个仪式化的展演舞台。领导观摩呈现了剧场政治的逻辑。领导的权威、关注点在观摩仪式中得到了淋漓尽致的展现。领导观摩仪式确立了一种注意力引导与追随的秩序。

三是通过量化奖惩进行激励。领导观摩实行结果导向控制，即上级领导只考核和检查项目建设的结果、成效，而不太关注下级建设项目的过程。一方面，上级建立观摩项目绩效评估的量化机制。比如，上级领导在观摩时会了解项目的固定资产投资数量、解决就业岗位的数量等，并通过量化评分的方式来评估绩效。另一方面，上级建立观摩项目的奖惩激励机制。上级领导对各个乡镇的观摩绩效进行排名通报。县域政府将观摩成效纳入目标管理责任制考核之中，对下级的项目建设情况进行监督评估。比如，S 县的年度综合考核办法规定，县里对乡镇的年度综合考核指标中，乡镇每为市委市政府提供观摩点一次可加 0.1 分。项目建设取得明显成效的乡镇，可以获得上级领导的赏识、精神鼓励。领导赏识和鼓励都属于政治激励，对于乡镇干部的晋升、提拔具有重要意义。与企业组织、经济活动中侧重物质奖励不同，政府组织中更侧重政治晋升、政治荣誉、精神激励（也不排除有经济激励）。

四是通过制度化的观摩保持强激励。领导要实现注意力的有效性，必须保持对下级压力的持续性。"领导重视的持续性水平，影响其推动工作的实际效果。凡是重点工作，都需要较长时间持续推动。只有持续重视，才能将注意力充分融入治理过程。"① 若领导注意力衰退过快，一旦观摩结束，下级就不一定重视观摩的项目了。因此，保持领导注意力分配的持续性非常重要。县域领导观摩每季度举行一次，观摩的规则性、定期化使领导能够持续"盯着"下级。领导通过过程追踪，保持了注意力表达/传递的持续性，给下级施加不间断的压力。领导观摩的压力传导机制，凝聚了下级的注意力，有利于激活县域体制，推动下级围绕县域政府的重点任务开展工作。

（三）注意力的竞争强化机制

领导观摩采取锦标赛的形式激励下级竞争。观摩的目的就是要将下级的注意力吸引到领导所关注的重点任务上。因此，在下级之间形成比学赶超、创先争优的工作氛围就非常重要。

领导观摩就是要发现各个乡镇的工作亮点、特色项目。县领导通过观摩，自上而下层层筛选各个乡镇的亮点项目，采用相对绩效比较方法，评判下级的业绩优劣。通过领导观摩，让各个乡镇使出自己的看家本领，并运用打分评比方式，在各个乡镇间形成横向竞争与比较的氛围。下级之间围绕项目打造展开竞争，形成"政治锦标赛"模式②。谁的项目更具特色、更

---

① 陈辉. 县域治理中的领导注意力分配. 求索，2021（1）：182.
② 周黎安. 转型中的地方政府：官员激励与治理. 上海：上海人民出版社，2008：87.

有亮点，谁就能得到领导的赏识。

对于一些领导赏识的项目，县领导还扮演"居中协调"的角色，整合相关部门的资源，向这类项目点倾斜，解决项目推进过程中遇到的问题。资源的倾斜也必然会吸引其他下级效仿，从而投入更多的资源打造领导关注的项目。领导观摩推动了各个乡镇亮点项目打造的制度化、合法化。如此，下级的注意力被进一步吸纳到领导的关注点上。

总之，"基层治理中注意力发挥政治效应的关键点是注意力转化为影响力，并传达给各职能部门和乡镇街道相关责任主体，通过注意力表达促成组织意志贯彻"[①]。领导观摩给下级传递了领导的注意力信号，让下级可以了解领导重视哪些工作。同时，领导还通过打分、评比等方式，使下级之间形成竞争的氛围，从而进一步凝聚下级的注意力。领导观摩也是一种激励机制，通过纵向控制与横向竞争相结合，强化领导权威，竞争下级的注意力。

注意力的反馈与维系：下级的回应策略

上级领导通过观摩展现了注意力分配的导向。领导关注和交办的事，具有政治任务属性。下级必须对领导的注意力分配

---

① 陈辉. 县域治理中的领导注意力分配. 求索，2021（1）：182.

导向进行回应，以在竞争中立于不败之地。下级回应上级的实质，就是下级赢得上级的注意力，通过打造亮点引起上级领导对项目点的关注和重视①。具体而言，下级回应上级的主要机制有三种。

（一）注意力的反馈机制

上级领导通过观摩向下级表达和传递了其注意力导向，表明领导关注的重点任务、重点领域。领导观摩类似于指挥棒，为下级指明了行动的方向。下级则需要对上级发出的信号作出相应的反馈，积极响应上级领导的号召，将工作重心转向领导关注的重点领域，并进行资源倾斜。下级的反馈就是在向上级发送拥护上级领导决策意图的信号。自上而下的注意力表达与自下而上的注意力反馈，形成双向互动与循环。

（二）注意力的竞争机制

在观摩过程中，下级根据上级领导释放的信号，尽可能将自己最亮眼的项目展示给上级，形成自下而上的注意力吸引和竞争的逻辑。在各个观摩项目点，乡镇打出"扛旗夺牌当先锋""比学赶超进百强"等横幅，所凸显的是各个乡镇力争上游、不甘落后的氛围。乡镇要认真仔细琢磨领导的意图，通过

---

① 陈辉.县域治理中的领导注意力分配.求索，2021（1）：180.

亮点项目来竞争上级领导的注意力。

领导的注意力意味着资源。竞争领导的注意力就是竞争领导的资源。领导观摩也是乡镇竞争领导资源的途径。一方面，在观摩中得到领导赏识本身就是一种象征性资源，它可能对乡镇领导的晋升具有重要意义；另一方面，县领导的意图决定了县域资源分配导向。乡镇可以通过观摩吸引县领导的注意力。一旦本乡镇的项目引起县领导重视，那么乡镇可以乘机向县域政府申请资源支持。县领导为了凸显对合乎自身施政思路的项目的重视，也需要通过资源倾斜来调动乡镇的积极性。

为了在观摩中更好地竞争领导的注意力，乡镇必须做好如下工作。

一是提前谋划项目。参加领导观摩，前提是要有特色项目。因此，谋划项目至为关键。"每季度有不同的项目要看，要筹划，要有活水，有源头，没看的就有压力。"（访谈笔记，20210327ZP）下级要根据上级领导确定的观摩内容，认真琢磨上级领导意图，再结合辖区的实际情况，精心策划好项目。

二是精心经营项目。乡镇要集聚资源，集中力量办大事，经营、打造亮点，推出最成熟、最亮眼的项目参与观摩，提高竞争力。

三是掌握竞争对手的动态。多个乡镇之间可能存在信息不对称问题。谁能在信息获取上占据优势，就可能在竞争中占优。同理，要在竞争中获胜，就必须知己知彼。因此，了解其他乡镇推出观摩项目点的情况就非常重要。"要到上面去对接，了解周边端的什么菜。"（访谈笔记，20210327ZP）同时，乡镇还必须学习其他乡镇打造项目点的经验。乡镇主要领导参与观摩过程，在观摩中，可以实地考察其他乡镇的亮点项目，从而汲取经验教训，为本乡镇后续打造项目亮点提供思路。了解、学习其他乡镇的情况，实际上是要尽量克服代理人（乡镇）之间的信息不对称问题。乡镇通过谋划、打造项目亮点，向上级展示政绩，引起领导的注意。

（三）注意力的维系机制

领导注意力是稀缺资源，竞争者众多。为了尽可能得到领导更多的关注，乡镇必须不断维系、吸引领导注意力，避免领导注意力的中断。为此，乡镇在打造项目时，需要采取两种策略。

一是"细水长流"的策略。乡镇不能将自己的亮点项目在一次观摩中全盘端出，而必须渐次推出各个亮点项目，以此不断吸引上级领导的注意力，保持持续的竞争力。正如有的干部所言："上菜一盘一盘地端，保存实力，才能延续。"（访谈笔记，20210327ZP）

二是"老点新包"的策略。领导观摩易产生审美疲劳，尤其是那些同质性较强或者领导已经观摩过的项目，难以再次吸引领导的注意力。所以，对于一些领导观摩过的老项目，乡镇要创新、出新意，要投入更多资源重新进行包装，打造新的亮点，激起领导的兴趣。"马书记（县委书记）看了一次肯定不想看第二次，除非你有新东西。他要来，也是陪其他领导来……做景点不要一次做完，这次造 100 亩地，够你玩一天，下次再造新的。轮流转，吸引他来。要不断出新，吸引领导来。领导观摩过后，就不会有第二次、第三次，所以必须不断出新，要细水长流。"（访谈笔记，20210727YDX）

如此，运用"细水长流"和"老点新包"的策略，才能不断吸引、维系上级领导的注意力。

总之，在领导观摩过程中，上级领导和下级围绕重点任务、重点项目展开注意力竞争。县党委政府通过领导观摩来表达和传递注意力，运用定期观摩、考核、督查和问责等方式给下级施加压力，将下级的注意力凝聚到其重点任务上，并利用相对绩效评价在下级之间制造竞争氛围，强化领导注意力的持续性。乡镇则围绕县党委政府尤其是县委主要领导的施政思路来经营亮点项目，吸引和竞争县领导的注意力。乡镇积极参与锦标赛的活动，维系县领导的注意力。

自上而下的注意力表达与自下而上的注意力反馈、自上而下的注意力激励与自下而上的注意力竞争、自上而下的注意力强化与自下而上的注意力维系，构成了县域领导注意力分配中上下级互动的三种机制（见图 9-1）。上下级之间的注意力竞争形成循环，不断再生产出新的政绩景观，在县乡之间构造出政绩共同体。

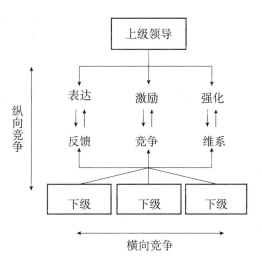

图 9-1　领导注意力竞争模型图

领导注意力的内卷与失衡

领导观摩对于调动基层干部积极性、整合条块资源、推动县域政府重点工作任务落实具有重要意义。当然，领导观摩也容易诱发一系列不良的治理效应，导致治理资源耗散。

（一）上级控制权的强化效应

如前所述，领导观摩内容体现了上级领导的注意力分配导向。县领导给乡镇布置作业任务，由乡镇去完成。上级要求完成的都是"规定动作"。这类"命题作文"容易诱导下级做出投机、短期行为。县领导关注什么，乡镇就重点做什么。如此，乡镇较为缺乏自主性。如果乡镇经营的项目不符合县委主要领导的施政思路和意图，那么就难以在观摩竞赛中获胜。为了吸引领导注意力，乡镇往往投其所好，围绕着县委主要领导的思路来经营项目。但是，县领导关注的重心，可能与乡镇的实际不符。而乡镇为了迎合县领导，不得不牺牲自主空间，来打造各种项目亮点。

（二）治理资源的耗散效应

各个乡镇为了在领导观摩中获胜，争相大量打造亮点。有的亮点项目投入巨大，但是领导观摩一次之后，就不再纳入后续观摩范围。频繁造点、更换项目，会带来资源的浪费。尤其是一些原本就难以发挥实际功能的、比较虚的亮点项目，如果领导要求观摩，那乡镇就必须投入资源进行打造。

比如，S县新型社区建设中的新时代文明实践站建成之后，发挥的作用微乎其微，几乎成为摆设，但是每次领导都要求参观。乡镇为了打造文明实践站，在装修、购买设备等方面投入巨资。县领导观摩较为注重外表是否华丽、气派。最后，各个乡镇将注意力放在了比拼文明实践站建设的豪华、精美程度上。至于文明实践站是否真的发挥效用，领导难以衡量，也不是其关注的重心。如此，乡镇被迫"虚事实做"，浪费了大量资源。

领导观摩催生了一些形式主义行为。据了解，为了应付领导观摩，S县L镇正规划新建三个村庄（社区）文明实践站和镇文明实践所。每个文明实践站的建设、装修投入一二百万元，镇文明实践所的投入则更高。跟软件建设相比，外部硬件建设更具有可测量性，更能吸引领导的注意力、凸显政绩，因此，乡镇更愿意投入资源进行外部硬件建设。

此外，在一体化的行政体制中，多个层级的政府捆绑在一起，形成政绩共同体，大家一荣俱荣、一损俱损。这种捆绑效应迫使各个层级政府都将注意力聚焦到上级关注的问题上，共同投入资源打造亮点项目。

而且，领导注意力分配的"间断"效应①也给下级项目建设带来了不利影响。受环境条件变化等因素的影响，领导注意力可能会发生转移。之前领导观摩过的项目，此后不一定还重视，这会影响下级投入资源建设的积极性。"观摩的项目推进得不一定长久，热度一过，就没人过问了……领导一走，就不搞了，这就是浪费资源。L镇的B村，政府投入1个亿，建设美丽宜居村庄，把环境收拾得很漂亮。老百姓宜居了，但是产业没有发展起来。"（访谈笔记，202100717YDX）

---

① 陶鹏，初春. 府际结构下领导注意力的议题分配与优先：基于公开批示的分析. 公共行政评论，2020（1）：63.

政治周期的变化会影响领导的注意力分配。前任领导关注的项目，新任领导不一定感兴趣，由此导致项目建设难以持续。下级在前期项目建设中投入的大量资源可能打水漂。

因此，有些基层干部对待观摩的态度呈现两面性。一方面，项目能够成为领导观摩点，表明自身工作受到领导的重视，在上级领导面前"露脸"，有利于获得更多资源。在打造项目亮点的过程中，上级必须投入大量资源，在客观上可以为本乡镇、本村节约资源。另一方面，参与观摩需要付出大量时间、精力、财力等，并需要承担风险。如果参与观摩的项目点得到领导赏识，那么皆大欢喜；一旦项目点未能成功吸引领导的注意力，也可能要承担被上级责怪甚至问责的风险。但无论如何，下级都必须主动或被动地卷入由上级设置的"观摩游戏"中。

(三) 乡镇注意力的失焦效应

上级授权任务的数量会直接影响下级（乡镇）的注意力分配。在单任务条件下，下级只需将注意力分配在上级授权的单项任务中，注意力聚焦程度高。在多任务条件下，下级（乡镇）必须同时面对上级授权的多项任务，容易导致下级注意力失焦。

笔者在田野观察中发现，在领导观摩中，上级领导（委托方）观摩内容数量的增加会引起下级（代理方）注意力分配的变化。以前领导观摩以经济发展类项目为主，观摩内容比较单一，领导注意力分配的确定性有利于将下级的注意力聚焦起来。但近年来，上级安排的重点任务增多，形成多中心工作模式①，县域领导观摩内容也随之增多，过多的观摩内容耗散了下级的注意力，导致注意力失焦。领导观摩原本是为了引导、聚焦下级的注意力，但是过多的观摩内容却适得其反。

可见，领导注意力的确定性高低会影响下级注意力的聚焦程度，二者具有函数关系。领导观摩内容单一，意味着领导注意力的确定性高，这将有助于下级聚焦注意力；领导观摩内容繁杂，说明领导注意力存在高度不确定性，会导致下级注意力失焦。

（四）组织目标的替代效应

领导观摩的原初目的是推动工作落实、服务基层群众，最后却可能演变成下级迎合、讨好上级的攀比平台。为了凸显政绩，迎合上级领导，乡镇干部必须揣摩上级领导的意图，向上级展现短期政绩。一些下级为了投领导所好，不惜代价造点，导致观摩的异化。

基层打造的亮点项目，往往可能并不是符合群众真实需求

---

① 仇叶.行政权集中化配置与基层治理转型困境：以县域"多中心工作"模式为分析基础.政治学研究，2021（1）：78.

的项目，项目造点与群众实际需求脱节。乡镇政府投入了大量资源进行造点，以应付县领导观摩，但是能满足群众真正需求的公共服务供给则可能被忽视。

此外，领导注意力分配不均，带来资源分配的失衡。领导只挑好的项目观摩，只看"先进"，不看"后进"。基层打造了大量"锦上添花"的政绩项目，主要注意力资源被分配到"先进""亮点"上，形成注意力内卷的局面。而"后进"在注意力竞争中始终处于下风，成为领导注意力的"盲区"。"（上级）对少数村想办法，对多数村不想办法。Y村每年被观摩，大大小小的几十次，有的是县领导、市领导来，有的是条线领导来，有的是外县市领导来。都是搞的锦上添花的工作，你先进，我要让你更先进，没有雪中送炭，不可能说你落后了，我还来推你。上级肯定推好的，不可能推差的。有的落后的村，就破罐子破摔，他也做（事），但是不可能观摩，镇里也知道，那个村不能去，去了丢人。"（访谈笔记，20210717YDX）

总之，领导观摩强化了上级的控制权，但会诱发下级的短期行为，带来治理资源耗散，导致下级注意力失焦。这意味着领导观摩发生了目标替代①，领导注意力分配失灵。

①　米歇尔斯. 寡头统治铁律：现代民主制度中的政党社会学. 任军锋，等译. 天津：天津人民出版社，2004：322.

小结

地方领导注意力分配对贯彻落实上级意图、完成重点任务具有重要意义。尤其是县域政府的职权和功能完备，是国家治理体系的关键环节和重要枢纽。县域领导的注意力分配状况直接影响到国家大政方针在基层的落实。领导观摩是县域领导通过注意力分配与竞争来对下级展开"倾向性动员"①、推动工作落实的一种机制。

本文以县域领导观摩的案例经验为基础，分析了县域领导注意力分配的逻辑与机制。领导观摩体现了领导权威，是领导表达、传递注意力的载体，也是领导竞争下级注意力的重要途径，会对下级形成强激励。在这个意义上，领导注意力分配也是一种激励机制。

本文还分析了领导注意力分配中的上下级（委托方与代理方）双向互动关系，揭示了领导注意力分配的三种互动机制，即"表达/反馈"机制、"激励/竞争"机制和"强化/维系"机制。上级通过正式权威、仪式权威和量化奖惩等方式为下级提

---

① 倾向性动员，指政治组织通过一系列的价值、信仰和仪式等手段，系统、协调地运作，引导和支配他人的注意力，进而达到议题筛选的目的。参见向玉琼. 注意力竞争的生成与反思：论政策议程中的注意力生产. 行政论坛，2021（1）：74.

供强激励，并刺激多个下级为了吸引上级的注意力而展开竞争，形成横向竞争的"政治锦标赛"模式。

领导注意力分配中的上下级双向互动关系有着稳固的组织基础。这个组织基础就是党委政府组织内部的权威分配结构。领导观摩以领导权威为支撑，将领导注意力嵌入下级的工作日程中，对下级形成压力和激励，推动重点任务落实。下级之所以积极配合观摩，竞争上级领导的注意力，是因为上级领导掌握着人事任免权。上级为下级提供了根据重点任务的完成业绩来选拔干部的可信承诺。下级（代理方）围绕上级释放的信号展开竞争。由此形成上下级之间以及多个下级之间的注意力竞争关系。

本文只进行了初步研究，还有更多重要问题有待进一步研究。比如，除了本文分析的制度化领导观摩之外，还有一些突发的、随机的领导观摩类型。这些不同类型的领导观摩在运行逻辑、激励机制方面的差异值得进一步调查研究。此外，领导注意力的表达和凝聚过程，还有待深入细致的观察。本文以县域领导观摩议程设置的田野观察为基础，初步分析了县域领导注意力的表达和凝聚过程。但受限于田野观察条件，领导确定观摩议程的微观过程这一"黑匣子"尚未得到充分揭示。比如县域领导凝聚共识的过程、不同领导之间围绕观摩议题产生的竞争等，都需要进一步的田野观察来呈现。总之，在中国，政府行为异常复杂，未来有待通过更加多样、更为深入的实证研究来深化对这一问题的理解，并构建更具解释力的理论。

十 县域治理中的监督悖论

监督悖论

我们在某地调研时发现，由于县乡政府本身缺乏维持运转和提供公共服务的常规资金，而各种项目资金又要求专款专用，因此县乡政府不得不整合甚至挪用项目资金。这种行为违背项目资金的使用规定。绝大多数干部并没有将项目资金据为己有，而是用于公共目的。该行为的产生确实有体制原因。如果监督部门放任不管，可能导致项目资金被挪用的现象更为严重，但若真要追究起来，县乡干部也有冤屈，可能会挫伤干部干事创业的积极性。放任不管不行，监督过严也不可行，便形成了所谓监督悖论。

基层体制生产的违规行为：监督悖论的根源

基层干部违规行为的产生，有其体制根源。

一是财政体制的问题。在县域，不少单位都是差额财政拨款单位。上级只为这些单位提供一部分预算资金，不足部分需要单位自筹。比如，在年终奖发放上，上级只为乡镇、部门提供发放年终奖的权力（机会），但是干部年终奖励的资金要由乡镇、部门自筹。如果乡镇、部门无法筹集到资金，即使获准发放年终奖，实际上也无钱可发。在 M 镇，近年来全镇干部仅年终奖的数额就是 200 万元。这 200 万元年终奖需要乡镇自筹。若乡镇领导未能筹集到资金，年终奖无法发放，将会遭到全镇干部的埋怨。乡镇领导的权威受损，干部们的工作积极性也被挫伤。据了解，在不发展、不修路的情况下，M 镇仅干部工资福利、基本公共服务支出缺口就高达 400 万元。如果要修路、要发展，则缺口更大。因此，乡镇主要领导面临着巨大的资金筹集压力。M 镇镇长说："我跟书记两个人，一睁眼，就想怎么找钱。"（访谈笔记，20210323HZZ）

不过，让人疑惑的是，尽管各乡镇、部门多多少少都存在资金缺口，有的缺口还非常大，乡镇领导也经常抱怨不好筹钱，筹钱的压力很大，但最后似乎所有的缺口都补上了。问题的关键就在于，乡镇、部门是如何填补这些资金缺口的？

二是项目体制的问题。项目制是一种理性化的制度设计。它追求治理目标的合理化，通过严密的流程、制度来实现资金投放目标。贫困县具有整合涉农项目资金的权限，但是整合的权限、边界不明确，这导致允许整合的项目资金被整合，不宜整合的项目资金也被整合。此外，有些项目的设计确实与基层社会实际不符，如果严格按照上级的项目规划标准，则项目无法落地实施。县乡政府不得不变更项目计划，将项目资金用于其他地方，这实质上构成了挪用项目资金的行为。

在常规财政资金不足的情况下，乡镇要自主发展，自寻出路，自己想办法筹钱。如果乡镇不设法筹钱，就无法满足基本需求（包括发放年终奖），更谈不上发展、出政绩了。但是，无论是出于晋升还是其他因素，乡镇领导普遍有打造政绩的动力。要出政绩，要发展，就缺资金。在不允许借债的条件下，乡镇要解决资金问题，要么"吃项目"，要么自己想办法筹集资金。

为维持乡镇运转，乡镇必须确保资金链不断裂，让资金流动起来。对于乡镇而言，"现金流不能断了，断了就不能运转，要（让资金）流动起来。每一项如果冻在这里，就什么事都搞不成"（访谈笔记，20210323HZZ）。为确保资金链不断裂，乡镇一般采取以下策略。

一是向上级争取工作经费。比如乡镇领导跟县领导沟通、协调，让县里给乡镇提供一些工作经费。尤其是年底，乡镇急需资金，此时是乡镇向县领导、县直部门争取工作经费的"旺季"。

二是向上级争取项目资金。一方面，不少项目资金当中设置有工作经费，可供乡镇使用；另一方面，乡镇还可以整合、挪用那些风险不大的项目资金。

三是拆东墙补西墙。比如在紧急情况下，将原本用到某项工作的资金挪用到其他方面，以解燃眉之急。

乡镇必须确保资金链不断裂，要保证其财政盘子中有资金存在。如此，乡镇才能够维持运转。但在运转的过程中，又可能产生新的资金需求，从而扩大资金缺口。乡镇就必须继续设法筹钱。乡镇一级如此，村一级如此，县一级也是如此。在县域，几乎各个层级、各个部门都有资金缺口，都要筹钱。为了筹钱，就难免产生违规行为。这些违规行为普遍存在，被上级默许。在县域基层，这些行为具有一定的合法性。基层政府和干部有时会突破财政管理制度的约束。当然，基层干部也必须把握底线，诸如救灾、扶贫、低保、五保的资金是红线，基层干部一般不敢触碰。

总之，一方面，上级期待乡镇干部做事情、出政绩。乡镇干部要出政绩，就要发展，要发展就必须要拥有超出上级转移支付的额外资金。另一方面，上级转移支付的资金只能满足乡镇保运转的需求，而项目资金又规定了明确用途。因此，乡镇干部必须想方设法筹钱谋发展，包括将各种政策用足、打政策的擦边球，甚至违规挪用项目资金。而且，项目资金跟基层社会实际不符的情况确实存在。当挪用项目资金成为大家的一种默契时，它便成为一种潜规则。违规行为的存在，为日后问责埋下了风险。

除了财政项目领域外，在其他领域，也存在由基层体制塑造的"无奈"。概括起来，在基层，"体制的无奈"主要表现在两方面。

一是基层体制本身运转不畅产生的问题。比如，基层干部整合、挪用项目资金，一定程度上就是由于财政体制本身未能理顺所致。又如，各部门之间权责分配不明，导致责任无法落实，工作无法开展，工程进展缓慢，最后纪检部门对有关干部进行问责。这类问题并非基层干部主观因素所致，而与基层体制本身运转不畅密切相关。

二是不可抗力产生的问题。比如，一些农业项目因为自然灾害、市场波动而失败，上级要对基层干部问责。问责的原因是项目资金投入"不精准"。按照项目设计要求，项目投入资金要产生效益，未产生效益就是项目失败，就要问责分配项目资金的干部。

弹性问责：违规行为的有限监督

财政项目资金都规定了特定用途。只要基层政府整合、挪用，那么审计部门应该不难发现违规行为。尤其是随着财政制度规范化的增强，这些违规行为较容易被发现。对于这些违规行为，上级的基本态度是，审计但不追究。如果审计部门不进行财务审计，就是渎职、失职。审计之后是否处理，则是上级党委政府和纪检监察等部门的职责。

上级纪检监察部门也面临两难抉择：如果全部介入调查处理，那么打击面太大，且不合情理；如果放任不管，那么违规行为可能愈演愈烈，并损及法律制度的权威。所以，上级纪检监察部门一般采取弹性问责的策略，会调查处理部分违规行为，但并不覆盖所有的违规行为。上级一般把握四条底线：一是违规行为的性质不是太严重，没有产生太大的影响，上级没有明令要求调查处理；二是违规整合、挪用的资金被用于公共目的，基层干部没有将资金据为己有；三是违规行为没有触碰红线，没有整合、挪用明令禁止整合的专项资金；四是不告不理，即只要没有人举报，一般不会进行调查。

因此，上级进行审计时，即使发现了这些违规行为，也可能因为法不责众而不得不作罢。上级也很清楚，这些违规行为很大程度上是基层体制导致的，是基层干部在既定的制度环境下形成的一种默契。这些灰色地带的存在也为基层干部提供了灵活操作的空间，使基层政府在常规财政资金紧缺的情况下也能继续运转、发展，进而出政绩。如果纪检监察部门对这些违规行为一律查处，基层干部既缺乏常规财政资金，又无法从其他渠道获得资金支持，那么很可能催生消极怠工行为。在这些违规行为已成默契的情况下，对基层干部追责也容易让他们"寒了心"，进一步强化他们"不干没错，干得多错得多"的认知。

最终，纪检监察部门只能对这些违规行为采取有限监督的策略。上级明令要求查处、性质严重的违规行为，纪检监察部门必须介入调查，并对有关责任人问责。有的即使被查处问责，上级也可能"高高举起，轻轻放下"。其他一般的违规行为，上级则采取默认的态度。这样，基层就突破了双重约束：一是突破了财政制度约束，二是突破了纪律、法律约束。

当然，基层干部的心态也是矛盾的：如果不突破约束，就无法发展、难以出政绩，甚至无法正常运转；如果突破约束，又容易埋下隐患。二者难以两全。尽管上级对这些违规行为没有全面严厉追究，但基层干部仍然普遍表示出担忧。纪检监督的强化、问责的泛化，增加了基层干部的不安全感。基层干部担心这些违规行为会成为日后的隐患。一旦未来发生变故，曾经的违规行为就成了把柄。毕竟，违规是铁的事实。只要被揭发，涉事的基层干部就难辞其咎。

走出监督悖论

在违规行为成为一种默契的情况下，如果监督过严，易造成打击面太宽，挫伤基层干部的积极性；如果放任不管，则违规行为加剧，并损及法律制度的权威，监督悖论由此形成。要走出监督悖论，在加强监督、强化法律制度权威的同时，根本出路在于进一步理顺基层体制。

　　国家近年来不断加大对基层干部的监督力度。通过各种制度建设、技术手段强化对基层干部的监控。但是，在基层体制未能理顺、乡镇必须寻求制度外财力来源的情况下，基层的各种违规行为就不可避免。由于乡镇同时面临着发展和财政的双重压力，它们不得不设法甚至违规去寻求各种资源。在乡镇基本需求无法被满足的情况下，越限制、监督，就越倒逼乡镇去寻求额外的资源。上级强化对基层干部的问责，可能因为法不责众而不了了之，有损法律制度的权威，还会使基层干部人人自危，不敢干事创业，进而导致基层干部避责行为的蔓延。

　　监督的初衷是促进基层政府行为合规。当前，自上而下的监督体系不断完善，但是基层的制度体系没有理顺，结构性地导致了一些不规范行为。对于这些不规范行为，基层政府已经形成了一套共识（潜规则）。在监督强化的环境下，不规范行为的风险日益增加。由此造成的局面是：一方面，基层体制不断催生不规范行为；另一方面，对基层干部不规范行为的监督问责在不断强化。上级如果将重心放在问责基层干部上，可能会掩盖基层体制/制度体系本身的问题。

　　因此，基层治理现代化转型应该以合理化的制度体系建设为基础，采取疏堵结合的方式，既要监督问责，又要理顺基层体制机制，使基层干部真正拥有干事创业的资源和空间，而监督又更加卓有成效。未来国家的重点应该放在怎样进一步改进财政转移支付制度、项目资金配置和使用制度等方面，使财政资源分配更为合理，为基层提供更为充裕的常规财政资金。

最后，需要说明的是，笔者无意为基层干部的违规行为辩护。实际上，基层干部的某些违规行为确实包含主观因素，需要受到严厉监管和惩处。本文主要分析的是由于基层体制未能理顺而导致的违规行为，阐明这一违规行为形成的具体机制，并指出解决这一问题的重点方向所在。

十一 县域条块关系的辩证法

现象及问题

2021 年 3 月中旬至 4 月初，笔者在中部某省 T 县调研时，发现当地县、乡、村三级都高度重视"争资跑项"。一些县直部门跑项目的压力较大。跑项目成为这些县直部门的主要任务之一。县直部门一方面比较积极地向上级争取项目，另一方面也表现出对项目资金使用过程中存在问题的担忧。最主要的是一些专项资金被县党委政府整合使用，可能存在问责风险。县直部门对项目的态度可谓"既爱又恨"，而县党委政府则希望县直部门争取到更多的项目资金。这些项目资金经过整合之后，县级的财政资金"总盘子"就会变大，灵活支配财政资金的空间也会变大。为此，县里还专门出台了针对各部门"三争"（争项目、争资金、争政策）的考核奖励政策，以调动部门"争资跑项"的积极性。县直部门和县党委政府在"争资跑项"上的不同态度和行为，引发了笔者对县域治理中的"条条"与"块块"关系问题的思考。

"条条"与"块块"是中国国家治理体制中的一对基本关系，它直接影响着治理体制的绩效。根据功能定位，"条条"部门的主要职责是做好业务工作，支持配合"块块"的决策，并发挥对"块块"的监督规范功能。作为"块块"的党委政府主要是统筹辖区内经济社会发展决策、整合"条条"资源、完成上级安排的各项工作任务。"条条"与"块块"的角色分工使二者既有合作又有矛盾。

"块块"的逻辑

T县是省级贫困县，于 2020 年脱贫摘帽。县域经济发展较为落后，财政较为困难。在可支配资金不足的情况下，县域政府如何集聚资源推动经济社会发展呢？在中央向中西部地区财政转移支付（包括一般转移支付和专项转移支付）力度不断加大的背景下，向上级争取项目资金成为县域政府的重要工作。获得上级项目资金之后，县域政府可以对涉农资金进行整合，并重新优化配置。

县域政府作为"块块"，是推动县域经济社会发展的主引擎。县域政府的目标，是要集中力量干大事，要整合、盘活资源，让资金、资源流动起来，重新生产出财政权。项目资金主要是通过"条条"部门下达的，县域政府要整合项目资金，实际上就是要整合"条条"的资源，就需要调动"条条"争资跑项的积极性。县域政府调动"条条""争资跑项"的主要举措有以下几种。

一是为"条条"提供物质和精神奖励以调动其积极性。"块块"可以使"条条"有地位、有荣誉和面子，使"条条"具有更强的"争资跑项"动力。比如，T县将"三争"工作业绩纳入各"条条"的年终考核。在"三争"中，"争政策"这一指标较虚，只有"争项目"和"争资金"尤其是"争资金"最实。"条条""三争"的工作业绩可以通过资金数量这一指标较为直观地呈现出来。县党委政府对各个"条条"年度"三争"工作完成情况进行排名，分为优秀、合格、不合格三个等级。对取得优秀等次的，给予资金奖励。2020 年，T县农业农村局向上级申请到 1.3 亿元项目资金，在全县各部门排名第一。县里给予该局 30 万元奖励，奖金可用作局里的工作经费。除此之外，农业农村局的领导作为"三争"工作典型在全县表彰大会上发言。如果"条条"争取项目工作不力，不仅无法获得县里奖励，还要作为负面典型做表态发言。"块块"通过激励先进、鞭策后进，形成争先恐后"三争"的局面。

二是通过差额财政拨款制度调动"条条"的积极性。在 T县，不少县级"条条"部门都是差额财政拨款单位，比如住建局、交通局、财政局、农业农村局等。县域政府只给"条条"部门提供一部分财政拨款，不足部分要"条条"自己想办法。

差额财政拨款制度的意义在于：一方面，强化"条条"对"块块"的依附，县领导掌握着财政支配权，在如何分配"条条"工作经费上拥有较大的自由裁量权；另一方面，县域政府通过财政资源分配激发"条条"向上级争取项目资金、干事创业的积极性。"条条"要"争资跑项"、要做事，才能获得县里提供的工作经费支持。"条条"争取的项目资金越多，就越有底气和空间向县里争取工作经费。同时，"块块"从紧分配财政资金，也有利于节约资金，缓解"块块"的财政压力。

"块块"通过项目资金整合将项目资金的"死钱"（即"硬钱"，指规定了用途的专项资金）转化为"活钱"。整合后的项目资金既可投入到"块块"规划的重点工作之中，又可为"条条"提供工作经费。"块块"整合"条条"的资源、权力，将"条条"分散的目标整合到"块块"的整体目标之中，实现县域一体化发展。

"条条"的逻辑

"条条"掌握项目资源。专项资金都是通过"条条"部门下拨的。"条条"申请项目资金的动力来自以下几个方面。

一是"条条"需要政绩。"条条"要干事，要体现工作能力，在县领导面前要有地位，有面子，有筹码。项目资金多，

"条条"才能吸引县领导的注意，才更有地位。"条条"的政绩需求倒逼其努力参与"争资跑项"。

二是"条条"可获得工作经费。"条条"依赖"块块"提供工作经费，"条条"普遍面临资金缺口问题。比如 T 县住建局和发改局近年来每年的资金缺口在 300 万元左右，农业农村局和财政局近年资金缺口在 1 000 万元以上。"条条"向县里打报告，依靠县里调剂、调配资金。尤其年底时，是"条条"向"块块"申请资金的"旺季"。"条条"对"块块"的经济依附，进一步强化了其在工作中对"块块"的服从。此外，不少项目都设有一定比例的工作经费，"条条"可以从项目资金里支出一部分工作经费。"条条"争取的项目资金越多，其可获得的工作经费也会相应增多。对工作经费的需求诱使"条条"努力"争资跑项"。

三是"条条"需要"块块"的支持。虽然"条条"肩负着对"块块"的监督职能，但实际上"条条"在许多方面都离不开"块块"的支持、配合。甚至可以说，"条条"依附于"块块"。其一，"块块"为"条条"的干部提供晋升机会。"块块"掌握着干部人事任免权力。如果"条条"不支持"块块"的工作，其负责人在干部晋升中将处于不利地位。其二，"条条"在申报项目过程中需要依靠"块块"的力量。第一，争取项目资金时，"条条"需要"块块"出面支持。比如县委书记、县长等主要领导向上级去争取项目，成功的机会将更大。一些大项目只有县里党政一把手跟上级沟通，协调到位，才能争取下来。没有县领导尤其是县党政主要领导出面支持，"条条"申请项目会很困难。第二，"块块"为"条条"申请项目搭建平台。"块块"可以整合各部门资源，形成"争资跑项"的合力，做好"争资跑项"的基础工作，提高项目申请成功的概率。比如县域政府可以打造产业基地，凸显地方优势、特色，形成产业规模，这样更有利于申请项目。如果没有"块块"的整体规划、协调调度，很难形成优势，也就难以申请到项目。其三，"条条"开展工作需要"块块"的支持。"条条"在实施项目、开展工作过程中，一些重要的指标、任务都要借助党委政府的人力和权力资源来完成。

当然，"条条"并非对所有项目都来者不拒，其在申请、分配和实施项目时也面临着较大的压力。

一是上级部门的规范压力。首先，项目申报审批更为规范。近年来，项目申报竞争较以前更为公平。"条条"需要精心、充分准备申报材料。T县农业农村局副局长廖某说："以前没这么复杂，关系打通后，酒一喝，搞一个报告出来，钱就给你了。现在公平竞争，要严格一些，要有调研报告。"（访谈笔记，20210326LXW）其次，项目实施过程监管更为严格。近年来，为杜绝挪用、套取项目资金等违规行为，国家强化了对项目资金的监管力度。项目资金刚性增强。在专项资金使用方面，上级要进行监管，要跟踪问效，开展绩效评估。上级还要求地方配套项目资金，使项目能够按时落地。此外，县党委政府有统筹整合项目资金、突破项目制度约束的强烈冲动和欲望。如果上级部门对项目资金进行审计、检查时发现资金流向存在问题，"条条"将面临被追责的风险。随着项目资金监管强化，"条条"面临的问责风险加大。如果项目实施过程中出现问题，那么"条条"部门要担责。T 县农业农村局副局长廖某说："现在不是争项目有压力，而是反过来了，是项目带来压力。以前自主权大一些，可以根据项目建设运营，可以调整改动。现在如果在实施过程中改动项目，要向上面打报告，审批了才行，程序麻烦。"（访谈笔记，20210326LXW）项目约束硬化之后，"条条"灵活操作的空间缩小，必须把握项目资金使用的底线。诸如救灾、扶贫专项资金等都被划定了"红线"，不得整合、挪用。

二是项目资金配套的压力。在申报项目时，上级常常要求地方政府提供资金配套。如果地方政府不支持，资金配套无法到位，那么项目就难以完成。一旦项目无法落地、完成，"条条"将面临上级部门追责的风险。

三是项目资金分配的压力。在项目资金分配上，"条条"面临来自"块块"的压力，要为"块块"担责。有的县领导给"条条"部门打招呼，要求将一些项目资金分配给"关系户"。但是这些"关系户"并不一定符合项目申报条件。如果项目资金分配出现问题，导致项目未能完成，"条条"同样面临上级追责的风险。如果部门顶着不办，就会得罪县领导。有的部门领导说："部门就是县长、书记、分管副县长的办事员。"（访谈笔记，20210326LXW）

四是分管领导甩锅的压力。随着项目监管力度的加大，分管的县领导采取避责策略，将风险转嫁到部门。有些项目调整，需要分管领导签字，但是分管领导担心出问题，不给部门签字，由部门自己上报到上级主管部门。如果后面项目被查出问题，分管领导可以避责。

因此，"条条"对项目是"既爱又恨"，既希望能够多申请项目资金，以体现政绩，获得工作经费，又由于面临多方面的压力，在项目申请、使用项目资金过程中持谨慎态度。

县域条块关系的辩证法

在县域资源流动过程中，"条条"与"块块"被捆绑在一起，分割型条块结构变成捆绑型条块结构，"条条"与"块块"形成了利益、风险和命运共同体。"条条"掌握的项目资源专项性强但协调性差，而作为"块块"的县级政府可以整合各种项目资金。在常规财政资金普遍缺乏的情况下，县级政府对县直部门进行动员，督促它们积极争取项目资金，并通过各种整合手段将县直部门的"死钱"变成"活钱"，产生出县级政府可支配的财政资源。"条条"与"块块"之间通过资源流动得以联结。

"条条"与"块块"相互依赖、相互合作。"条条"不积极申请项目资金，"块块"难以盘活；"块块"缺资金，"条条"也难以甚至无法开展工作。二者都有积极争取项目资金的动力，塑造出"积极政府"的形象。"条条"与"块块"结成"命运共同体"，二者在博弈中达至均衡的局面。"条条"对"块块"具有一定的制衡作用，当然，总体而言，"块块"在博弈中占据上风。"条条"对"块块"的监督、规范功能比较有限，"块块"可以突破"条条"的束缚。一些不宜整合的项目资金被"块块"整合，导致专项治理能力弱化，"条条"面临着较大的问责风险。

"条条"的底线是不违法，但它难以阻挡"块块"的一些违规甚至违法行为。如果"块块"实在不配合"条条"，"条条"的负责人可以通过申请调离、辞职等方式规避风险。在自上而下监督日益强化的情况下，"条条"的负责人为求自保，倾向于申请调离高风险的"条条"部门。在笔者调研的 Y 县 H 镇，镇国土所副所长曾经在另一个乡镇担任国土所所长，当年由于该镇主要领导在土地使用上存在严重违规行为，且拒绝采纳他的意见，两人产生了分歧。于是国土所所长申请调离该镇，宁愿放弃所长职务去其他镇担任副所长。据访谈对象所述，他的情况在 Y 县并非孤例。该县自 2019 年以来共有 3 名乡镇国土所所长因为担心问责风险而申请调离所在乡镇。

　　作为"块块"的县域党委政府需要统一规划，进行目标整合，形成"一盘棋"，推动县域发展一体化。县域党委政府如果没有统筹整合项目资金的权力，那么"条条"项目资金分散，不利于党委政府集中资源办大事。但是，如果赋予县域党委政府统筹整合权，这种权力又有可能被县域政府领导的个人意志、官僚体制运行机制歪曲。县党委政府可能会投入大量的资源打造亮点、出政绩，导致项目资源被浪费。此外，在这种资源流动结构中，县级政府往往从上级政策和目标中寻找整合的合法性，体现出一种唯上的逻辑。

十二　县域末端治理：
政策执行的最后一公里

末端现象及问题

2021 年 3 月，笔者带队在 T 县环保局调研时，该局执法大队长熊某讲到，环保局做的是末端工作，环保问题产生的源头在企业、农户等生产者，但这些生产者应该由住建局、经信局、国土局、地方党委政府等主体来监管。上游的部门和环节没有处理妥当，最后出现环保问题，要由环保局来兜底、灭火，向环保局问责。环保局成了"冤大头"。上游部门遗留的问题越多，环保局"灭火"的压力就越大。熊某的"诉苦"让我们意识到，环保局并不像我们想象的那么"强势"。

近年来，国家对环保问题高度重视。环保工作成为地方党委政府的中心工作，党委政府对环保工作的人力物力投入非常大。环保系统也成为垂管单位，环保局的权力、地位大大提高。按常理，环保局应该是一个实权部门。但在熊某的叙述中，环保局却是一个居于基层治理链条末端、专门负责"灭火"的弱势部门。

后在 T 县农业农村局调研时，该局副局长李某也介绍说，自从"以钱养事"改革之后，乡镇"七站八所"成为民办非企业单位，被推向了市场。"七站八所"改制后成为各种服务中心，比如农机服务中心、农技服务中心、文化服务中心等。服务中心的工作人员不再享受事业编制，政府向服务中心购买服务。但实际上这些服务中心都已名存实亡。农业农村局在乡镇缺失了"腿"，各种工作的安排、落实不再像改革之前那么顺利。换言之，"以钱养事"改革之后，农业农村局在乡镇丧失了"末端结构"，各种政策任务在乡村社会落地面临较大困难。

上述两个访谈案例都表明了末端部门、末端治理在县域基层治理中的重要性。事实上，在县域治理中，除了环保局承担着末端治理的任务外，其他一些部门（比如信访局等）也发挥着类似的末端治理功能。信访局的职能是处理信访问题，但信访问题并不是在信访局产生的，而是产生于基层一线，在村庄、在各单位产生，只是这些问题以信访的形式表现出来之后汇聚到了信访局而已。信访局也承担着类似于"灭火"的职责。居于前端的部门产生的信访问题越多，信访局的压力就越大。如果出现恶性信访事件，除了要问责信访当事人所在单位、乡镇党委政府外，还可能要追责信访局领导。信访局自身并不具有解决信访人反映问题的职权，而只能发挥协调、督办的功能。至于协调、督办的效果如何，则要看党委政府领导的重视程度和各涉事"条条"部门的配合力度。

上述现象启发我们，在县域治理体系中，有一些部门处于治理链条末端的位置，承担着"灭火"职责。尽管环保、信访等部门本身并不弱势，但末端的处境使它们承受着更大的责任压力，在某种程度上成为"兜底部门"。那么，县域末端治理是如何形成的？它对于县域治理有何意义？为何县域末端治理会陷入困境？本文将主要以县域环保治理为例，对上述问题展开分析。

笔者认为，末端治理并不仅仅是在尾端、基层应对一些问题，而且是涉及多个主体、多种关系的治理形态和机制。确切来说，笔者将基于条块关系的视角来分析县域末端治理。田野调查发现，末端治理的困境与条块矛盾密切相关。所谓"条条"，是指从中央延续到基层的各层级政府中职能相似或业务内容相同的职能部门。所谓"块块"，是指各个层级的地方政府，包括省、市、县、乡四个层级。条块关系是指"条条"和"块块"在政府实际运作过程中形成的相互作用、相互影响的状态。条块体制是指以层级制和职能制相结合为基础，按上下对口和"合并同类项"原则建立起来的从中央到地方各个层级的政府大体上"同构"的政府组织和管理模式①。

所谓末端，就是治理链条或治理层级的尾端。它包括两方

---

① 此处的政府是指大政府，即国家机构的总体与执政党之和，包括立法、行政、司法、军队和中国共产党的组织系统在内的有组织的权力系统。以上概念界定参见周振超. 当代中国政府"条块关系"研究. 天津：天津人民出版社，2009：2.

面内涵：一是末端结构，即治理链条或层级尾端的构成，包括
人员、组织、制度。末端结构在基层治理中非常重要，因为它
关乎治理任务能否落地、治理效能能否实现的问题。形象地
说，末端结构不仅是基层治理"最后一公里"的问题，而且关
系到基层"最后一厘米"是否能打通。二是末端治理，是某个
部门所承担的治理任务处于问题产生的最下游。这个部门相当
于"垃圾回收站"，负责回收、处理从上游各个部门生产、遗
漏的"垃圾"。

条块结构中的县域末端治理

科层体系包含着众多部门。不同部门承担着差异化的职能
和任务，在科层体系中处于不同的地位。韦伯曾指出，科层制
存在着职务等级的和审级的原则，即有一个上下级安排固定有
序的体系①。与科层制以权力为基础形成的等级体系不同，末
端治理是依据不同部门在治理事务中的分工和次序而形成的。
换言之，治理事务的阶序决定了科层部门在行政链条中的位
置。在县域条块体制中，各个部门（"条条"）分工不同，在县
域治理体系中的位置也不同。有些部门居于治理事务阶序的前

---

① 韦伯. 经济与社会：下卷. 林荣远，译. 北京：商务印书馆，
1997：279.

端，有的居于中间，有的则居于末端。在治理链条中的不同位置，极大地影响着各部门的角色和行为。比如，从治理事务的阶序来看，环保治理事务居于治理链条的末端。环保局就是一个末端部门，其所从事的环保工作属于末端工作。环保治理事务极为充分地体现了县域末端治理的特征。

（一）县域末端治理事务的基本属性

在县域治理中，某些治理事务居于治理链条的末端，使其具有了末端属性。某些部门需要应对的治理事务，往往是在其他治理环节产生的。比如，环保局之所以成为末端治理部门，不是因为该部门权力地位低下，而是和环保治理事务的末端属性有很大关系。环保治理事务主要包括水、大气、生态环境的监测、督查和执法工作等。如同基层产生了矛盾、纠纷、冲突才会有信访问题一样，只有当水、大气、生态环境出现问题，比如带来环境污染时，才能产生环保问题。而之所以出现环境污染，就与企业生产过程、居民生产生活等相关。解决环保问题的主要着力点，应该是监管企业和居民的生产生活过程。而这一任务绝非环保局一个部门所能承担的，它还涉及住建局、工信局、国土局、城管局和乡镇党委政府等众多主体。在环境治理事务的链条中，环保局居于末端的位置。它只能负责环境指标的监测、环保工作的监察、环保执法等。前端的工作需要由其他部门承担。只有当环境指标出现异常、环境污染成为显性问题时，环保局才会走到前台。

（二）县域末端治理事务生产过程的隐蔽性

县域末端治理事务具有可见性，但其生产过程则具有隐蔽性。在县域治理链条中，居于前端、中端的部门工作不力，产生了治理问题，最终在末端才得以显现。环境污染问题就是在一系列相对隐蔽的生产环节中产生的。比如，房地产企业施工时，是否采取了必要的防尘措施，这需要住建局进行监管。洒水车是否及时上街洒水、治理扬尘，又涉及城管局是否履职到位的问题。所有这些生产、监管过程，对于环保局而言，都是隐性的。环保局不会也无力去跟踪、督查所有的生产和监管过程。一旦上游治理过程失序，必然会在末端产生一些不利后果，形成环境污染的负外部性。而治理这些负外部性的责任被转移到了环保局这里。位于前端的住建局、城管局等部门若无须承担环境治理的责任，就缺乏足够的动力去加强环境督查工作，甚至可能暗中默许或放任企业、居民的环境污染行为。当越来越多的环境污染问题涌现时，环保局的责任和压力就会加大。T县环保局执法大队长熊某说："前面没疏通，后面要我们去堵，整体失控，我们去灭火就灭不赢。"（访谈笔记，20210325XH）可见，末端治理事务的形成，跟居于县域治理链条前端和中端的部门的监管效果密切相关。居于治理链条末端的部门承受着前端和中端监管不力产生的负外部性。尤其在条块结构中，部门利益是分化的，不同部门可能为了自身利益而甩锅给其他部门。如此，居于末端的部门将处于更为不利的境地。

（三）县域末端治理机构的中转站角色

在县域治理中，环保局、信访局等部门承担着末端治理的责任。这些部门主要扮演着中转站的角色。它们自身并不直接处理事务，而是将受理的各类投诉、案件等转办到相关责任单位。例如，环保局主要负责监测、监察和执法等工作。环保问题形成的末端结果具有显性特征。环保局可以通过各种指标来监测是否出现了环境污染问题，比如 PM2.5 是否达标、是否有雾霾、水质是否被污染等。一旦出现环保问题，环保局可以发布预警，进行跟踪督查、转办、交办。若已经产生环境污染，那么环保局只能进行治理、处罚，堵住环保漏洞，将环境污染的负外部性消化掉。但环保问题督查和治理的效果，取决于党委政府的支持力度和其他部门的协同配合程度。如果缺乏其他行政主体的支持，那么环保问题将难以解决。比如，当居民投诉某地出现环保问题时，环保局只能将居民投诉进行转办、交办，至于能否解决，则需要相关责任部门、乡镇党委政府出面。如果相关责任部门、乡镇党委政府未能及时解决，那么居民可能会认为责任在环保局。因此，环保局充当着环保事务的协调者、中转站角色。环保局并非环境问题的直接责任主体，不具有单独、直接处理环保案件的权限。除了环保局外，信访局也扮演着类似的角色。信访局自身并不具有直接处理信访事项的权力，而只负责将各类信访案件依据责任归属转交到相关责任单位，由责任单位予以处理。信访局充当了信访案件的中转站角色。

总结而言，在县域条块结构中，不同部门居于不同位置，承担着不同的治理事务。居于末端的部门，承担了末端治理的责任。末端治理事务的形成过程具有隐蔽性，承担末端治理责任的部门无法全程跟踪末端治理事务的生产过程。末端治理事务产生之后，其治理成效也并非末端部门所能左右的，而取决于其他前端和中端行政主体的支持、配合程度。条块体制下，部门利益的分化加剧了县域末端治理的困境。扮演"中转站""回收站"角色的环保局、信访局等只能更多地倚赖党委政府尤其是主要领导的支持来推动工作。

条块关系与县域末端治理困境的成因

末端治理关乎县域治理绩效。末端治理要取得较好效果，需要依靠"条条"与"条条"、"条条"与"块块"之间的密切配合。末端治理出现的问题，则与条块体制中的张力、矛盾和冲突相关。在中国条块体制中，条块分割是常态。每个"条条"部门都倾向于保护自身利益，实现自身利益最大化。因此，条块分割很容易导致"条条"各自为政的局面，进而造成政策执行梗阻。正如有研究者所指出的，条块分割容易带来条块矛盾，进而导致资源分散，影响县域政府推进工作落地的力度①。在统一的集中体制下，不同"条条"、不同"块块"和"条条"与"块块"之间，实际上存在着目标、利益的分殊，形成所谓"碎片化的权威"状况。条块之间的张力和矛盾，影响着县域末端治理的效果。

（一）"条条"与"条条"之间的矛盾影响着末端治理成效

在条块体制中，"条条"之间相对"闭合"，这表现为：一是"条条"之间各自为政，彼此缺少应有的配合与协调；二是"条条"之间相互冲突。各职能部门之间对同一事项的看法不一致，在工作中缺乏协调与合作②。职能部门的缺点是相互分割，甚至相互竞争，它们在完成各自职能时不可避免地缺少合力③。"条条"相互分割的状态，势必会影响县域末端治理的成效。

仍以环保工作为例，环境治理事务涉及多个"条条"部

---

① 田先红. 条块体制下县域政府的动员机制：以 A 县阶段性重点工作为例. 求索，2019（6）：103.

② 周振超. 当代中国政府"条块关系"研究. 天津：天津人民出版社，2009：93.

③ 杨华. "认真应付政治任务"：从县域条块机制探讨基层形式主义产生的根源. 东方学刊，2020（1）：2.

门。环保问题治理需要疏堵结合，形成合力，才能取得更好的
效果。实际情况却是，"条条"之间的张力和矛盾影响着环境
治理的效果。

一是"条条"之间的合力难以形成。不同的"条条"在环
境治理中扮演不同的角色，发挥不同的作用。住建局、城管局
等居于治理链条上游的部门应该发挥疏通的功能。这些部门应
该加大对企业、居民生产生活过程的监管，尽量减少污染物的
产生。环保局作为末端治理部门，在环保问题治理中主要发挥
监测、预警、交办、执法和协调的功能。但环保问题的治理，
还需要其他"条条"部门的支持与配合。尽管环保部门的地位
较以往有了提高，工作经费更为充足，办公环境得到改善，但
它跟其他"条条"部门是属于同一级别的，因此并不能直接指
挥、协调其他部门。尤其是一些强势部门，更不会受环保局支
配。居于治理链条前端的部门甚至还会甩锅给末端的环保局，
由环保局承担前端治理不力产生的负外部性。

二是"条条"之间责任边界模糊。在条块体制下，不同
"条条"分工不同，承担着不同的职责。当某项工作需要各个
"条条"协同配合时，由于具体工作责任分配存在模糊地带，无
法划分清楚，从而导致各个"条条"互相推诿。在环保治理实
践中，就经常出现环保部门与其他"条条"部门之间权力责任
关系难以厘清的情况。比如，在 T 县，农村污水处理管网、厂
房建设的工作原本应由县住建局承担，但住建局不愿意承担这

一工作，因为农村污水末端处理工作由环保局承担，住建局负担了建设成本，却不能获得农村污水处理工作的绩效。县里原计划将这一工作协调交付到农业农村局，但农业农村局也不愿意接手。最终，只能由县环保局争取上级项目资金来完成农村污水处理管网和厂房建设工作。再如，在秸秆禁烧工作上，不同"条条"部门也存在分歧。农业农村局主张允许农民焚烧秸秆，提高对秸秆的综合利用，提升土壤肥力。且当地为山区，地块分散，农民焚烧秸秆并不像平原地带那样容易产生大气污染。但环保局认为焚烧秸秆容易污染大气，因此坚决不同意农民焚烧秸秆。两个部门围绕秸秆焚烧这一问题产生分歧。由于权力责任关系难以厘清，各"条条"部门之间互相推诿、扯皮并不鲜见。若居于治理链条前端、中端的"条条"部门拒不履行责任，那么最终后果往往只能由居于末端的"条条"部门承担。

（二）"条条"与"块块"之间的矛盾影响末端治理效果

"条条"承担着监督"块块"的职能，但"条条"常常存在管理权威不足的问题，使自身的能力受到诸多限制，没有足够的能力保障政策的实施，导致中央政府在宏观调控时力不从心、鞭长莫及[1]。有些职能部门需要其他部门的配合才能更好

---

① 周振超. 当代中国政府"条块关系"研究. 天津：天津人民出版社，2009：85.

地完成工作任务，但它们又无法调动其他部门的资源①。此时，"条条"的工作往往离不开地方党委政府的支持与配合。

以环保治理事务为例，环保部门开展工作，需要地方党委政府的支持。按照规定，地方党委政府承担环保工作的主责，环保工作是地方党委政府的中心工作之一。然而，地方党委政府面临着多重目标考核压力。对于地方党委政府而言，发展是硬道理，经济发展是其优先目标，是最重要的中心工作，其他工作只要不出问题、不被追责即可。在某种程度上，环保工作与经济发展存在竞争关系。经济发展可能需要以牺牲环境为代价。在经济发展压力下，地方党委政府可能选择牺牲环境。所以，地方党委政府在环保工作上可能面临动力不足的问题。在某些条件下，地方党委政府可能要求环保部门放缓监管，为经济发展让路。虽然地方党委政府面临上级的环保考核压力，但是目标考核操作空间较大，不一定能真正发挥效力。如果缺乏地方党委政府的强力支持，那么环保局的工作开展将面临较大难度。

概言之，县域末端治理的成效，与条块之间的关系密切相关。若"条条"与"条条"之间、"条条"与"块块"之间关系融洽，相互合作，协同治理，那么县域末端治理将能取得较好成效。反之，末端治理容易陷入困境。因此，条块关系的整

---

① 杨华."认真应付政治任务"：从县域条块机制探讨基层形式主义产生的根源.东方学刊，2020（1）：2.

合，对于改进县域末端治理具有重要意义。

走出末端治理困境：县域条块关系整合

要走出末端治理困境，就要加强条块关系整合。条块关系整合主要有三条路径：一是纵向的层级间（"块块"）整合，实质上就是上级对下级的管理；二是"条条"与"块块"之间的整合，包括"块块"对"条条"资源的整合以及"条条"对"块块"权力的借用；三是"条条"之间的整合，主要是不同部门之间的协同配合。对于县域末端治理而言，条块关系整合主要涉及后两条路径。

（一）强化末端治理机构的权力和地位

末端治理机构的地位影响着末端治理成效。要充分发挥末端治理机构的监督职能，势必要增强其地位和话语权，使它在与"块块"的博弈中占据上风，或者至少摆脱"块块"的束缚和压制。因此，对于某些重要的"条条"部门实行垂直管理，显然更有利于实现中央的宏观调控意图，提升末端治理成效。

近十多年来，随着环境问题的日益突出，国家对环保问题日益重视，之前"以块为主"的环保管理体制弊端日益显现。加强环保部门的垂直管理、重构环境治理领域的条块关系格局势在必行。2016 年，中共中央办公厅、国务院办公厅颁发

《关于省以下环保机构监测监察执法垂直管理制度改革试点工作的指导意见》，提出加快解决"以块为主"的地方环保管理体制存在的突出问题，推动实施地方环保部门的垂直管理。国家试图通过环保部门垂直管理来提高环保部门的地位，强化其环境监督职能。环保部门的垂直管理取得了一定成效，但从 T 县环保局反馈的情况来看，环保局的垂直管理改革也存在一些问题。

一是"条条"获得的资源支持减少。首先，人力资源支持不足。调研时发现，T 县环保局人员十分紧缺。实行垂直管理后，环保局的人事编制由上级环保部门控制。上级环保部门为县环保局确定的编制数额过少，县环保局又缺乏自主招聘人员的权力。实行垂直管理后，县党委政府也不再负责为环保局招聘工作人员。县环保局的人员编制数量远远无法满足环保局功能扩张的需求。T 县环保局总共有 43 人（含环保执法大队），局机关基本上一个科室 1~3 人。"加班是常态，一个人不叫调度，调度什么？调度的是你的休息时间。只能见缝插针、精打细算去开展工作。"（访谈笔记，20210325LSX）其次，工作经费支持不足。实行垂直管理后，上级为县环保局拨付的资金非常有限，不能满足工作需求。环保局工作人员的工资待遇也没有得到改善。此外，实行垂直管理后，环保局不再是县党委政府的"亲生儿子"，县党委政府在财政资金拨付上不会优先考虑环保局。正如 T 县环保局副局长卢某所说："（县）政府整合各部门资金，但是政府要考虑全盘，（考虑）自己的'亲生儿子'。"（访谈笔记，20210325LSX）在缺乏经费的情况下，环保局的工作开展面临困境，工作人员的积极性也受到影响。

因此，实行垂直管理后的环保局处于"两不管"的尴尬境地。一方面，上级环保部门难以充分满足县环保局的人员、经费需求；另一方面，县级政府又因为环保局不是自己的"亲生儿子"而不愿意为其提供各种资源。在"两不管"状态下，县环保局难以获得充足的资源来开展工作。

二是县域条块关系进一步复杂化。已有研究揭示出垂直管理的"条条"与"块块"之间的复杂关系。比如，有研究者指出，由于一些"条条"的党群关系仍属地方政府管理，即使是全部关系都归上级主管的"条条"，其衣食住行等后勤保障、社会治安等也全部要靠地方政府解决，这使地方政府可以对它们进行各种形式的控制。例如，垂直"条条"负责人的任命或提升往往要征求地方政府的建议或参考意见；只有依靠地方政府的配合，才能顺利开展业务和工作；如果垂直管理的部门"得罪"了地方政府，地方政府可以动用停水、断电等手段对它们进行警告或惩罚①。

---

①　周振超．当代中国政府"条块关系"研究．天津：天津人民出版社，2009：86.

实行垂直管理后，县环保局与县党委政府的关系更难以理顺。县环保局不仅难以发挥对县党委政府的监督作用，而且从县党委政府获得的工作支持减少。缺少县党委政府的支持，县环保局开展工作步履维艰。虽然县环保局的人财物都不再归县党委政府管理，但是环保局工作人员上班和生活都仍在县域范围内，不可能不受制于县党委政府。因此，环保局垂直管理在强化其独立性的同时，也使县域条块关系更为复杂。环保局难以真正拥有自主性。

可见，国家推行地方环保部门垂直管理，实际上是要重新构建环境治理领域的条块关系，改进环境末端治理的效果。地方环保部门实行垂直管理，有利于增强环保部门的独立性，强化环境监察执法权力，改进县域末端治理成效，但仍然面临着如何进一步理顺条块关系的问题。

（二）强化"块块"对"条条"的整合功能

县域末端治理困境主要是由"条条"之间缺乏协调配合、未能形成治理合力所致。因此，要走出末端治理困境，不仅要提高环保局、信访局等末端治理机构的地位，而且要强化"条条"之间的整合。加强"条条"之间的整合，主要依托于"块块"（党委政府）的权力。

同一层级的"条条"权力、地位大体相当（少数强势部门除外），因此，仅靠"条条"自身难以实现有效整合。在实践中，地方党委政府一般通过成立领导小组、指挥部等临时机构的方式来实现对"条条"的整合。地方党委政府的主要领导担任领导小组组长或指挥部指挥长（政委）。各个"条条"部门的负责人成为领导小组或指挥部的成员。领导小组或指挥部的办公室一般设在牵头该项工作的"条条"部门，由其负责领导小组或指挥部的日常协调工作。牵头的"条条"部门只能以领导小组的名义出面协调其他部门（比如开会、筹集资金等），其实质上是代表地方党委政府行使权力。

以环保工作为例，环保部门难以直接去协调同级的其他部门，需要依靠地方党委政府进行协调。这意味着，条块关系的整合须依托于由地方党委政府牵头的环保工作领导小组。尤其是一些涉及面广、任务量大的环保治理事务，更是离不开地方党委政府的支持。

领导小组在我国国家治理的各领域广泛存在。作为一种促进条块合作的非常设机构，它有助于充分整合公共管理资源，实现综合治理[1]。领导小组有助于重塑条块关系，使"条条"与"块块"由分割走向协同。它通过政治压力传导、职责结构调整与协作风险控制等机制促进地方政府条块关系的优化[2]。

---

[1]　童宁.地方政府非常设机构成因探析.中国行政管理，2007（3）：31.

[2]　罗湖平，郑鹏.从分割到协同：领导小组重塑条块关系的实践机制.中国行政管理，2021（12）：121.

依托地方党委政府的权威，环保工作领导小组可以协调相关部门处理环保问题，从而解决条块分割体制下的权威碎片化问题。但是领导小组更侧重于运动式治理，在攻坚克难方面有其优势。而大量的环保工作属于日常事务，地方政府不可能将日常事务都纳入领导小组议事日程，否则政府部门将不堪重负。

小结

总之，县域末端治理的成效，既依赖于环保局等末端部门履行治理责任，又需要前端治理（过程治理）的支持与配合。前端与末端相互协同、疏堵结合，才能形成末端治理的合力。末端治理不仅是环保局等末端部门的责任，而且是居于前端的党委政府、行业部门的共同责任。末端治理问题的产生，跟前端治理的失序密切相关。减少末端治理问题的发生，应该将主要工作放在前端治理环节上，强化前端部门的工作责任，防止前端部门履职不力而向末端部门甩锅。例如，环保局的主要职责是对环境问题进行监测、预警、督办。一旦出现环境问题，只要环保局履行了监管职责，就不应该让环保局来承担主要责任。否则，就容易从环保问责变成问责环保，形成环保责任泛化的局面。

此外，县域末端治理的困境，在很大程度上与条块分割的体制相关。在条块体制下，某些部门权力地位的提升，并不能解决部门协调和条块分割的难题，而需要依托党委政府出面统筹。末端治理的困境，也展现出科层治理体系及其运行机制的复杂性。如何进一步理顺条块关系，加强条块整合，使体制优势进一步转化为治理效能，仍然任重道远。

十三 乡村振兴:
县域政府的自主性何以可能

党的十九大提出实施乡村振兴战略,其基本要求是"产业兴旺、生态宜居、乡风文明、治理有效、生活富裕"。"乡村振兴是一盘大棋,要把这盘大棋走好。"[①] 走好乡村振兴这盘大棋,不仅要有中央对全局的谋划,要有高瞻远瞩的顶层设计,而且要充分发挥广大乡村基层干部和农民的自主性,使自上而下的乡村振兴政策和规划能够顺利落地。当前,乡村振兴取得了良好的成效,但一些地方在乡村振兴过程中也出现了问题,典型的如上级政策"一刀切"、不顾地方基层实际、规划设计千篇一律等,使乡村振兴实践变形走样。上级党委政府和"条条"部门干预过多,导致县域政府在乡村振兴中的自主性不足,难以根据县域社会实际来开展工作。如何赋予县域政府充分的自主性,事关乡村振兴战略目标的实现。本文聚焦乡村振

---

① 习近平. 习近平谈治国理政:第 3 卷. 北京:外文出版社,2020:242.

兴中的县域自主性问题，围绕何谓县域自主性、为何乡村振兴
需要县域自主性、亟待解决哪些问题、如何增强县域自主性以
助推乡村振兴等方面展开。

何谓县域自主性？

　　所谓自主性，是指行动主体依据自身利益诉求而采取行动
的能力。县域自主性是指县域政府为了实现特定治理目标而拥
有的行动空间及所采取的相应行为。具体而言，县域自主性主
要包括四个层面的内容。

　　一是县域政府制定决策的自主权，即县域政府在多大程度
上能够避免来自上级或者其他利益主体的干预，根据其自身目
标来制定决策。决策自主权应该是县域政府自主性的核心内
容。在我国，县域政府是职能最全、机构最完备的一级基层政
府。"县一级是决策层级和执行层级的结合处。"① 决策自主权
的大小直接反映了县域自主性程度的高低。

　　二是县域政府在执行上级政策过程中的自主转化权，这方
面的自主性涉及县域政府将上级政策与本地实际相结合的能
力。"政策执行中最基本的要求（原则）是如何将原则性与灵

---

① 刘岳．作为方法的县．文化纵横，2019（5）：71.

活性相统一的问题，也就是如何创造性执行政策的问题。"①
县域政府居于国家高层级地方政府与乡村基层社会的接合部，
是国家政策输入乡村社会的中转站。县域政府的政策中转功能
的充分发挥，有利于创造性地执行自上而下的国家政策。县域
政府将国家政策进行转化，使其与县域社会实际相结合的空
间、能力的大小，直接关乎国家政策的落地成效。因此，政策
转化权也是县域自主性的重要方面。

三是县域政府在资源调度、整合中的自主性，即县域政府
能在多大程度上根据自身需求来调度和整合资源。在谋求自身
利益、实现治理目标过程中，县域政府必须有相应的资源作为
支撑。国家资源尤其是各种财政专项资金自上而下进入乡村社
会时，需要在县级进行再分配，以更好地契合县域社会实际和
县域政府的发展目标规划。县域政府在国家资源再分配中自主
性的大小，在很大程度上影响着资源使用的效率。

四是县域政府的能动性，即县域政府在县域治理中所呈现
出来的主动性、创造性。已有的关于地方/基层自主性的研究
大都忽略了地方/基层的能动性。实际上，能动性是县域政府
自主性的重要标志。一个缺乏能动性的政府，很难说是具有高
度自主性的政府。县域政府能动性的大小，极大地影响着地方

---

① 陈振明.政策科学：公共政策分析导论.2版.北京：中国人民
大学出版社，2003：269.

治理的活力和效率。

　　上述县域政府的自主决策权、政策转化权、资源整合权和能动性等四个要素构成了县域自主性的基本内容。

为何乡村振兴需要县域自主性？

　　本节主要解释乡村振兴与县域自主性之间的关联，回答乡村振兴为何需要县域自主性的问题。乡村振兴在本质上是县域的全面振兴[①]。"县域居于工业与农业、城市与乡村、国家与社会的关键节点，具备有效推进乡村振兴的载体功能和支点作用。"[②] 2018 年中央一号文件《中共中央 国务院关于实施乡村振兴战略的意见》强调"乡村振兴，摆脱贫困是前提"，要"强化县级党委作为全县脱贫攻坚总指挥部的关键作用，脱贫攻坚期内贫困县县级党政正职要保持稳定"。《乡村振兴战略规划（2018—2022 年）》（简称《规划》）也指出："县委书记要当好乡村振兴'一线总指挥'，下大力气抓好'三农'工作。"国家赋予了县域政府实施乡村振兴的重要责任。在县域范围内实现乡村振兴，也必须赋予县域政府充分的自主权力。

---

　　① 　杨华 . 论以县域为基本单元的乡村振兴 . 重庆社会科学，2019 （6）：18.

　　② 　黄振华 . 县域、县城与乡村振兴 . 理论与改革，2022（4）：156.

（一）从乡村振兴的基本单元来看，需要县域自主性

乡村振兴战略包括两个关键词：一是乡村；二是振兴。乡村不是一个简单从事农业生产活动的地域概念。"乡村是一个携带着中华民族五千年文明基因，且集生活与生产、社会与文化、历史与政治多元要素为一体的人类文明体。"① "振兴"意味着不是停留于村庄道路等基础设施建设层面，而是从政治、经济、治理等多个方面合力推进，使乡村作为一个有机整体得到全面提升和发展。因此，乡村振兴应该以县域为基本单元②。以县域为基本单元实施乡村振兴战略，要求县域政府具有相应的自主性。

《规划》强调，要"强化县域空间规划和各类专项规划引导约束作用，科学安排县域乡村布局、资源利用、设施配置和村庄整治，推动村庄规划管理全覆盖。综合考虑村庄演变规律、集聚特点和现状分布，结合农民生产生活半径，合理确定县域村庄布局和规模，避免随意撤并村庄搞大社区、违背农民意愿大拆大建"，"在符合土地利用总体规划前提下，允许县级政府通过村土地利用规划调整优化村庄用地布局，有效利用农

---

① 张孝德，丁立江. 面向新时代乡村振兴战略的六个新思维. 行政管理改革，2018（7）：41.
② 杨华. 论以县域为基本单元的乡村振兴. 重庆社会科学，2019（6）：18.

村零星分散的存量建设用地"。国家将乡村振兴的空间规划和专项规划都定位在县域范围内，意味着县域必须承担乡村振兴规划的责任。这就要求县域政府具有在辖区内统筹规划乡村振兴布局的权力、能力和资源。

（二）从乡村振兴的主体来看，需要县域自主性

乡村振兴需要县域政府、农民、企业和社会组织等多元主体参与，其中最重要的主体之一就是县域政府。这不仅因为县域政府作为县域范围内的重要公共权威，具有代表国家行使权力的正式合法性，而且因为县域政府可以更好地利用自身地位和资源优势来组织、调动其他主体参与乡村振兴。《规划》提出，要"以县为单位，逐村摸排分析，对村党组织书记集中调整优化，全面实行县级备案管理"。也就是说，县域政府需要负责县域范围内的村党组织书记的调整优化工作。村党组织是党在农村工作的基层战斗堡垒。村党组织书记队伍的素质和水平，直接关系到乡村振兴的进展和成效。国家将村党组织书记队伍的调整、优化、管理责任交予县域政府，充分体现出县域政府在乡村振兴战略中的重要主体地位。

此外，《规划》还要求"推动全面从严治党向纵深发展、向基层延伸，严格落实各级党委尤其是县级党委主体责任，进一步压实县乡纪委监督责任，将抓党建促脱贫攻坚、促乡村振兴情况作为每年市县乡党委书记抓基层党建述职评议考核的重

要内容，纳入巡视、巡察工作内容，作为领导班子综合评价和选拔任用领导干部的重要依据。坚持抓乡促村，整乡推进、整县提升，加强基本组织、基本队伍、基本制度、基本活动、基本保障建设，持续整顿软弱涣散村党组织"。《规划》指出了县级党委在乡村振兴中的主体责任，并要求将乡村振兴情况作为县乡党委书记年度考核的重要内容。这从两个方面对县域政府在乡村振兴中的角色和功能进行了界定：一是县域政府自身在乡村振兴中的主体功能，即县域政府在乡村振兴中需要亲自作哪些工作、作出什么样的贡献；二是县域政府对乡村振兴中其他基层治理主体的统合引领功能，即县域政府如何对其他基层治理主体进行统合，形成治理合力，共同推进乡村振兴。因此，《规划》强调县域政府要"抓乡促村，整乡推进、整县提升"。

此外，自 2019 年 8 月 19 日起施行的《中国共产党农村工作条例》提出，"县（市、区、旗）党委处于党的农村工作前沿阵地，应当结合本地区实际，制定具体管用的工作措施，建立健全职责清晰的责任体系，贯彻落实党中央以及上级党委关于农村工作的要求和决策部署。县委书记应当把主要精力放在农村工作上，深入基层调查研究，加强统筹谋划，狠抓工作落实"，"县级农村工作领导小组由县委书记任组长"。这些规定都明确了县域政府在乡村振兴中的重要治理主体地位。作为乡村振兴的重要治理主体，县域政府自然需要拥有较大的自主性。

（三）从乡村振兴的内容来看，需要县域自主性

乡村振兴的二十字方针是"产业兴旺、生态宜居、乡风文明、治理有效、生活富裕"。产业兴旺是乡村振兴的重点。《规划》要求"深化农业供给侧结构性改革，构建现代农业产业体系、生产体系、经营体系"，"全面实施产业准入负面清单制度，推动各地因地制宜制定禁止和限制发展产业目录，明确产业发展方向和开发强度，强化准入管理和底线约束"。这表明，乡村振兴不仅要促进粮食、农业生产，而且要实现一、二、三产业的深度融合发展。要实现这一目标，就需要以县域为基本单元，对一、二、三产业进行统筹规划、协同发展，包括招商引资、产业布局和农业现代化体系建设等①。同样地，也要求县域具有相应的产业自主规划、发展权力和能力。

治理有效是乡村振兴的基础。随着乡土社会规范的解体以及乡村两级治权的弱化，乡村社会中的大量治理问题都需要在县域范围内才能得到解决。这要求县域政府必须具有相应的治理资源调配权力和能力，制定相应的政策和制度，推进县域治理现代化。

---

① 杨华. 论以县域为基本单元的乡村振兴. 重庆社会科学，2019 (6)：18.

（四）从乡村振兴的资源配置来看，需要县域自主性

无论是以县域为乡村振兴的基本单元，还是对乡村振兴多元治理主体进行调整优化以及实现乡村振兴的多元目标，都需要县域掌握充足的治理资源。当前乡村振兴过程中，国家各种自上而下的资源源源不断输入农村。除了一般性财政转移支付外，大量资源下乡多以"条条"部门为主渠道输入基层。"条条"部门的专项资金如何在县域范围内进行统筹协调，提升资金使用效率，形成资源集聚规模效应，是乡村振兴战略实施过程中必须解决的问题。县域政府需要拥有对项目资源进行整合、调配的权力。《规划》也强调，要"明确县乡财政事权和支出责任划分，改进乡镇财政预算管理制度"。在县域范围内明晰财权事权和支出责任，需要县域政府进行统筹安排。

（五）从乡村振兴战略的落地来看，需要县域自主性

乡村振兴作为一项国家战略，必须进行顶层设计。国家对乡村振兴提出统一要求、进行统一部署。同时，由于各地经济社会发展不平衡，不同县份之间差异巨大，乡村振兴必须因地制宜、结合县域实际来展开。在贯彻落实上级下达的政策任务时，县域政府需要进行政策转化，执行过程需要跟县域经济社会发展实际相结合。如此，乡村振兴战略才能更好地落地生

根，而这同样要求县域政府具有相应的自主性。

概言之，乡村振兴的基本单元定位、治理主体整合、核心内容目标、资源配置整合以及政策落地生根，都要求县域政府具有充分的自主性。

乡村振兴与县域自主性：亟待解决哪些问题？

地方和基层政权必要的自主性是使国家政策契合地方社会实际，从而得以顺利执行的必要条件。政策执行过程中的变通、"上有政策、下有对策"、选择性执行等行为，是基层政权谋求自主性的重要表现。这些自主行为长期存在于县域基层治理中。即使是在 20 世纪 90 年代中央加强集权、实施分税制改革后，县域政府仍然具有较大的自主空间，只是其表现形式发生了变化。折晓叶认为，分税制改革后，县域政府呈现出以土地为核心的经营城市的行为模式，县域政府借助项目平台，通过土地等核心资源的垄断权，通过政治动员发挥主导力量，通过公司制承担经济发展主体的角色，其权力、意志、绩效三者空前地互为推动①。"县域政府通过征地权，几乎垄断了城市（镇）化的最为核心的资源，其独立性和自主性都大为扩展，

---

① 折晓叶．县域政府治理模式的新变化．中国社会科学，2014(1)：121.

成为属地城市（镇）化的主导力量。"①

　　但是，近年来，随着国家对县域行政规范化建设的推进，县域治理中过程管理的特征日益明显②。县域干部的自主性受到越来越多的制约。县域缺乏上级赋予的制度化自主性，只能通过非正式、非制度化的方式来扩张自主性，谋求自主利益空间。当扩张自主性的非正式方式也被压缩时，便采取消极怠工、形式主义等避责手段。在当前乡村振兴过程中，县域自主性的缺失主要表现在以下几个方面。

（一）县域政府的乡村振兴决策自主权弱化

　　乡村振兴应该多样化，契合不同县域的实际。《规划》也强调要以县域为单位来进行乡村规划。这要求县域政府应该具有乡村振兴规划决策的充分自主权。但是，"在中国官僚组织内部，公共政策遵循的是一种自上而下的集权决策逻辑。地方政府的重大决策事项往往要经过上级的批复，在获得上级的准许之后，决策程序才能进入实质性阶段"③。集中决策模式意味着权力往往被上级掌控，形成基层权责不匹配的状况。由于

---

　　① 折晓叶. 县域政府治理模式的新变化. 中国社会科学，2014（1）：132.

　　② 田先红. 从结果管理到过程管理：县域治理体系演变及其效应. 探索，2020（4）：26.

　　③ 田先红，罗兴佐. 官僚组织间关系与政策的象征性执行：以重大决策社会稳定风险评估制度为讨论中心. 江苏行政学院学报，2016（5）：74.

决策权掌握在上级党委政府和相关部门手中，县域政府的决策空间受到较大约束。21 世纪以来，我国行政体制中的垂直管理趋势强化，尽管期间某些部门（比如质监、工商部门）经历了垂直管理—属地管理的反复，但是中央加强对地方的监控、"条条"部门强化垂直管理的总趋势没有改变。尤其是一些上级领导和部门为了凸显自身政绩，追求政令统一，好大喜功，倾向于将下级的决策权上收，不给下级留自主回旋的余地。在项目资源下乡背景下，"条条"部门掌握了大量的专项资金审批权限，形成相对于县域基层属地政府的权力资源优势。"条条专政"使县域政府的自主决策空间被大大压缩。因此，县域政府在进行乡村振兴决策时常常面临多重掣肘。

比如，当前全国多地都在开展美丽乡村建设。有的上级政府部门对美丽乡村建设提出统一要求，千村一个样。县域政府必须按照上级政府部门的要求建设美丽乡村。乡村规划的决策力多掌握在省厅手中，而较少赋予县乡政府。这导致县域政府难以根据县域社会实际来就美丽乡村建设制定规划决策。千村一面的美丽乡村，并不切合乡村社会实际。

（二）县域政府的政策转化能力弱化

在中国行政体制中，政策转化是政策实施过程中的重要环节，一是由于中国地域发展的非均衡性，二是由于中国行政体制的多层级性。县域政府不仅是公共政策的决策主体，而且是承担上级政策转化功能的重要主体。中央和上级政府制定的政策往往是宏观的、整体的，要将这些政策落地，还需要县域政府根据县域社会实际制定比较细致的政策实施方案，从而将统一的、宏观的政策转化为在地化的政策。在政策转化过程中，还可能需要对上级的政策进行修正、调整。政策转化可以使政策实施过程具有灵活性。长期以来，正是县域政府的政策转化功能有效确保了国家政策的顺利执行和落地。

但是，县域政府如果对上级政策进行过度转化，则可能会使上级政策失去权威性，形成大量的土政策，消解上级的权威。为了增强上级的权威，确保政令统一，近年来上级强化了对县域基层政府的政策执行过程的监督力度。政策执行的规范化、程序化越来越被强调，各项政策指标考核越来越具有刚性，痕迹管理等监督手段被越来越普遍地使用。这些政策监控手段在确保乡村振兴政策顺利实施的同时，也使县域政府的政策转化能力被弱化。

（三）县域政府的资源整合能力弱化

乡村振兴需要国家自上而下输入大量的资源。国家必须关注这些资源使用的效果，避免发生资源被截流、挪用、贪污和浪费的现象。为此，上级强化了对乡村振兴资源使用过程、程序和目的的监督。比如，严格规定专款专用、使用时限等。这些制度要求有利于加强县域基层廉政建设，杜绝贪污腐败、截留挪用等行为。但是，过于专项化、严苛的资源管理制度也使县域政府的资源使用效果大打折扣，项目资源过剩和紧缺的情况并存。而且，这些专项资金往往掌握在条线政府部门手中，"条条"部门的资源使用意图、目标与县域政府的发展目标、定位可能存在张力甚至冲突。正如研究者所指出的，"条块分割容易带来条块矛盾，进而导致资源分散，使得县域政府难以集中精力和资源在短时期内完成阶段性重点工作"①。尽管县域政府在申请项目过程中可以采用"打包"等方式尽力拓展项目资源使用空间，但仍然受困于上级严苛的项目资金用途管制。县域政府难以依据其自身发展目标需求来对各种项目资金进行整合。在此情况下，县域政府根据辖区实际来优化资源配置、提升资源使用效率的目标将会受到制约，从而影响乡村振兴战略的实现。

（四）县域政府的能动性弱化

本文所谓县域政府的能动性，特指县域政府在治理过程中表现出来的主动性和创造性。县域政府的能动性包括县域政府自主创新能力、政策执行中的创造力，比如自主开展政策试点试验、自主制定治理制度等。县域政府的能动性是县域治理活

---

① 田先红．条块体制下县域政府的动员机制：以 A 县阶段性重点工作为例．求索，2019（6）：104.

力的表现，也是实现县域经济社会快速发展、提升县域有效治理水平的重要保障。乡村振兴战略的顺利实施，有赖于县域政府充分发挥能动性，增强自主创新创造能力，形成多样化的乡村振兴路径和模式。

然而，近年来，随着上级权力收紧，问责制度执行越来越严，考核任务越来越重，县域政府发挥能动性的空间越来越小。"在县一级，责权利不匹配，财权与事权不相称现象突出，条块分割严重，县级履职能力不足在大范围内成为常态。"①县域基层干部的懒政怠政、形式主义、办事留痕、"不出事"逻辑等消极避责现象愈发普遍。基层干部干事创业的主动性、创造性弱化②。一些基层干部一心只为了完成上级的政策任务。至于这些政策任务是否真正能够做到有效治理，是否真正回应和解决广大农民群众的诉求和问题，已经不再重要。县域基层干部的消极避责工作状态将影响到他们对乡村振兴的投入热情，掣肘乡村振兴的探索步伐。

如何增强县域自主性以助推乡村振兴？

县域自主性的弱化将给乡村振兴战略的实施带来阻碍。因

---

① 刘岳. 作为方法的县. 文化纵横，2019（5）：72.
② 杨华. 县乡中国：县域治理现代化. 北京：中国人民大学出版社，2022：254 - 255.

此，需要进一步增强县域自主性，助推乡村振兴。当前切实可行的途径包括以下几种。

（一）赋予县域政府更多的乡村振兴决策权

《规划》提出，乡村振兴的近期目标是乡村振兴的制度框架和政策体系初步健全，形成一批各具特色的乡村振兴模式和经验，乡村振兴取得阶段性成果等。在乡村振兴过程中，需要着重在以下几个方面给予县域政府充分的自主权。

一是赋予县域政府充分的规划决策权。要强化以县域政府为主体的乡村规划建设体系。《规划》明确要求"强化县域空间规划和各类专项规划引导约束作用，科学安排县域乡村布局、资源利用、设施配置和村庄整治，推动村庄规划管理全覆盖"。这为县域政府开展乡村规划、谋划乡村发展布局、分类推进乡村发展提供了政策依据。但在实践中，尚需要减少来自上级政府和"条条"部门的行政干预，真正赋予县域政府充分的规划决策权。

二是赋予县域政府充分的产业发展权。要建立以县域政府为主体的一、二、三产业融合发展体系。乡村振兴的产业兴旺目标必须在县域单元内实现。县域政府应该享有辖区内充分的一、二、三产业布局、发展规划权力，避免受上级干预。

三是赋予县域政府充分的城乡融合权。要健全以县域政府为主体的城乡融合发展体制机制。乡村振兴要求在县域单元内实现城乡深度融合发展。在城镇化建设、城乡户籍政策、城乡教育资源配置等方面，国家应该进一步赋权给县域政府。

（二）赋予县域政府更大的乡村振兴政策转化权

乡村振兴的各项政策要更好地落地，要求上级赋予县域政府更大的政策转化权。这要求降低上级政策的刚性要求，给予县域政府更大的政策弹性空间。

一是设置更加灵活的目标考核指标体系。政绩考核事关县域基层干部的工作积极性，也是引导县域基层干部行为的风向标。上级在设置乡村振兴政策目标时，应该更多地考虑县域的实际情况。在考核过程中要避免"一刀切"，并健全分类考核体系。在将不同县域进行分类的基础上，针对不同类型的县域实际情况设置不同的考核指标重点，实现差异化发展目标。

二是减少政策执行的过程监控。上级对县域政府乡村振兴工作情况的考核，应该以目标、结果实现情况为主要导向，避免对县域政府乡村振兴政策执行过程的过多干预。只要县域政府的行为没有违规违法，上级就无须介入县域乡村振兴政策的具体实施过程。

（三）增强县域政府的乡村振兴资源整合权

要实现乡村振兴，县域政府必须财权和事权相统一、相匹配。为此，需要扩大县域政府的财政自主权。

一是加大一般性财政转移支付力度。财政是国家治理的基础，是政府提供公共服务的基本前提。县域政府尤其是中西部地区的县域政府普遍面临财力紧缺的困局。大部分县域政府的财政自给率较低，需要依靠国家转移支付来弥补支出。当前，国家自上而下对县域政府的转移支付既包括一般性转移支付，又包括专项转移支付。专项转移支付有明确的规定用途，县域政府不得挪作他用。一般性转移支付主要是为了补充县域政府的基本财力，县域政府对其拥有一定的自主支配空间（当然，也有些一般转移支付明确了基本用途）。县域政府较差的财政自给能力，一定程度上限制了其制定乡村振兴规划、出台县域乡村振兴政策等工作的开展。而一般转移支付资金相当于为县域政府财政赋权，可以增强县域政府的统筹规划能力。因此，国家应该进一步加大一般性财政转移支付力度，让县域政府根据县域乡村振兴需求对这些转移支付资金进行重新分配。同时，也应该加强对财政转移支付资金使用的监管力度，杜绝贪污腐败、胡乱决策等行为。

二是增强县域政府对项目资金进行整合的权力。2017 年年底，国务院颁发《关于探索建立涉农资金统筹整合长效机制的意见》，要求充分发挥地方特别是县级涉农资金统筹整合的主体作用，强化地方人民政府特别是县级人民政府统筹使用涉农资金的责任，不断提高项目决策的自主性和灵活度。中央的顶层设计为各地探索涉农资金统筹整合提供了有力支撑。近年来，全国各地都在不断推进涉农资金统筹整合改革试点工作。但该项工作也面临上级干预过多、部门利益作梗、领导高位推动不足等困境，县域政府的统筹整合工作面临较大阻力。为真正落实资金统筹整合，需要进一步简政放权、促进部门协同，增强县域政府在体制、制度上整合涉农资金的权能。

（四）充分调动县域政府的能动性

一是赋予县域政府一定的模糊地带治理空间。所谓政策变通、打"擦边球"等行为方式表明，长期以来县域基层治理中都存在一些政策执行的模糊地带。这些模糊地带不一定合规合法，但也并没有明显违规违法。正是这些模糊地带为县域政府发挥主观能动性创造了空间，推动了其治理工作的创造性开展。应该继续赋予县域政府在法律、政策框架内的自由裁量权，为县域政府留有一定的模糊地带治理空间。

二是缓解县域政府的问责压力。高压问责虽有利于强化对县域政府的监督，规范县域政府的行政行为，但也可能导致县域政府瞻前顾后、裹足不前。因此，需要缓解来自上级的问责压力，避免动辄问责县域基层干部。在没有违法犯罪或犯错主观动机不明显的情况下，应该给予县域基层干部一定的保护，让他们感受到组织的关心，也为他们日后干出更大业绩提供激励。

三是健全容错纠错制度。应该鼓励县域政府大胆创新，开展政策试点试验，探索契合本地实际的乡村振兴模式、经验。在政策创新、试点试验过程中，因为实际情况在变化，县域政府决策难免发生失误、错误。对于决策程序完整、决策过程规范的决策行为，上级应该给予一定的宽容。如果县域政府只要出现决策失误，上级都进行追责，那么必将导致县域基层干部畏首畏尾，不敢创新，更难以放开手脚干事创业。

小结

总之，以县域为基本单元的乡村振兴，要求县域政府享有充分的自主性。而当前县域政府自主性弱化的倾向，却给乡村振兴带来了阻碍。在乡村振兴过程中，如何进一步调整、优化上级与县域政府之间的关系，赋予县域政府充分的自主性，事关县域治理绩效的改善和乡村振兴的成败。

县域治理状况宏观上会受到中央与地方关系的影响。中央与地方之间关系的调整，会影响到县域自主性的强弱。毛泽东曾经就我国中央与地方关系、调动地方积极性的问题作了精辟论述："应当在巩固中央统一领导的前提下，扩大一点地方的权力，给地方更多的独立性，让地方办更多的事情……我们的国家这样大，人口这样多，情况这样复杂，有中央和地方两个积极性，比只有一个积极性好得多。"① 他强调中央与地方关系的辩证统一性："我们要统一，也要特殊。为了建设一个强大的社会主义国家，必须有中央的强有力的统一领导，必须有全国的统一计划和统一纪律，破坏这种必要的统一，是不允许的。同时，又必须充分发挥地方的积极性，各地都要有适合当地情况的特殊。"② 同时，他还特别强调要反思苏联央地关系模式的局限性，强调中央不宜统得过死，要调动地方的积极性。"我们不能像苏联那样，把什么都集中到中央，把地方卡得死死的，一点机动权也没有。"③ "中央要注意发挥省市的积极性，省市也要注意发挥地、县、区、乡的积极性，都不能够框得太死。当然，也要告诉下面的同志哪些事必须统一，不能乱来。总之，可以和应当统一的，必须统一，不可以和不应当统一的，不能强求统一。正当的独立性，正当的权利，省、市、地、县、区、乡都应当有，都应当争。这种从全国整体利益出发的争权，不是从本位利益出发的争权，不能叫做地方主义，不能叫做闹独立性。"④

毛泽东的论述对于我们当下妥当处理中央与地方关系、增强县域政府的自主性，仍然具有重要的指导意义。习近平曾指

---

① 毛泽东文集：第 7 卷. 北京：人民出版社，1999：31.
② 同①32.
③ 同①.
④ 同①32 - 33.

出，在实施乡村振兴战略中，要正确处理顶层设计和基层探索的关系，"党中央已经明确了乡村振兴的顶层设计，各地要解决好落地问题，制定出符合自身实际的实施方案……要科学把握乡村的差异性，因村制宜"①。在乡村振兴过程中，上级应该赋予县域政府更多的自主决策权，强调目标、结果管理，减少对县域政府行政过程的干预，真正实现以县域为基本单元的乡村振兴。

当然，在发挥县域自主性的同时，也要注意协调处理好两种关系：一是县域自主实施乡村振兴战略与国家、省、市统筹布局之间有机衔接；二是县域政府的自主行政意志与农民的自主性之间有互动。就前者而言，乡村振兴是一盘大棋，要走好这盘大棋，必须有全局谋划、顶层设计。县域是国家治理的基本单元，也是乡村振兴的基本单元。乡村振兴需要发挥县域自主性。但从行政隶属关系上看，县域是市、省和国家的一部分，县域政府在自主开展乡村振兴时，需要协调好跟国家、省、市之间的关系。县域政府的乡村振兴决策必须符合中央的基本原则、大政方针。县域政府的乡村振兴规划布局应该服从国家、省、市的统筹规划，在国家、省、市的统筹规划下根据县域社会实际进行灵活安排。

------

① 习近平. 习近平谈治国理政：第 3 卷. 北京：外文出版社，2020：261.

就后者而言，要充分尊重广大农民意愿，调动广大农民积极性、主动性、创造性，把广大农民对美好生活的向往化为推动乡村振兴的动力，把维护广大农民根本利益、促进广大农民共同富裕作为出发点和落脚点。县域政府进行自主决策时，应该充分尊重和发挥农民的主体性，不能一味地为了追求政绩，打造各种不切实际的乡村振兴景观。当前尤其需要防止盲目引入资本下乡，以牺牲长远、公共利益为代价换取短期政绩。一些资本下乡表面上为农民提供了地租等经济收入，实质上不仅没有真正推动乡村发展，反而破坏了乡村社会环境、土地资源等，农民成为乡村振兴的被动参与者。在乡村振兴过程中，应该真正关照和回应农民的真实需求，完善水利、道路等基础设施建设，为广大农民提供生产、生活上的便利。

第三篇

：：

事权分配与落地

十四 "化缘"：基层干部如何应对
生存压力

"化缘"何以产生？

"财政便是国家的神经。"[1] 财政制度建设是现代国家构建的重要内容。构建现代国家，需要实现财政制度的理性化，包括财政收支使用的透明、公开以及预算制度的理性化和民主化等[2]。党的十八届三中全会提出深化财税体制改革，强调财政是国家治理的基础和重要支柱，科学的财税体制是优化资源配置、维护市场统一、促进社会公平、实现国家长治久安的制度保障。财政制度建设被赋予新时代实现国家治理体系与治理能

---

① 王绍光. 国家汲取能力的建设：中华人民共和国成立初期的经验. 中国社会科学，2002（1）：77.

② 刘守刚. 财政中国三千年. 上海：上海远东出版社，2020：487.

力现代化的重要内涵。

　　对于中国这样一个大国而言，如何发挥中央和地方两个积极性，优化政府间事权和财权划分，建立权责清晰、财力协调、区域均衡的中央和地方财政关系，形成稳定的各级政府事权、支出责任和财力相适应的制度，是国家长期面临的一个难题。发挥中央和地方两个积极性，国家需要解决地方和基层财政短缺的问题。财政短缺不仅是当下地方和基层政府面临的难题，而且是历史上许多统治者时常面临的困境。在历史上，统治者曾经推行"火耗归公"等一系列财政制度改革，但基层财政短缺问题始终未能得到妥善解决。新中国成立后，国家依托强大的政治动员体制从社会中汲取了大量资源，在短时期内推进了工业化、现代化建设。改革开放后，中央向地方进行经济、财政放权，曾经一度使地方财政资源大幅增加。但与此同时，中央也陷入汲取能力和宏观调控能力弱化的窘境。1994年实施的分税制改革，强化了中央财政集权，中央汲取能力大幅提升。中央财政在全国财政总量中所占的份额一度高达55.7%，目前这一份额维持在47%左右①。在财政资源总量一定的情况下，中央财政占比提高，意味着地方财政占比降低，这不可避免地会影响地方财政能力。尤其是税费改革之后，中

①　刘昆.我国的中央和地方财政关系.(2020-08-12).http://www.npc.gov.cn/npc/c30834/202008/08 bd6bb3168e4916a2da92ac68771386.shtml.

西部地区地方政府普遍陷入"保运转"的窘境。地方政府为了"保运转",争先恐后地开展所谓"跑部钱进"工作。"找钱""跑项目"成为地方政府尤其是中西部地区地方政府的重要工作。

2019 年 5 月,笔者在某中部省份 S 县 X 镇调研期间,当地社区干部经常提及的一个词就是"化缘"。他们所说的"化缘",就是向上级部门或者辖区企事业单位寻求资金支持。"化缘",是中国政府治理中常见的现象。"化缘"不仅存在于基层社区,而且广泛存在于诸多层级的政府治理中。尤其是在基层,依靠"化缘"维持运转或解决公共服务资金缺口的现象更为普遍。然而,学界对"化缘"现象的关注却严重不足。本文中的"化缘",指的是基层政权①为了解决资金困难问题,通过各种关系网络向上级部门或私人、企事业单位寻求资金支持。基层政权"化缘"的主要对象是上级政府及其部门,偶尔也会向私人、企业求助②。

"化缘"与"跑项目"既有联系又有区别。二者的联系表

---

① 严格说来,基层社区是居民自治组织,不属于一级政权,但是学界之前也有将村两委视为基层政权的先例。本文采用广义上的"基层政权"含义,它涵盖村两委和社区居民委员会组织。参见张静. 基层政权:乡村制度诸问题. 上海:上海人民出版社,2007.

② 虽然社区、行政村没有一级财政,但是社区的"化缘"行为是内生于我国财政体制的,社区、行政村的"化缘"行为跟我国财政体制之间关系非常紧密。而且,"化缘"行为不是仅存在于基层的,而是在地方各层级政府治理之中广泛存在。所以本文从财政体制角度讨论、解释基层"化缘"行为是可行的。

现为：（1）"化缘"与"跑项目"行为都是财政集权体制的产物，都需要下级和基层通过各种渠道去争取资金；（2）上级对于"化缘"和项目资金的分配具有较大的自由裁量权。人情和关系网络是影响"化缘"能否成功和项目资金分配的重要因素之一。二者的区别表现为：（1）"化缘"与项目资金的用途存在差异。项目资金强调专款专用，基层"跑项目"争取的资金必须用于特定的用途。"化缘"得来的资金，其用途一般可由基层政权自主定夺。"化缘"得来的资金属于"活钱"，因此基层政权在如何使用这些资金的决策方面，具有很大的灵活性。（2）"化缘"与"跑项目"的范围存在差异。"化缘"的范围比"跑项目"更广。基层"化缘"获得的资金，可能是专项资金，也可能是非专项资金。根据我国目前的预算制度，各级部门预算包括一般预算和项目预算。一般预算资金用于人员工资、日常办公等运转支出。项目预算主要根据部门需要开展的事务进行划拨。在这个意义上，基层从上级"化缘"得来的资金，都属于项目资金。但许多项目是"空壳项目"，只有项目的名义，而并无实质性的项目内容。上级虽然是以项目名义给下级分配资金的，但是并没有要求下级承担明确的任务。对于这类"空壳项目"资金，基层有较大的自主支配空间。此外，基层争取的专项资金，在完成上级规定的任务之后，结余部分可由基层自主支配。一些基层政府想方设法通过各种渠道"跑项目"，其目的也是获取项目节余资金。可见，"跑项目"也可成为基层"化缘"的一种方式，但"化缘"并不局限于"跑项目"。

（3）"化缘"与"跑项目"的对象不同。基层"跑项目"的对象主要是上级政府及其部门，而"化缘"的对象不仅包括上级，还包括个体、企事业单位等。换言之，"跑项目"所体现出的是上下级关系，而"化缘"则既体现上下级权威关系，又体现不同主体之间的互惠交换关系。

自 20 世纪 90 年代末始，中国政府就全面推行了公共预算制度改革，朝着建立"预算国家"的目标迈进①。在国家大力推动财政预算合理化改革的今天，为何地方和基层治理中仍然广泛存在"化缘""找钱"这类非正式财政现象？在国家财富日益增长、自上而下的转移支付规模不断扩大的情况下，基层"化缘"行为不仅没有减少，反而日渐频繁，甚而成为基层干部的中心工作之一。而且，"化缘""找钱"行为不仅存在于基层政府、社区，而且在地方各层级政府治理中广泛存在。此类行为的广泛长期存在，不仅和财政短缺有关，而且有着深厚的行政体制根源，需要从中国行政体制运行逻辑机制的角度去理解，而不是简单地将其与现代财政制度进行比较。有研究者认为，地方政府和基层的"化缘"行为与财政资源匮乏有关，但当前中国政府财政汲取能力已经大幅提高。统计数据显示，

---

① 王绍光，马骏 . 走向"预算国家"：财政转型与国家建设 . 公共行政评论，2008（1）：1.

1994—2019 年，全国财政收入增长了 36 倍，2020 年 1 个月的收入比 2000 年全年收入（13 395 亿元）还要多；财政收入占当年 GDP 的比重由 15％提高到 19％。2019 年，中央财政可支配收入中，用于对地方转移支付的部分占 67.9％。地方财政总支出中，来源于中央转移支付的占 36.5％[①]。可以说，无论是全国财政资源总量，还是中央对地方的转移支付数额，都已达到了比较高的水平。那么，在财政资源日益丰富的条件下，为何"化缘"行为仍然在地方和基层普遍存在呢？这启发我们跳出财政资源短缺的思路，去寻找其他的分析视角。

此外，不少研究者主张在基层建立现代财政制度、权责利清单制度，但实际上中国基层社会有着某种程度的非规则性，不可能完全量化、清晰化，而必须保留一定的模糊治理空间。这一体制空间恰恰为基层治理提供了灵活性，展现了基层治理的弹性。而且，"化缘"所得资金不仅用于满足编外人员开支需求，还用于日常运转等。

笔者认为，在基层治理乃至各层级政府治理中广泛且长期存在的"化缘""找钱"行为，跟中国的弹性财政体制有关。所谓弹性财政，指财政体制内部的预算、支出、责任追究制度有一定的伸缩性，政府部门可以根据实际情况进行调整。一方

---

① 刘昆.我国的中央和地方财政关系.(2020－08－12).http://www.npc.gov.cn/npc/c30834/202008/08 bd6bb3168e4916a2da92ac68771386.shtml.

面，国家强调预算、收支的制度化，为各级政府的财政行为提供基本制度框架；另一方面，国家也为各级政府应对经济社会发展变化实际情况提供了变通操作空间。弹性财政赋予了体制灵活性，同时也为"化缘""找钱"行为滋生、蔓延提供了条件。

本文以笔者在中部某省份 S 县 X 镇调研获取的经验材料为基础，阐释基层政权"化缘"行为的机制和逻辑。调研的主要方式为深度访谈，兼及搜集一些文献资料。

作为基层政权生存方式的"化缘"

当前，"化缘"已成为基层政权尤其是中西部地区基层政权的重要工作甚至是中心工作。基层干部除了要完成自上而下安排的各种行政事务、为辖区民众提供公共服务之外，还必须费尽心思去"化缘""找钱"，维系基层政权的运转。可以说，"化缘"已成为基层政权的一种生存方式。

（一）为何"化缘"：财政短缺下的基层生存窘境

导致基层政权陷入财政困境的因素有很多，其中，预算定支与非预期支出的矛盾是重要原因。所谓预算定支，指上级政府只为下级提供特定的经费预算数额，超支不补。超支部分需要基层政权自行解决。上级提供的预算经费往往仅能满足基层政权开展项目活动的主体需求，而项目开展过程中出现的占地补偿、误工补贴等非预期开支，则未被囊括在内。这强化了对基层的预算约束，可避免基层无限度扩张支出。在严格的预算制度下，若出现财政缺口，基层政权只能自筹资金弥补。

具体到基层社区，在 X 镇，上级政府每年只为社区提供固定数额的运转经费。2019 年上级为社区提供的办公运转经费基数为 15 万元/年（具体经费数额根据社区的人口、面积等基本情况确定）。社区干部的工资待遇未纳入财政预算。上级为 X 镇社区干部核定的编制数额一般为 7~9 人。按照上级规定的标准，社区书记月工资 3 000 元，主任 2 800 元，副主任 2 700 元，其他专干 2 500 元。每个社区每年的干部工资支出大约 40 万元。如果算上办公、维修、社保和年终绩效等方面支出，那么每个社区年支出至少需要 50 万元（见表 14-1）。由此可见，上级为社区提供的经费基数根本无法满足社区运转的实际需求。巨大的资金缺口需要社区自筹解决。

此外，社区干部队伍规模扩张也是加重基层社区财政负担的重要原因。基层社区干部队伍扩张有两方面因素：一是社区事务的增多客观上需要更多的干部；二是通过各种关系安排增加干部数量。有的社区原本不需要 10 余名社区干部，但由于上级安排等原因，社区干部出现了扩容。干部职数增加无疑加重了社区的经济负担。同时，近年来，国家严格控制基层政权的债务，基层社区不得举债用于运转和提供服务。因此，基层社区只能采取"化缘"方式，维系自身的非正式生存状态。

表 14 - 1　X 镇部分社区收支情况一览

（单位：元）

社区名称	2017 年		2018 年		2019 年	
	收入	支出	收入	支出	收入	支出
J 社区	713 465.64	543 140.80	295 141.64	751 884.49	532 143.80	577 747.01
Z 社区	3 878 039.99	2 058 460.82	1 300 636.12	1 414 620.79	1 220 935.89	1 282 234.42
T 社区	664 840.07	2 443 604.64	1 818 178.16	2 158 968.49	933 340.20	1 061 974.45
N 社区	3 374 215.93	3 365 075.42	1 123 588.47	838 695.32	436 552.89	788 384.40
X 社区	458 940.05	982 738.54	772 336.44	815 890.00	1 429 980.69	1 320 819.00

资料来源：湖南"三湘 e 监督"公众号—"互联网＋监督"—"村级财务"栏目。

由上可见，迫使社区"化缘"的，既有社区工作人员供养的需求，又有社区本身存在的财政资源短缺因素。社区"化缘"获得的经费用途主要包括两方面：一是发放社区干部的工资福利；二是用于社区维修、保洁等日常运转支出。

（二）如何"化缘"：关系化运作

与正式的财政拨款不同，"化缘"必须依靠社区干部的私人关系网络来展开。某种程度上，中国社会可谓是人情社会。经过长期的制度建设，中国行政体制的理性化、规范化程度大幅提高，但人际关系网络仍然在行政体制运行中扮演着一定的角色。既然是私人关系网络，那么就必须以情感为基础。"可以给你，也可以不给你，就看兄弟感情。关系好，给你，关系不好，一分钱不给你。它也不是固定的开支经费"（访谈笔记，20190518XCX）。因此，社区"化缘"的基础便是争取与上级部门建立私人感情。

首先是工作关系。这是指社区干部通过在工作中频繁与上级接触交往，由此建立起工作关系。比如J社区的书记、主任都在S县的"棚改"指挥部兼职工作，在长期的工作中，他们跟相关县领导建立了比较稳定和密切的关系。为感谢社区对"棚改"工作的大力支持，指挥部每年都给社区提供一笔工作经费。在参与上级的各项工作任务过程中，社区干部既展现了自身的业务能力，也借机密切了跟上级的情感联系。上级为了使社区干部更加积极主动地参与工作，也乐于为社区提供工作经费。双方形成互惠互利的工作关系。

其次是私人关系。主要是社区干部利用自己的亲戚、朋友、乡邻等关系网络来"化缘"。比如有的社区干部，配偶在上级部门工作，社区可以通过他们向上级部门争取资金。还有的社区通过本社区出生的上级部门负责人或工作人员来"化缘"。社区干部尤其是主职干部必须充分利用私人关系网络来"化缘"。"主任熟的，主任上；书记熟的，书记上。"（访谈笔记，20190518XCX）

再次是服务关系。社区内一般都有属地单位，尤其是在一些城关镇社区，属地单位数量更多。社区与属地单位虽没有隶属关系，但属地单位在社区中的日常运营离不开社区的支持配合。如果没有社区的支持配合，属地单位的工作将面临较大困难。社区为属地单位提供服务，比如调解辖区人员与属地单位之间的矛盾等。属地单位为了回馈社区，会向社区提供一部分工作经费。社区与属地单位形成互惠关系。有的属地单位领导居住生活在社区中，社区也可以向他们求助。

最后是庇护关系。主要指上级部门跟社区存在庇护关系。一方面，上级部门的一些工作安排需要社区支持，比如征集辖区的人口信息、协调辖区内拆违矛盾等。如果上级部门不提供工作经费，那么社区的配合程度也许会打折扣。上级部门为了赢得社区更大力度的支持，一般会尽力满足社区的"化缘"需求。另一方面，上级部门是社区"化缘"的主要对象，社区也需要上级部门提供财政资源以维持运转。

总之，社区干部"化缘"是以关系为基础展开的。为了使"化缘"更为便利，获得更多的"化缘"资金，社区干部必须费尽心思经营关系，甚至在社区干部内部进行全员动员。"化缘"的主体是社区书记、主任，尤其是作为社区一把手的党委书记。社区书记因此被戏称为"要钱的书记"。这对社区主要负责人尤其是社区党委书记提出了较高的要求。社区主要负责人必须关系广、能力强、头脑灵活，才能够"化缘"到充足的资金，以维系社区运转。为此，社区书记承受了巨大的压力。

社区也动员普通社区干部参与"化缘"，他们需要动用各自的私人关系网络去"化缘"。社区干部之所以愿意参与"化缘"，是因为社区的经济状况关涉他们的工资福利。受访者提及，多年前社区对于干部"化缘"还有奖励措施，以调动大家"化缘"的积极性。为干部"化缘"行为提供强激励，能充分挖掘干部潜能。为了"化缘"，社区书记、主任和会计等往往集体出动，协同配合。

"化缘"也体现出一定的政治承包制色彩。"化缘"获取的资金，除了用于完成上级部门规定的工作任务外，剩余的部分可以归基层自主支配。有的"化缘"资金甚至可以完全由基层自主支配。这为基层"化缘"行为提供了强激励。对于社区党委书记而言，不仅"化缘"事关社区全体干部的工资福利待遇，而且他作为社区的"一把手"，也需要向社区干部和上级展示动员能力。"（书记）第一责任是党建，第二责任是抓经济。社区有钱就发，没钱上面不管。上不封顶，下无底线。"（访谈笔记，20190519TWH）如果社区书记"化缘"无方，不仅在同事面前觉得"丢面子"，还会给上级留下"没能力"的印象。而且，"化缘"是社区干部尤其是社区书记去争取资金，不是上级通过常规渠道下拨资金，因此，"化缘"资金带有较强的特殊性。这使"化缘"资金的个人属性增强。社区书记对"化缘"资金拥有一定的"所有权"，这有利于增强其在社区班子中的权威。所以，从各个层面来看，社区书记都具有较大的"化缘"动力。

同时，社区书记虽然不属于科层体制内的干部，但是他们拥有广泛的人际网络，且利用社区的平台也能建立更广的人脉。"我们社区书记，直接打电话给县委常委。我们说个玩笑话，比正科级还厉害一些。"（访谈笔记，20190519TWH）社区书记在"化缘"过程中，通过与上级部门建立和维系情感关系，为自己积累工作和社会资本。尤其是城关镇的社区书记，更不容小觑。X镇党委书记李某说："城关镇的社区书记，别看他们只是小小的芝麻官，但是掌握的资源很多，他们和县领导经常在一起，要见县委常委很容易。他们多少包些工程，或者入股，直接或间接参与。社区书记承包工程，有30%～40%的利润。这个我们都很清楚。我们镇里要把他们的利益控制在合理的范围以内，既不能压得过死，也不能过于放纵。"
（访谈笔记，20190519LD）城关镇的地理区位优势、社区书记
丰富的人际关系资源，为这些社区"化缘"创造了得天独厚的
条件。

　　基层干部的关系网络状况极大地影响着基层"化缘"的成
效，并由此带来基层财政的不均衡性。一是地理位置不同导致
"化缘"的基础条件不同。相比农村社区，城关镇社区拥有得
天独厚的地理优势。城关镇社区更容易与县级领导和部门负责
人建立关系。在 X 镇，位于县城城区的社区一般都由县委常
委担任联点领导。这为这些社区"化缘"提供了极大的便利。
比如，X 社区由县委常委、县委办主任担任联点领导。县委办
要求 X 社区内每个驻区单位为社区提供不低于 1 万元的补助
经费。同时，城关镇社区内一般分布着较多的属地单位，属地
单位常常为社区提供"化缘"资金。二是不同社区掌控的关系
资源不同，关系资源丰富的社区更容易获得更多的资金支持。
另外，各个社区驻点领导的级别不同，驻点领导的级别越高，
获得的"化缘"资金也就越多。相反，辖区内各种企事业单位
少的社区，"化缘"就比较困难。比如 T 社区在 2004 年成立
时，50 多家单位都脱离了社区管辖范围。社区去这些单位
"化缘"时，这些单位并不买账。

（三）何处"化缘"？

基层政权"化缘"的对象主要是上级政府部门、辖区企事业单位和个体居民。除少量的私人赞助外，"化缘"的经费来源主要有两类。一是上级部门或辖区企事业单位为社区提供的工作经费。工作经费的名义是补助社区配合上级部门和企事业单位所开展的工作。上级部门和企事业单位为了感谢社区的工作支持，故以拨付工作困难经费、支持经费的方式将资金交付给社区。虽然这些工作经费是以特定名义拨付给社区的，但大多并没有明确要求社区必须完成何种任务，上级也不需要进行专门的检查验收。社区在如何使用这些经费上拥有较大的自由裁量权。二是各种专项资金的分配。专项资金的用途是固定的，但是项目如何分配、分配给谁，上级部门拥有很大的决定权。因此，有资源、有关系的社区，就能获得更多的专项资金。而且，项目经费虽要求专款专用，但大多有所结余。只要社区按照要求完成了项目工程，通过了验收，那么结余的项目经费可以归社区自主支配。社区则利用项目剩余资金来维系日常运转。

总之，预算定支、超支不补的制度使基层社区必须自主扩展财源。"化缘"的成效直接影响着社区干部的工资福利待遇以及社区的日常运转。社区干部的"化缘"努力程度与其自身利益高度相关，因而能够在一定程度上调动其参与

"化缘"的积极性。

弹性财政与基层"化缘"行为的产生

"化缘"是基层政权在面临生存、日常运转困境下的选择，但财政短缺只是基层政权"化缘"的原因之一。"化缘"何以普遍存在，且"化缘"为何能够成功，则有着更深层的体制性、结构性原因。随着国家强化财政资源集中体制，较多的财政资源由上级掌控。上级掌控财政资金，为基层"化缘"行为提供了资源基础。但是"化缘"能够成功，则在于财政体制本身的弹性空间。换言之，相对宽松、具有弹性的财政制度为基层"化缘"行为提供了体制空间。具体而言，弹性财政表现在如下几个方面。

（一）财政预算的弹性

长期以来，非精确性、模糊性是我国公共预算的一个特征。恰如有研究者所指出的那样，我国各级政府公共预算中各类项目支出的年初细化预算到位率不高，而依赖于年中根据执行情况对预算进行调整。许多资金未能细化到具体部门和项目，而是切块预留在财政部门或有预算分配权的部门，需要在年中进行二次分配。地方政府部门的年初部门预算，会特别受上级转移支付的影响，因此年初细化预算到位率更低①。预算制度具有较大弹性。财政预算并不严格，存在调整空间。上级部门可以根据实际工作进展来调整年初的预算安排。这为基层通过"化缘"获取资金提供了灵活机动空间。相反，如果上级部门预算严格固定，不允许有任何调整，那么基层将失去"化缘"的空间。

此外，基层治理事务具有很强的非规则性。如研究者所指出的那样："与城市中的社会生活相比，农村中社会生活程式化和模式化程度是很低的，实际上缺少一成不变的正式程序和正式规则。在许多情况下，即使存在这样的程序和规则，也不会真正起作用……特别是中国农村社会正处在一个高度转型的时期，农村社会生活所表现出的不确定性就会更加明显，所以根本无法用某种套路式的认知方法去框限它。"② 其实，不仅农村社会呈现出鲜明的非程式化特征，中国城市基层社会也同样具有较强的非规则性特点。"在成熟的、高度现代化的城市社会中，我们可以观察到高水平的规则化、制度化，但中国城市基层社会尚不成熟，再加上传统文化因素的浸润，城市基层

---

① 焦长权. 从分税制到项目制：制度演进和组织机制. 社会，2019 (6)：121.

② 杨念群. 中层理论：东西方思想会通下的中国史研究. 南昌：江西教育出版社，2001：188.

社会仍然呈现出较强的非规则性。"① 城乡基层社会治理事务的非规则性，使基层治理支出也具有很强的非预期性、非规则性。面对各种非预期的、非规则性的经费支出，国家无法用严格的财政预算来满足，基层只能依靠临时的"化缘"来解决。而这就要求财政预算制度具有一定的弹性。

（二）财政支出的弹性

近十余年来，国家财政实力大增，大量的财政资金通过"条条"部门转移支付到基层。因此，"条条"部门掌握了丰裕的财政资源。在"项目治国"的大背景下，许多财政经费都以专项资金或者"准专项资金"的名义下拨。同时，不少单位每年都有一定的财政盈余。对于各级政府部门而言，如何花钱、何时花钱，具有较大的弹性空间。"地方政府存在着不受财政部门和人大立法机构控制、主要受经费使用部门和地方主要负责人影响的财政支出行为。"② 这些"软财政支出"的弹性空间为基层"化缘"行为创造了条件。当前，大量的财政资源掌握在财政局、发改委、农业农村局等"条条"部门手中。如何支出、分配这些财政资金，"条条"部门具有很大的话语权和

---

① 田先红，张庆贺．城市社区中的情感治理：基础、机制及限度．探索，2019（6）：171.

② 叶静．地方软财政支出与基层治理：以编外人员扩张为例．社会学研究，2016（1）：146.

操作空间。因此，上级"条条"部门是基层社区"化缘"的主要对象。

据了解，每年下半年是"化缘"的高峰期。因为财政预算资金必须在年内用完，否则就要收回。而上级会根据单位、部门的预算支出情况安排下一年度的预算金额。如果本年度的财政预算资金未能花完，那么下一年度将会削减经费预算。因此，各单位、部门年底要将资金安排下去，部门负责人承受着"花钱"的压力。年底"突击花钱"是各单位、部门普遍存在的现象。在"突击花钱"的压力下，上级部门往往视与各社区关系的亲疏来确定资金分配流向和额度。与上级部门维持良好关系的社区，往往能获得更多的"化缘"资金。一般到下半年，各个社区书记就开始行动，到各个单位、部门"化缘"。X社区书记说："到10月份我就到各个单位去'化缘'。你这个辖区单位、局长，肯定要给钱。"（访谈笔记，20190519TWH）由于地方政府主要领导和各单位、部门主要负责人主导着财政资金的分配，因此，地方主要领导和各单位、部门负责人是社区干部去"化缘"时的主要工作对象。

可见，财政支出的弹性不仅为基层"化缘"行为创造了空间，而且使基层"化缘"行为具有时令性特征。

（三）财政责任的弹性

在中国财政体制中，财政责任追究制度也有一定的灵活空间。这使"化缘"运作过程中的某些难以避免的违规行为在一定限度内能够得到体制容忍。同时，"化缘"经费虽然属于"活钱"，具有灵活性，但它毕竟来源于政府财政预算资金，必须经受审计部门的审计。对于上级部门而言，为基层提供"化缘"资金存在一定的风险。因为将预算资金转为给基层的补助经费，难免存在一些非常规操作。如果审计部门进行追究，那么上级部门有关负责人必须担责。对于基层社区干部而言，他们去"化缘"时免不了会采用请客送礼等方式来建立和维系跟上级部门的关系。严格意义上，这也属于违规行为。如果要追究，那么社区干部难辞其咎。

　　但是，在具有弹性的财政责任制度下，有关部门往往对某些违规行为采取默认态度。只要账面上的工作经费不出现大的问题，或者没有造成恶劣影响，那么上级一般不会追责。如果上级部门管控过严，基层就丧失了灵活操作的空间。在缺乏财政资源保障的情况下，基层干部将失去干事创业的动力。因此，上级对于基层的财政违规行为的管控，往往会保留一定的弹性。这种弹性的财政责任制度，为基层社区"化缘"行为提供了空间。

　　总体而言，弹性财政为基层"化缘"行为提供了体制空间。上级政府对基层社区的"化缘"资金使用采取模糊策略。这赋予了基层社区一定的灵活性，社区由此获得一定的生存空间。同时，基层社会事务的非规则性，也使基层财政预算

和支出难以标准化，而必须保持一定的变通操作空间。财政
体制的弹性与基层社会的非规则性、复杂性相契合，使基层
治理体制保持了灵活性。

弹性财政的变迁：财政约束硬化下的"化缘"瓶颈

斯科特指出，"清晰性是国家机器的中心问题"，"现代国
家机器的基本特征就是简单化"①。国家通过规划重大社会工
程项目使整个社会运行越来越清晰、简单，从而有利于国家控
制。现代财政国家建设，就是要使原先模糊的、富有弹性的财
政行为变得更为清晰、更加可控。现代预算制度的基本特征之
一就是"全面的、有清晰分类的、统一的、准确的、严密的、
有时效的、有约束力的"②。

自 20 世纪 90 年代末始，中国全面启动了公共预算制度改
革，努力建立"预算国家"。公共预算改革在党的十八大以后
进一步推进。党的十八届三中全会要求"改进预算管理制度。
实施全面规范、公开透明的预算制度"。党的十九届四中全会
进一步强调："完善标准科学、规范透明、约束有力的预算制

---

① 斯科特.国家的视角：那些试图改善人类状况的项目是如何失
败的.王晓毅，译.北京：社会科学文献出版社，2012：2-3.

② 王绍光.从税收国家到预算国家.读书，2007（10）：4.

度。"国家预算改革取得了明显成效。相关研究表明，预算改革使地方政府违规使用预算内资金的比例大幅下降[①]。可见，预算改革大大规范了政府的财政收支行为。但近年来的财政制度硬约束强化，渐渐压缩了基层"化缘"的空间。显然，在地方和基层治理中，过程管理越来越受到强化[②]，财政制度日益规范，基层干部通过变通、"打擦边球"等方式来谋求自主发展空间的难度越来越大。

（一）上级部门的变通空间缩小

如前所述，上级部门为基层提供"化缘"资金，往往需要变通操作。在弹性财政责任的环境下，上级可能对某些变通方式采取默认态度。而近年来国家强化了对财政收入、支出和使用过程的管理，使地方和基层原先较为模糊的财政体制空间变得更为清晰。国家还加大了对地方和基层责任追究的力度，使政府部门操作"化缘"资金的空间被压缩。这表现在以下方面。

首先，财政制度建设日益健全。政府部门的财务工作都必

———————————

① MA J, NI X. Toward a clean government in China: dose the budget reform provide a hope?. Crime Law & Social Change, 2008, 49 (2): 119.

② 田先红. 从结果管理到过程管理：县域治理体系演变及其效应. 探索, 2020 (4): 26.

须遵循越来越严格的操作流程。一旦违反制度、程序，那么很容易被财务、审计部门发现，使财务工作搁浅。

其次，财政监控技术日益发达。近年来，借助各种先进的互联网、人工智能技术，财政体制的信息化程度大大提高。政府财政监控越来越严，财政活动越来越信息化、电子化。诸多财政工作、财务行为都会留下电子痕迹，被纳入严密的监控体系之中。政府官员变通操作的空间越来越小。

最后，问责风险不断加大。一些部门负责人为了避责，也不敢擅自变通或违规为基层提供"化缘"资金。否则，一旦上级追究，有关部门负责人难辞其咎，有的干部还面临被终生追责的风险。即使暂时未被发现和追责，但难保有朝一日会被牵扯出来，同样难免被追责。

可见，财政体制中的技术治理色彩越来越浓厚。技术治理要求政府财政行为从暗箱操作转变为透明公开，从模糊不清转变为清晰可见，从复杂难懂转变为简单明了。国家试图通过严格的技术治理手段来提高财政制度的理性化水平，强化对地方和基层财政行为的监控。但技术的逆多元化、破坏旧规则却不能自动建立新规则的特点，可能进一步解构国家治理的多样性、公共性和回应性①。日益严密的制度、愈加先进的技术和

---

① 马卫红，耿旭.技术治理对现代国家治理基础的解构.探索与争鸣，2019（6）：68.

日渐沉重的责任，使地方和基层政府的财政行为更加透明、清晰、可控的同时，也压缩了地方和基层灵活变通的空间。

（二）基层干部"化缘"的空间缩小

上级部门变通操作财政资金的空间变小，也意味着基层干部"化缘"空间的压缩。此外，国家还进一步强化了对基层干部行为的约束，使基层干部"化缘"的途径、手段减少。

首先，基层干部"化缘"的途径减少。近年来，随着财政制度规范化，上级对基层的财务审计日益严格。同时，上级严禁村、社区支出招待费用。这大大压缩了社区干部"化缘"的空间。有社区干部讲道："现在（化缘）难度大了，（跟上面的）感情不好了，因为社区是招待零开支，不好化缘了。"（访谈笔记，20190525SAG）由于财务制度越来越规范，社区干部很难再通过请客吃饭等方式来增进与上级部门尤其是其主要负责人的情感关系。私人情感关系具有特殊性，而工作关系属于普遍化、制度化的关系。基层干部不可能仅靠工作关系去上级部门"化缘"，有时必须依靠私人情感关系。在私人情感关系越来越难以维系的情况下，基层干部"化缘"的空间越来越小。

此外，基层干部"化缘"行为面临的风险加大。由于"化缘"需要社区干部与上级部门建立和维持私人情感关系，难免存在人情支出。尤其是在以前财务制度不规范的情况下，社区财务的灵活操作空间较大。有些社区为了激励干部"化缘"的积极性，设置了奖励措施。这些措施缺乏正式制度的支持。社区干部在"化缘"争取资金的同时，也可能为未来埋下了风险。在严格的财政管理制度之下，基层"化缘"行为遭到惩处的风险越来越大。

同时，在财务制度规范化的背景下，社区干部"化缘"的难度越来越大。社区干部也深知"化缘"会给上级部门有关负责人带来风险，这让他们进退两难。J社区的书记说："经常去化缘，自己也感觉不好意思了，没脸。"（访谈笔记，20190526SYJ）一方面，基层政权需要解决"保运转"的问题；另一方面，基层干部"化缘"的空间又不断缩小。这使基层干部尤其是社区主要负责人承受了巨大的压力。

其次，社区激励干部"化缘"的手段减少。随着国家财政制度的规范化和反腐败力度的加大，社区对干部"化缘"行为的各种奖励措施取消。社区难以再为干部"化缘"行为提供强激励。在缺少激励的前提下，基层干部"化缘"的动力随之减弱。"化缘"有风险，且"化缘"的收益又在减少。权衡风险与收益之后，基层干部便缺乏"化缘"动力。在许多社区，"化缘"的责任主要由社区书记承担。社区书记既要全面统筹谋划社区各项工作，又要考虑社区生存运转问题，这让社区书记承受着巨大压力。部分社区书记甚至因此产生职业倦怠，滋生了辞职的念头。

　　"化缘"空间的缩小使基层社区的生存越来越艰难，这将
倒逼政府实施社区经费供给制度改革。在调研中，不少社区干
部都希望政府能够将他们的工资福利待遇和日常办公经费支出
纳入财政预算，要求上级为基层提供较为充足的运转经费。如
此，可以降低基层社区干部"化缘"的压力。

　　总之，近年来国家从财政预算、财政支出和财政责任等方
面强化了财政约束。国家推动的财政、行政规范化建设，使财
政体制越来越缺乏弹性。这将不断压缩基层非正式经费的生存
空间。同时，它也将使基层的非正式生存空间日益缩小。若上
级不为基层政权提供稳定的财政资金支持，那么基层政权的
"谋生式行政"将难以维系。

小结

　　本文从弹性财政体制的角度对我国基层治理乃至各层级政
府治理中广泛且长期存在的"化缘"行为进行了分析。这一分
析思路突破了以往仅从编外人员扩张、财政资源短缺等角度对
"化缘""找钱"行为的理解。本文指出，基层"化缘"行为内
嵌于中国的弹性财政体制之中，有着深层的体制性、结构性
原因。

　　随着国家制度建设的推进，基层政府自上而下获取资源的
行为受到越来越多的限制。一方面，法律、制度建设日益健

全，堵塞了基层政府向下获取资源的途径；另一方面，民众的权利意识不断增强，敢于质疑来自基层政府的攫取行为。在自上而下获取资源难度越来越大的情况下，面临财政生存窘境的基层政府只能更多地向上级部门或者辖区企事业单位"化缘"。这种"化缘"行为跟通过权力强制摊派、获取资源的行为方式大为不同。

"化缘""找钱""跑项目"等财政行为，共同构成了当前中国财政体制中的非正式经费体系。在迈向预算国家的道路上，非正式财政与正式财政体制一道，塑造出我国的"双轨财政"格局。弹性财政体制为基层"化缘"的存在提供了体制空间。弹性财政体制适应了基层治理的非规则性，维系了基层治理的灵活性。这使中国基层治理体制呈现出鲜明的"适应性治理"特征。

当然，"化缘"也容易产生一些负面效应。首先，"化缘"行为容易成为滋生腐败的温床。"化缘"行为属于非正式财政行为，操作空间大，容易滋生腐败，主要表现为：一是"化缘"过程中的腐败，比如请客送礼等；二是"化缘"资金使用中的腐败，比如违规发放福利、资金挪用等。其次，"化缘"带来的基层财政不均衡性。由于不同基层政权的地理位置、关系资源等存在差异，它们能够获得的"化缘"资金数额有很大不同。这导致基层财政的不均衡性。有的基层政权可能财政资源丰裕甚至过剩，而有的基层政权则捉襟见肘、入不敷出。

更为重要的是，普遍的"化缘"行为进一步强化了基层政权的依附性。"化缘""找钱"成了基层的重要工作甚至是中心工作。基层财政困难，又没有自主财政权。基层通过"化缘"、承包项目来获得经费，增强了对上级的依附性，弱化了自主性。不少基层政权为了获得协调费或奖励，无论上级发包的项目是否符合本地实际，都一概承接。这不仅不利于地方经济社会的长远发展，而且容易影响基层政权的本职工作。

当前，我国正致力于推进国家治理体系与治理能力现代化，提升财政体制的理性化水平，强化财政制度的硬约束，弹性财政的空间逐渐缩小。刚性的财政体制不仅意味着基层"化缘"遭遇越来越大的瓶颈，而且与基层治理的灵活性需求之间存在难以调和的矛盾。"地方财政实践中普遍缺少自由裁量权或者机动处置权，因而后续政策执行的自主性较为缺乏。"① 在基层社会仍然存在很强的不确定性、非规则性的条件下，如果消除基层政权灵活应对的空间，又不为其提供可支配的、制度化的"活钱"，那么基层治理可能陷入更大的困境。如斯科特所说的那样："被设计或规划出来的社会秩序一定是简单的图解，它们经常会忽略真实的和活生生的社会秩序的基本特

---

① 李金珊，吴超. 当代中国财政政治学的新知识与新实践：首届"国家治理与财政绩效"论坛述评. 政治学研究，2019（2）：124.

征……任何生产过程都依赖于许多非正式的和随机的活动，而这些活动不可能被正式设计在规划中。"① 国家财政制度改革在试图使基层财政行为更加规范、更为清晰的同时，也应该关照到基层治理的非正式、非规则面向。

展望未来，一方面，应该保持财政体制具有一定的弹性；另一方面，应该加大一般性财政转移支付的力度，为基层提供更多的制度化"活钱"。从长远来看，需要进一步理顺中央和地方、基层之间的财政关系，使各级政府在财权、事权和责任方面达到更高的匹配度。

虽然本文主要以基层社区"化缘"行为作为研究对象，但"化缘"行为不仅存在于基层，而且广泛存在于地方各层级政府治理之中。尽管"化缘"的对象、方式存在差异，但"化缘"行为产生的内在逻辑和机制却具有诸多共性。因此，本文的分析有助于我们进一步理解作为理想类型意义上的财政"化缘"行为。

---

① 斯科特. 国家的视角：那些试图改善人类状况的项目是如何失败的. 王晓毅，译. 北京：社会科学文献出版社，2012.

十五　经营项目：
县域政府的发展行为

自 20 世纪 70 年代末起，随着中央对地方授权改革力度的不断加大，地方政府在我国经济发展中的角色和地位日益重要。地方政府竞争尤其是县际竞争被认为是我国取得经济发展奇迹的重要机制[1]。在 1994 年分税制改革前，地方政府投入大量资源、精力发展乡镇企业。乡镇企业成为推动乡村工业化的重要力量，也是改革开放初期经济繁荣的重要支柱。分税制改革后，地方政府的经营重心从企业转向土地，通过土地财政推进城市扩张[2]。县域城镇化在以空前的速度推进。

同时，随着财政集权建设的强化，大量财政资源以专项（或准专项）转移支付的形式从中央流向地方。项目制作为一

[1]　张五常 . 中国的经济制度 . 北京：中信出版集团，2017：158.

[2]　周飞舟 . 生财有道：土地开发和转让中的政府和农民 . 社会学研究，2007（1）：49.

种新的国家治理体制逐渐显现①。项目发包、打包、抓包等跟项目制相关的行为贯穿于从中央到地方各级政府的日常运转中②。"争资跑项"也成为地方政府最重要的工作之一。在项目体制运行过程中，县域政府的地位至为关键③。各种项目资源下达基层时，需要县域政府进行统筹、分配，并督促乡镇、村庄将项目落地。对于县域政府而言，项目不仅意味着财政资金收益，而且是撬动县域经济社会发展的重要杠杆。在推进城镇化过程中，谋项目、跑项目、建项目成为县域政府的重要任务。

以项目作为中介，地方政府不仅获得了将公共性项目间接转化为经营性项目的有利条件，同时也借助项目的合法性，在土地征收和经营中节约了大量的社会成本。因此，项目对于地方政府之所以有吸引力，不仅是因为项目所含的资金量，更在于它像一种催化剂，没有它，政府行为不可能潜在地转化为经营行为，不可能为自己营造更大的经营空间，获取更多的收

---

① 渠敬东．项目制：一种新的国家治理体制．中国社会科学，2012（5）：113.

② 桂华．项目制与农村公共品供给体制分析：以农地整治为例．政治学研究，2014（4）：50；折晓叶．项目制的分级运作机制和治理逻辑：对"项目进村"案例的社会学分析．中国社会科学，2011（4）：126；李祖佩．项目制基层实践困境及其解释：国家自主性的视角．政治学研究，2015（5）：111.

③ 折晓叶．项目制的分级运作机制和治理逻辑：对"项目进村"案例的社会学分析．中国社会科学，2011（4）：126.

益①。在某种意义上，县域政府经营土地、经营城镇的关键就是经营项目。

那么，项目在县域政府经营行为中是如何发挥中介作用的？县域政府又是如何利用项目来撬动县域经济社会发展的？县域政府通过项目统合县域经济社会发展要素的主要机制有哪些？项目制在为县域经济社会发展提供强大动能的同时，又遭遇了哪些新的困境？这些都是本文将要探讨的问题。

从经营企业到经营项目：县域政府行为新动向

早在 20 世纪 90 年代，一些研究者便开启了对我国地方政府经营行为的研究。相关研究多秉持理性人假设，基于从计划经济向市场经济转型的时代背景，将地方政府视为追求自身利益最大化的主体，从地方财政、产权利益结构分析地方政府行为②。这

---

① 渠敬东. 项目制：一种新的国家治理体制. 中国社会科学，2012（5）：113.

② OI J. Fiscal reform and the economic foundations of local state corporatism in China. World Politics，1992，45（1）：99；WALDER A. Local governments as industrial firms：an organization analysis of China's transitional economy. American Journal of Sociology，1995，101（2）；张静. 基层政权：乡村制度诸问题. 上海：上海人民出版社，2007：48 - 82；杨善华，苏红. 从"代理型政权经营者"到"谋利型政权经营者"：向市场经济转型背景下的乡镇政权. 社会学研究，2002（1）：17；赵树凯. 地方政府公司化：体制优势还是劣势？. 文化纵横，2012（2）：73.

些研究关注改革开放后地方政府通过干预具体经济业务活动产生的双重效应：既推动地方经济发展，又为自身谋利。经营"企业"是这个时期地方政府行为的重心。

进入 20 世纪 90 年代中后期，随着分税制改革的实施，地方政府从经营企业中获得的利好减少。企业税收的"大头"增值税成为中央与地方共享税，且中央占比为 75%。再叠加宏观市场环境的变化等因素，乡镇企业纷纷破产倒闭或改制。分税制改革迫使地方政府开拓新的税费来源，作为非预算收入的土地出让金以及由土地和房地产开发衍生的建筑营业税日益受到地方政府的青睐。地方政府的经营重心逐渐从企业转换到土地上。地方政府利用垄断土地一级市场的权力，将土地进行征用之后，完成"三通一平"等工作，将生地变为熟地，到土地二级市场上进行招拍挂，便可获得巨额土地出让金收益。土地财政逐渐成为地方政府普遍效仿的经营模式。除了直接从土地拍卖当中获取财政收益外，地方政府还可以通过土地储备中心或城投公司，将土地抵押到银行进行贷款融资。如此，地方政府通过将土地、财政和融资平台统合起来，为城市建设筹得了巨额资金。通过经营土地来经营城市成为地方政府日益显著的行为特征。

这种新型经营模式引起了学者们的密切关注。有学者称之为"三位一体的"新城市化模式，即由土地、财政、金融三个要素组成的循环机制，这个机制不断将土地和资金吸纳进来，

造就了日新月异的繁荣城市①。在这种新型城市化经营模式
中，县域政府采用"行政—政治—公司"三位一体统合机制来
勾连和动员与城镇化有关联的地方机构和组织：一是通过制定
城市规划、建立"金融办"、协调融资平台与银行之间关系等
行政手段为县域政府经营土地创造条件；二是依靠政治动员提
高治理的灵活性，将经济建设和城市建设政治化；三是通过经
营土地等地方稀缺资源，借助生产、建设和经营公共物品的国
有公司，进行资本动员，以实现投融资等特定目标②。

　　在经营土地、经营城市过程中，地方政府必须找到切实的
抓手和载体，也就是项目。于是，如何谋划、建设和运作项
目，就成为县域政府不得不重视的工作。当前，县域政府既要
努力争取各种财政专项资金，又要发挥项目的杠杆作用，通过
项目来组织、统合县域经济社会发展的各种要素，实现更大的
经营目标。因此，财政资金的专项化在政府治理的"大盘子"
中已经退居其次，以土地抵押、政府金融为主的金融资金的项
目化正大行其道，而各种项目的规模也远非财政专项资金所能
支撑的，而大多是以地方政府为主体、以土地开发为依托、以

---

　　①　周飞舟，王绍琛. 农民上楼与资本下乡：城镇化的社会学研
究. 中国社会科学，2015（1）：66.
　　②　折晓叶. 县域政府治理模式的新变化. 中国社会科学，2014
（1）：121.

金融资金为支撑的。这些项目正在成为各地城市化的主要推手①。

在新型城市化模式中，项目制发挥了极大的作用。地方政府在城市建设过程中的土地开发和经营，离不开各种项目的支持。正因为地方政府将各种国家和部门项目作为枢纽和中介，并作为平台和高地，才能提升其综合运营的政策地位、公共服务的合法性、融资活动的政府信用及吸引各类经济资本的市场魅力，进而在上述博弈中占得先机、拔得头筹②。"土地项目平台"已成为地方政府统合其行政、政治、公司力量的有效组织和制度载体③。如果说，在21世纪初，"项目治理"还只是政府行为的一个方面，那么，近年来，它已经成为各地政府行为的主要模式④。离开了项目平台的支撑，县域政府经营土地、推进城镇化的政策实施将举步维艰，甚至无法落地。在某种意义上，县域政府经营土地和城市，就是经营项目。

上述研究启发我们，在新一轮的县域城镇化进程中，项目平台已成为县域政府统合各种生产要素的重要工具，但是县域

①　周飞舟．财政资金的专项化及其问题：兼论"项目治国"．社会，2012（1）：1.

②　渠敬东．项目制：一种新的国家治理体制．中国社会科学，2012（5）：113.

③　折晓叶．县域政府治理模式的新变化．中国社会科学，2014（1）：121.

④　同①.

政府如何搭建项目平台、如何通过项目平台统合县域经济社会资源等问题尚未得到充分揭示。因此，在很大程度上，县域政府经营项目的治理机制和过程仍然是一个"黑箱"。

对于县域政府而言，项目已经超出了财政资金的一般意义，而成为县域政府推动城镇化的重要杠杆。县域政府借助网络化的项目平台，通过行政审批获得对土地等核心资源的垄断权力，通过政治动员发挥主导力量，通过公司制承担经济发展主体的角色，使其权力、意志和绩效三者空前地互相推动①。在经营项目过程中，县域政府通过项目生产、统合及"经营共同体"构建这三种机制来扩大项目的能量辐射，集聚土地、财政、金融、产业和公共服务等各种资源要素推动城镇化进程。下面简要阐述这三种机制。

一是项目生产机制。项目生产是县域政府进行项目经营的前提。项目生产过程是一个连续统，包含项目谋划、争取、建设等阶段和步骤。县域政府运用其掌握的行政权力进行运作，发挥考核、奖惩等行政手段的功能，督促县域内各级各部门的干部投入项目生产过程中。县域政府还通过旧项目生产新项目，实现项目的再生产，将项目资源源源不断地吸纳到县域之中。

二是项目统合机制。生产项目、获得项目资金只是县域政

---

① 折晓叶. 县域政府治理模式的新变化. 中国社会科学，2014 (1)：121.

府的初始目标。要使项目发挥更大的作用，县域政府还必须将项目作为杠杆，撬动、统合县域内的各种要素，形成集中力量办大事的体制优势，使有限的资源发挥更大的效用，从而加速推进城镇化。在此过程中，县域政府普遍设立国有性质的城市投资公司，具体负责城镇化项目的实施、融资等事宜。

三是项目"经营共同体"的构建机制。县域政府运用行政、政治和市场（经济）手段，将辖区内各县直部门、乡镇政府、金融机构、企业和农民纳入项目的生产、统合、运营过程，形成项目"经营共同体"。经营项目不仅仅是县域政府的行为，而是成为县域内各个治理主体的共同事务。整个县域社会被裹挟进县域政府主导的项目"经营共同体"中。

通过上述三种机制，县域政府营造出浓厚的项目化氛围。"项目"成为县域政府干部最常用的词语之一，也是干部投入时间、精力最多的事务之一。县域政府通过谋项目、争项目、建项目，实现主要领导的施政意图，推动县域城镇化发展。

在地方治理中，经营项目的做法不仅常见于县域政府，而且广泛存在于乡镇政府等治理主体中。乡镇干部通过争资跑项、打造项目亮点，在促进乡镇经济社会发展的同时，也为其积累了政治资源[①]。而县域政府和乡镇政府经营项目的行为呈

---

① 李祖佩，钟涨宝."经营村庄"：项目进村背景下的乡镇政府行为研究.政治学研究，2020（3）：39.

现出诸多不同的特点。与乡镇政府相比，县域政府的资源统筹、动员能力更强①。在项目体制运行中，县域政府比乡镇政府更为关键。县域政府还掌握着辖区的政策制定权。相较而言，乡镇政府在机构功能完备程度、行政权力的掌握、资源动员能力、项目生产和统合能力等方面，都要远远弱于县域政府。乡镇政府的经济功能更是无法跟县域政府相提并论。在中西部地区，许多乡镇的经济功能都较弱，甚至已经丧失了经济功能。各种主要产业逐渐向县城集中。县域政府成为推动地方经济发展和城镇化的主引擎。因此，县域政府的项目生产和统合能力要远胜于乡镇政府。深入分析县域政府的项目经营行为，有助于我们理解中国城镇化、现代化的基本机制。

　　所谓经营，原指公司、企业在物质生产和商品交换等经济活动中，搞好市场调查与预测，选定产品发展方向，制定长期发展规划，进行科学决策，达到预定经营目标的过程。在本文中，县域政府的经营行为主要是指县域政府如何盘活各种治理资源，来维持其日常运转，达到治理目标。经营项目则是指县域政府通过申报、争取、运作和建设项目，以项目作为杠杆来撬动、统合县域经济社会发展的各种要素，从而实现县域政府目标的过程。项目对于县域政府而言，既意味着财政资金收益

---

　　① 贺雪峰. 央地关系视野下的县级治理. 治理现代化研究，2021（2）：68.

（融资），也是一种统合工具，更是一种思维方式。

项目平台的搭建：县域政府的项目生产机制

县域政府的项目经营行为与其财政状况密切相关。税费改革后，县域政府财政普遍吃紧。无论是中西部地区，还是东部发达地区，县域政府的财政自给能力普遍都不高。据统计，全国 31 个省（区、市）中，除上海、北京、广东、浙江、江苏、天津、福建、山东外，其余 23 个省（区、市）财政自给率不足 50％。部分省份财政自给率不足 30％①。农村税费改革对中西部地区地方政府冲击尤其大。

在地处中部的 T 县，县级财政更为紧张。2020 年，T 县本级财政预算收入只有 8.8 亿元。其一般公共预算收入为 34.8 亿元（含上级转移支付），全年支出 39.8 亿元，缺口达 5 亿元。大部分支出依靠上级转移支付维持。当年，T 县获得上级财政转移支付达 26 亿元。在财政资源吃紧状况下，如何生产、经营更多的项目，成为县域政府的重要任务。县域政府从谋划、争取、建设等几个方面促进项目的生产。

---

① 焦长权.中国地方政府的财政自给能力：历史演变与层级差异（1990—2014）.开放时代，2020（3）：90.

（一）谋项目

县域政府谋划项目的步骤包括制定经济社会发展规划、根据规划建设项目库以及依据上级政策策划项目等。

首先，制定辖区经济社会发展规划。项目制作为一种理性化的制度设计，体现着政府的发展规划和意图。项目不能随意设置，而必须根据政府的发展规划来设计。"项目跟着规划走，资金跟着项目走，绩效跟着资金走，一项一项对应来分配资金的。"（访谈笔记，20210329）县域政府按照国家整体规划和省市规划布局要求，制定县域经济社会发展的"五年规划"。"五年规划"框定了地方经济社会未来五年的总体蓝图。项目设计及资金统筹安排也根据"五年规划"来进行。

其次，根据规划建设项目库。项目库建设工作由县发展和改革局（简称"发改局"）牵头负责。县发改局协同各部门研究上级的规划、政策，分析国家投资重点，指导其他业务主管部门、单位申报项目。由各村、各乡镇及其他单位将项目规划上报至相应的县直部门，再由各县直部门汇总到县发改局，县发改局负责统筹、协调各部门的项目，履行审批手续。在此过程中，部门之间、部门与乡镇之间需反复对接协调，确定最终项目库，并报上级审批。项目入库的基本要求是项目必须符合政策规划。项目库是每年项目审批、立项的重要依据。下级申报的项目，如果不在项目库涵盖范围内，就无法立项。当然，每年县里可以根据实际需求对项目库进行一定的调整。

最后，根据上级政策策划项目。策划项目时，把握上级政策方向、意图非常重要。必须琢磨准、琢磨透上级政策，借政策打政策，千方百计往政策上靠。否则就无法获得项目，或者项目能争取来的资金数额少。同时，还要先打下一定的项目基础，先谋划，先做事情，为后续申请项目做准备。"不搞建设，项目资金更搞不来。"（访谈笔记，20210323HMB）出于对项目成功率的考虑，发包项目的上级一般优先考虑已有一定基础的申请者。已有基础的申请者在项目竞争中占有优势。

（二）争项目

项目具有竞争性，一定程度上体现着上级的意图。项目发包方向承包方提供相对绩效激励。谁更能契合上级意图，谁就能在项目竞争中获胜。无论是竞争性项目，还是普惠性项目，都需要竞争。竞争性项目需要取得立项资格，普惠性项目需要争取优先立项资格以及更多的项目资金。争项目，实质上就是竞争上级的注意力。在争（跑）项目过程中，关系无疑非常重要。县域政府要善于利用、建构关系。借助各种关系，通过求助上级部门的分管领导，来为自己申请项目赢得更多机会。同时，游说项目发包方、展现自身的项目基础和优势，也非常重要。"你没来找，就优先给来找的，肯定是这样的。肯定是做得好的、积极性高的，优先使用当年的资金、当年能建成的项目。不然省里来验收,我带他到哪里看呢?资金每年都要考核使用率。速度快,当年实施当年验收当年见效,实施快、检查快、见效快。你不申请,是没有的,你自己积极性不高,肯定不会给你。"(访谈笔记,20210329)可见,上级发包项目的过程,也是选择项目"点"的过程。要成为上级选中的项目"点",下级就需要竞争。

项目还具有绩效性。项目制追求效率,上级会对项目资金使用进行绩效评价,绩效评价高的,后续项目资助力度加大,更有可能获得上级项目支持。为了争取到项目,需要凸显两方面的效率优势。一是见效快。上级会对项目的完成时效有要求。项目发包方要接受上级对其项目资金使用绩效的考核。项目见效快,自然有利于提高项目资金绩效考核评价。因此,项目发包方一般偏向于能够尽快完成项目的申报者。在申报项目时,承包方证明自己具备快速、高效完成项目的能力,就非常重要。二是见高效。面对绩效评价压力,项目发包方自然希望投入的项目资金能够产生更好的效果。因此,见成效,尤其是见高效对于项目申报就非常重要。见高效,就要求项目有亮点。进而,通过建设项目打造亮点就被提上议事日程。

(三)建项目

为了凸显自身项目优势,尽快完成项目并打造亮点,建(做、造)项目便非常重要。尤其是一些大项目,县域政府必须集中大量人力物力财力予以完成，形成县域政府主导、乡镇主责、专班主抓的格局。为了凸显项目资金的使用效果，县域政府需要统一规划项目点、形成项目集群。比如 T 县，2017年规划了 11 个美丽乡村建设示范点，每个乡镇设 1 个点，每个点由 1 名县领导挂点督办；至少投入 2 000 万元项目资金。一般建设较大的项目时都会成立项目指挥部，由分管县领导担任总指挥。特别重大的项目甚至可由县主要领导担任总指挥。指挥部的主要功能是整合各相关"条条"部门和乡镇的资源，推动项目尽快落地建成。

在建设项目过程中，打造亮点、凸显特色是县域政府的首选。为了打造亮点，一是要凸显特色。无特色要造特色，小特色要变大特色。于是，我们看到许多地方都在争相挖掘（编造）本地的传统、特色。二是要不断创新，项目创新很重要，通过创新吸引上级的注意力，为争项目赢得优势。所以，近年来各地涌现出各式各样的创新，以致创新、包装泛滥。正如基层干部所言："项目是干出来的。"（访谈笔记，20210320WH）三是项目叠加、嵌套。单个项目资金有限，可能难以取得较好的效果。因此，县域政府在建设项目过程中往往会在同一个项目点上不断叠加、嵌套新的项目。这种方式有利于形成项目合力，更好地打造亮点，制造反差，凸显效果，在短时期内向上级展现出显著的政绩。

县域政府通过实施项目、打造亮点，以此获得政治荣誉。

比如，T 县 2019 年获得全国"村庄行动先进县"。全省只有 4 个县获此殊荣。T 县 B 镇的 H 村获得"全国乡村治理示范村"荣誉称号。P 乡 C 村被评为"全国康养基地"和"民族特色村寨"。如果没有县域政府前期投入大量项目资金进行造点，当地是难以获得这些荣誉的。政治荣誉的获得，又可为县域政府争取新的项目资源增加筹码。申报项目时，这些政治荣誉表明申报者有实力、有成绩、有特色，干部想干事、能干事，也能干成事。

因此，在项目体制下，亮点的打造、经营被合理化。上级的绩效导向倒逼下级的经营项目行为。项目制的绩效导向与县域政府的政绩追求相耦合，由此形成上级选点、下级造点的互动模式。下级不断自我加码，制造亮点，并通过不断展演亮点，向上级展现短期政绩，获得上级的新项目，实现项目的再生产。县域政府围绕项目制，形成"经营锦标赛"，强化了项目竞争体制。项目经营能力成为干部的一项重要素质。干部要会琢磨、会创新、会包装、会宣传项目，要想项目、谋项目、建项目、创项目。

概言之，谋项目、争项目、建项目，共同构成了县域政府生产项目的整体链条。上述三个阶段相互依存、相互促进。只有事先策划好项目，才能为后续的争资跑项奠定良好基础；只有争取到更多的项目，县域政府才能集聚更多的资源展开项目建设和经营；只有将项目建设好，凸显亮点和特色，才能为下一步谋划和争取新项目赢得更大的优势。由此形成一个完整的项目生产链。

项目能量的扩张：县域项目平台的统合机制

生产项目只是县域政府进行项目经营的基础，还远远不够。更重要的是，县域政府要以项目作为经营的中枢，撬动县域内的各种要素，使项目的经营效益最大化。因此，搭建项目平台、汇聚并盘活项目资源，就成为县域政府经营项目的不二选择。

（一）利用体制授权进行项目统筹与整合

项目体现了"条条"部门的意图。项目资金具有分散性、碎片化特征①。单个项目的效果有限，难以满足县域政府集中力量办大事、凸显政绩的需求。切块的项目资金流向县域，与"块块"县域政府的施政目标难免存在张力。县域政府需要整合项目资源，将其投向重点发展领域。因此，赋予县域政府一定的项目资金统筹与整合权限就非常必要。

项目资金统筹与整合存在区别。项目资金统筹不得改变资

---

① 折晓叶.项目制的分级运作机制和治理逻辑：对"项目进村"案例的社会学分析.中国社会科学，2011（4）：126.

金用途，但可以改变项目投入地点。县域政府可以将各类项目资金统筹，投入重点规划的地域。项目资金整合则可以改变资金用途。按照规定，非贫困县具有项目资金统筹的权限，但是不具备整合的权限。只有国家级和省级贫困县才同时具备统筹和整合项目资金的权限。

省、市对县域政府项目资金统筹、整合、使用情况进行督查和考核。统筹、整合项目资金成为县域党委政府的一项政治任务。县域政府一般在每年年初给各个县直部门下达资金统筹与整合任务指标。下达任务指标的依据是各个县直部门上一年度的项目资金额度。根据 T 县提供的数据，2020 年，T 县统筹涉农项目资金 12.6 亿元，整合涉农项目资金 3.6 亿元。交通局、农业农村局、住建局、水利局等县直部门被整合的项目资金较多。项目资金统筹规划与整合，其实质是政策目标整合的过程。它体现了县域党委政府的意图，尤其是主要领导的意图。"县里的指挥棒指到哪里，我们就到哪里。县里有很多点，县里要建这个点，我就投到这个点。"（访谈笔记，20210324MJZ）

当然，项目资金整合也有底线。有的可以整合，有的不能整合、挪用。"政策性的问题，不能犯，违规的事，不能做。资金不能违规，这是底线。"扶贫、救灾、民生资金不能整合；到人到户的资金不能用于做事上面，做事的项目资金不能用于人上面。违规整合项目资金将面临问责风险。

（二）以项目为杠杆统合县域资源要素

县域政府以项目作为杠杆，撬动县域内的各种资源要素，形成城镇化的合力。

一是土地资源。土地是地方经济增长（或城镇化）的核心要素，而地方政府经营城镇化项目的关键条件就是拥有土地开发权[①]。土地资源是项目落地的前提。只有供应土地，才能使项目落地。县域政府通过土地储备中心，掌握县域内的征地开发权。在 T 县，2007—2020 年，全县农转征土地 1 450 公顷。已供给农转征土地 1 284 公顷，供地率为 88.55％，位列全市第一。县域政府还大力推动房地产开发，全县最高峰时共有 20 多个房地产开发项目。县域政府通过土地出让获得大量财政收入。2020 年，T 县土地出让金收入 11 亿元，是全县税收收入的十余倍。

此外，县域政府还利用国家旧城改造政策，推动城市更新。在 T 县，政府前几年启动城市更新项目工程，全县分为 13 个片区，由县委常委及人大、政协的主要负责人担任片区负责人。县委书记任指挥部政委，县长任指挥长。县城、城郊地区全面禁止居民私人建房，拆迁实行货币补偿，助推县域房地产经济

---

① 折晓叶.县域政府治理模式的新变化.中国社会科学，2014 (1)：121.

发展。

在此情况下，县城面积大幅扩张。根据《T 县城市总体规划（2012—2030 年）》，该县规划城区范围总面积 125 平方千米，规划中心城区总面积 35.6 平方千米，已建成面积约 26 平方千米。县城经济开发区规划总面积 20.63 平方千米。

二是财政资源。县级财政自给能力普遍较低。在 T 县，本级财政预算收入仅为 8.8 亿元。大量的项目支出依赖上级财政转移支付资金。在有限的财力条件下，县域政府必须为一些项目提供财政配套资金。上级在发包项目时，县域政府的项目配套能力是一个重要的衡量因素。只有为项目提供必要的配套资金，县域政府才能获得立项资格。实践中，一些地方会选择不配套或虚假配套。据审计署 2010—2011 年对宁夏等 9 省、区的农业基础设施建设专项资金管理情况的审计结果，9 省、区 2009—2010 年大型灌区续建配套与节水改造等 4 项专项资金，地方财政少配套 11.75 亿元，占应配套资金的 32.40％。其中，40 个县的 39 个项目少配套 1.59 亿元，占应配套资金的 56.38％①。应配套而未配套的项目，若被上级审计部门发现，县域政府可能被追责。当前，县域政府在项目资金配套方面普遍面临较大压力。

---

① 焦长权，周飞舟 . "资本下乡"与村庄的再造 . 中国社会科学，2016（1）：100.

　　值得一提的是，尽管县域政府本级财政能力有限，但它可以通过项目运作、政策供给、平台融资等方式，以少量的财政资源投入，释放出巨大的能量，最终实现项目落地。对于县域政府而言，财政不是一个单一的工具，而是与其他政策工具协同并用，形成政策工具组合，实现"花小钱办大事"的目标。

　　三是金融资源。在县级财政能力薄弱的情况下，仅靠财政资金支持，县域政府显然无法支撑庞大的城镇化项目建设。因此，向银行贷款融资就成为县域政府的不二选择。当前，T县负债 40 亿元（融资平台借贷），主要用于城镇项目建设。一年的利息为 9 700 万元。县里每年的税收收入尚不足以偿还利息。对于许多项目，上级往往并不提供足额的项目资金，资金缺口需要县域政府自筹解决。比如，在 T 县，县政府实施的横峰大桥项目，上级只拨付了数百万元项目资金，但该项目实际耗资达 8 000 多万元，巨大的资金缺口只能由县域政府向银行贷款融资解决。一方面，县域政府领导要做出政绩，要解决民生问题；另一方面，县级财政能力又非常有限。由此给县域政府带来巨大的融资压力。

　　四是产业资源①。尽管县域政府已经不再直接经营企业，

---

　　①　在已有的关于县域政府经营土地、经营城市的研究中，研究者侧重考察土地、财政、金融的作用，产业发展（及公共服务）往往未引起足够重视。实际上，虽然当前县域政府已经不再直接经营企业，但是工业企业、产业发展对于县域政府经营城镇化项目仍然非常重要。公共服务也是县域政府推动人口聚集县城、经营城市的重要政策工具。

但它并未放弃产业发展。实际上，产业发展对于县域政府仍然具有重要意义。一方面，在上级对县域政府的考核中，产业发展仍是重要指标。比如，2021 年，N 市给 T 县下达的项目协议投资数额为 120 亿元。上级还通过定期观摩重大产业发展项目等方式，给县域政府施加压力，督促县域政府推动产业发展。另一方面，也是更重要的，产业发展是县域政府经营的重要保障。如果产业发展滞后，必然影响就业，县域人口集中、城镇化就缺乏坚实基础，项目建设也将失去意义。

因此，分税制改革虽然在一定程度上影响了地方政府经营企业的积极性，但是地方政府没有也不可能放弃招商引资和产业发展。在 T 县，招商引资被列为县里的"1 号工程"。2019 年，T 县完成招商引资协议投资额 100 亿元，列全市第 3 位。2020 年为 134 亿元，列全市第 5 位。两年均超额完成上级分派的任务。

五是公共服务资源。县域政府担负着为辖区居民提供公共服务的责任，比如交通、教育、医疗等。公共服务向县域集中，已成为县域政府推动城镇化的重要战略布局，教育资源尤为关键。教育是社会流动的阶梯，也是居民最关心的民生问题之一。县域政府通过控制优质教育资源，推动教育进城，吸纳乡村人口进城。近年来，县域政府将教育资源布局与房地产开发相结合，掀起了民办学校建设热潮。同时，大量乡村中小学被撤并。农民尤其是青年农民到县城购房成风，最重要的原因之一就是让子女有学可上。

据《T县城市总体规划（2012—2030年）》，该县2030年中心城区常住人口规划规模为26万人，目前约为18万人（含进城务工者）。县域政府吸纳农民进城的主要途径是产业发展、征地拆迁及教育资源进城。农民进城提供了大量劳动力，维系了县域消费经济，同时带动了房地产升值。

（三）统合县域资源的组织机制：公司化的项目融资平台

那么，县域政府通过何种组织机制统合上述各种资源要素呢？答案是，公司化的项目融资平台扮演了组织者的角色。当前，各地县域政府普遍建立了城市投资建设公司，来具体负责项目的投资、实施、融资等。

在T县，担当该重任的是城市发展建设投资（集团）有限公司（简称"城发集团"），其前身为T县城市建设投资开发有限责任公司。该集团组建于2018年，注册资本金20亿元，资产总额200亿元，员工1 429人。集团管理部门包括纪委、战略规划部、投融资部、人力资源部、工程项目部、资产资源部、行政部、财务管理中心和风险防控中心，下辖公交集团、建工集团、水务集团、矿业集团、农投集团和教投集团等6个子集团，以及城发置业公司、凤凰旅游公司、祈福殡葬公司和投资管理公司等4家子公司。县委选派了12名干部担任城发集团的中高层领导。县委通过掌控城发集团的人事权，推动集团加快项目融资、运营工作。县委组织部还亲自督办集团工作进度，实行"挂图作业"，列出48项急难险重的任务，主要涉及重大项目落地、融资等。

城发集团用其掌握的 1 642.85 亩土地到银行抵押贷款约40 亿元，以此撬动项目建设。集团投资建设的主要项目包括15 个美丽乡村示范点①、5 个城市公园、5 条党建引领基层治理示范带、4 个片区市政交通路网、7 个乡镇污水处理厂、2 个城市自来水厂、5 个"棚改"区拆迁、3 个"棚改"安置小区以及其他城市基础设施等，另有数个重大项目正在投资建设中。

城发集团的经营业务具有很强的垄断性。2019 年，T 县市政工程总量近 4 亿元，其中城发集团下属建工集团承担了70%，其余30%面向市场。在合并前，建工集团的前身市政公司年产值 1 亿元左右，其中从政府承包的市政建设项目额度大约为 3 000 万元，其余 7 000 万元都是公司到周边县、市公开竞标承包工程项目。合并之后，建工集团只承担县域政府安排的市政工程建设项目，不再参与市场竞标，成为一个完全垄断的经营组织。2020 年，建工集团中标 8 亿元市政工程建设项目，完成 5 亿元。项目涵盖老城区改造、环河公园、南山路

① 2017 年，T 县启动美丽乡村建设项目时，共安排了 11 个示范点，后续又增加了 4 个，共计 15 个。

修建、保山线党建引领示范带、村（社区）党群服务中心、路桥、水电等。城发集团及其下属公司几乎垄断了全县除房地产开发外的所有城市建设项目。

在城发集团下属的各个集团公司中，只有建工集团的赢利状况稍好，其利润率大约为 15％，年利润约为 1 亿元。其余各子公司要么利润微薄，要么长期处于亏损状态。当然，获取利润并非县域政府建设公司化融资平台的主要目标，其主要目标是融资。县域政府通过行政和政治控制手段，使城发集团服务于其融资目标。城发集团是县域政府的融资平台，更是贯彻执行县域政府政治意志的工具。

总之，县域政府以项目为载体，通过公司化的项目融资平台，将土地、财政、金融、产业和公共服务组合起来，形成一个庞大的项目经营网络。通过项目统合各方面要素，盘活资源，延续资金链，才能维持经营。

县域项目"经营共同体"的构建机制

县域政府不能仅靠其自身力量经营项目、撬动县域经济社会发展各种资源要素，而必须通过党政治理结构[①]整合、协同

---

① 吕普生 . 制度优势转化为减贫效能：中国解决绝对贫困问题的制度逻辑 . 政治学研究，2021（3）：54.

县域内其他治理主体，共同参与到项目经营过程中，构建项目化的"经营共同体"。在这一共同体中，有四对基本关系。

（一）条块关系

县域政府作为"块块"，是推动县域经济社会发展的主引擎。县域政府的目标，是要整合、盘活资源，让资金、资源流动起来，集中力量干大事。项目资金主要通过"条条"部门下达，县域政府要整合项目资金，实际上是整合"条条"的资源，这就需要调动"条条"争资跑项的积极性。县域政府当然希望"条条"争取到的项目越多越好。获得项目资金之后，县域政府的财政资源"盘子"扩大，其可以整合、支配的空间也更大。县域政府调动"条条"争资跑项积极性的主要举措包括以下几项。

一是为"条条"提供物质和精神激励。"块块"可以赋予"条条"地位、荣誉和面子，使"条条"具有更强的争资跑项动力。

2020 年，T 县农业农村局向上级申请获得 1.3 亿元项目资金，在全县各部门排名第一。县里给予该局 30 万元奖励。奖金可用于局里的工作经费。除此之外，农业农村局的领导作为"三争"工作典型在全县表彰大会上发言。

除了表彰先进外，还要惩罚后进。项目资金没有增长的部门负责人要被县里约谈。"一条线上没有几个项目，领导对你有看法。"（访谈笔记，20210330ZJZ）可见，争资跑项成为

"条条"的政治任务。如果"条条"争取项目工作不力，不仅无法获得县里奖励，而且还要作为负面典型做表态发言。"块块"通过激励先进、鞭策后进，使各"条条"部门在争取项目时呈现出争先恐后的局面。

二是为"条条"提供项目工作经费。县域政府只给"条条"部门提供一部分财政拨款，不足部分要"条条"自己想办法。于是，"条条"普遍面临资金缺口问题，并依赖"块块"提供工作经费。

值得一提的是，"条条"部门向县里申请工作经费，县里主要是以项目名义拨付的。县财政本级的项目多数是用来弥补经费缺口的。县领导掌握着项目资金分配权。5万元以下的项目，由分管县领导签批，5万元以上，由县长签批。这种项目一般监管较松。项目实际只需要2万元经费，但是部门申报时可能填写10万元。完成项目任务后，剩余的项目资金可以充作部门的工作经费。领导对此心知肚明。

这种方式可以调动部门的工作积极性。工作经费实行"一事一请"制度。"要钱跟事挂钩，不能直接以人员工资为理由要钱。要做事，又要得到领导的认可。领导交办的事，你做好了，领导会给钱。你不做事，就没有钱，做事让领导不满意，少给钱，做得让领导满意，可以多给钱。"（访谈笔记，20210329HGZ）为了获得经费，"条条"部门多多少少要做点事。想干事、能干事的部门，获得的经费多。这在一定程度上有利于资源优化配置，同时也节约了资金。

　　当然，县领导是否同意拨付经费及经费数额多少，要视部门负责人跟县领导平时的关系而定。"平时要有交道，没有交道的话，不会给你签的。"（访谈笔记，20210329HGZ）

　　差额财政拨款制度的效应在于：一方面，强化"条条"对"块块"的依附，县领导掌握着财政支配权，在如何给"条条"分配工作经费上拥有较大的自由裁量权。由于"条条"在经济上依附于"块块"，这进一步强化了其在工作中对"块块"的服从。项目资金分配权为县域党委政府统合各县直部门、乡镇提供了权威，各县直部门、乡镇要围绕县域党委政府领导的意图来开展工作。县域政府通过财政项目资源分配的统合，扩大了县领导的自由裁量权空间，增强了县域党委政府的统合能力。

　　另一方面，县域政府通过财政资源分配来激发"条条"向上级争取项目资金、干事创业的积极性。"条条"要争资跑项、要做事，才能获得县里提供的工作经费支持。"条条"争取的项目资金越多，就越有底气和筹码向县里争取工作经费。

　　三是为"条条"提供工作支持。虽然"条条"肩负着对"块块"的监督职能，但实际上"条条"在许多方面都离不开"块块"的支持、配合。

　　其一，"块块"为"条条"的干部提供晋升机会。"块块"掌握着干部人事任免权。"条条"如果不支持"块块"的工作，那么"条条"的干部将在晋升中居于不利地位。

其二，"块块"为"条条"提供项目申报支持。争取项目资金时，"条条"需要"块块"出面支持。若县委书记、县长等主要领导出面去上面跑项目，争取到项目的机会将更大。没有县领导尤其是县主要领导出面支持，"条条"申请项目会很困难。"条条"部门有时也需要依靠县领导出面去跑项目，尤其是一些大项目。县主职领导出面跑项目、发话、表态，效果会更好，调配的资源更多。财力配套不成问题，项目成功落地的可能性就更大，项目资金的安全、效率也更有保障。总之，上级更放心将项目交给县里。

另外，"块块"为"条条"申请项目搭建平台。"块块"可以整合各部门资源，形成争资跑项的合力，做好争资跑项的基础工作，提高项目申请成功的概率。

其三，"块块"为"条条"开展项目工作提供支持。"条条"在实施项目、开展工作过程中，一些重要的指标、任务都要借助党委政府的权力和资源来完成。项目资金通过"条条"流动、分配，但是"块块"也拥有审批项目资金的权力。"条条"负责项目资金分配、绩效评估的具体工作，项目实施绩效考核纳入"块块"对下级的年度考核中。一旦下级项目实施出现问题，"条条"还需要"块块"出面进行问责。"块块"通过项目结余资金考核、项目绩效评价等逐级推动项目资金落地，督促下级提高项目资金的使用效率。

总之，县域政府围绕项目展开经营，将"条条"和"块块"捆绑在一起，形成条块一体化格局。

(二) 县乡村关系 (上下级关系)

县域政府主要通过行政手段将乡、村两级整合进项目经营体制中。行政手段包括行政控制和行政资源分配。

在行政控制方面，县域政府采用行政考核方式，督促乡、村两级争资跑项，完成项目任务。省、市考核县域政府的项目资金结余率，将其作为绩效评价的重要指标。同样，县对乡镇、乡镇对村也如此考核。各级政府通过考核传递行政压力。此外，对于未完成项目或者项目投资失败的乡镇、村，县域政府要进行问责。根据项目要求，"花钱必问效，无效必问责"。比如，2019 年，T 县某贫困村获得上级拨付的村集体经济发展专项资金投入 50 万元，但是项目未按期完成，最终，县委书记被市里约谈。问责压力层层传递。县里问责乡镇，乡镇问责村干部。

在行政资源分配方面，县域政府为乡镇提供以下资源。

一是提供项目平台，给乡镇让利。在 T 县，在征地拆迁项目中，县里为乡镇提供工作经费，标准为一亩地 2 000 元工作经费。乡镇可从项目资金中先支出一部分用于发放干部津贴、补贴。另外，县里给乡镇提供项目建设征地指标。2020 年，S 镇建设科教新城项目，县里批复征地 200 亩，但实际上只需项目用地 80～90 亩，其余被征土地的出让资金绝大部分可归乡镇支配，县里只调控 5％～10％。

二是县域政府为乡镇提供政策。县域政府拥有制定政策的能力，释放更大的政策空间，使乡镇能够有政策空间去运作项目。S 镇某干部说："县长支持力度比较大。如果县长不挂点，不出土地政策，我们这科教新城也搞不起来。"（访谈笔记，20210323HMB）

乡镇作为差额拨款单位，为了生存，必须去跑项目。除了向上级争取专项资金，还要争取重大项目落地在乡镇。2019 年，S 镇利用县里的政策窗口期，在 M 村实施增减挂钩项目，共获得指标交易费用近 3 000 万元。此外，S 镇具有地理位置优势，镇政府推动某房地产开发项目，通过土地出让获得收入，价格为 40 万元～50 万元/亩。又如，镇政府通过项目"生钱"，比如镇里实施的科教新城项目，拆迁中小学旧址，将土地拍卖可以获得约 2 000 万元土地出让金。此外，有时会多报项目工作量，获取更多的项目工作经费。基层干部称之为"吃项目"。乡镇政府经营项目，要确保现金流不断裂，让资金流动起来，维持乡镇的运转。

税费改革之后，乡镇政府并没有仅仅成为"协调型政权"[1]，而是积极参与项目经营，并掌握着一些项目资源分配

---

[1] 付伟，焦长权."协调型"政权：项目制运作下的乡镇政府.社会学研究，2015（2）：98.

权力。乡镇政府拥有推荐行政村申报项目的权力。比如，T县农业农村局负责的村集体经济发展扶持专项资金项目，由各个乡镇推荐1个行政村到县农业农村局，再由局里组织调查核实，制定方案，确定获得该项目资金的行政村。此外，乡镇政府也可以给行政村分配项目资源。如果获得大项目，乡镇政府可从项目经费里面拨一部分给存在缺口的行政村。

乡镇还鼓励村干部跑项目，争资跑项被列入乡镇对村的年度考核中。行政村争取到项目资金，可以减轻乡镇的负担，有利于乡镇出政绩。在T县，不少村干部都积极参与争资跑项。尤其是在县主要领导挂点的村，村干部到县里跑项目更占优势。县域挂点领导成为村庄获取资源的重要渠道。项目经营绩效也成为衡量村干部能力的重要标准。

（三）政社关系

事实上，"项目运动"绝不限于项目所划定的专项范围内，而是在更大范围策动了地方整体社会经济的联动运作[①]。其具体运行机制如下。

首先，吸纳社会资本参与项目经营。社会资本参与县域城镇化项目建设的重点领域是房地产开发。此外，县域政府还吸

---

① 渠敬东. 项目制：一种新的国家治理体制. 中国社会科学，2012（5）：113.

引社会资本投入乡村旅游、特色农业、基础设施建设等领域。
T县政府积极参与政府和社会资本合作（Public-Private Partnership，PPP）项目的策划、建设和运营，建设了锡山城市森林公园、城区河道治理等PPP项目。另据T县农业农村局估算，2020年全县涉农领域投资中，部门项目资金为1.3亿元，县本级财政投入8 000万元，社会资本投入超过10亿元。

县域政府吸引企业（社会资本）的主要方式包括：一是项目资源向企业倾斜。比如通过项目资金提供道路、水电等公共基础设施配套，或者直接给企业提供项目资金补贴。二是政府购买企业的服务。比如在T县，政府修建月季大道时，向县长挂点村的某月季庄园采购月季苗木。三是为企业利用土地到银行抵押贷款提供政策便利。四是减免企业税费。

其次，吸纳农民参与项目经营。离开了民众的参与，县域政府的项目经营将困难重重。对于县域城镇化而言，农民、农村又尤其重要。县域政府吸纳农民参与的主要方式有：一是征地拆迁，县域政府不仅会向农民支付巨额土地出让金，而且给农民提供货币化补偿，推动农民进城买房。二是县域政府通过集聚优质基础教育资源、推动教育进城，使农民为了子女教育而进城购房。此外，在项目实施过程中，县域政府集中流转农民土地，农民获得租金的同时，还可获得部分务工就业机会。通过行政权力运作、公共服务资源配置和市场化机制，使农民主动或被动地参与到县域政府谋划的城镇化建设项目中。农民参与城镇化项目经营的实质，就是县域政府将农村、农民的资源吸附到县城中。

概言之，在县域城镇化项目经营过程中，无论是从资金还是其他因素来看，县域政府都独臂难支，而必须吸纳企业、农民等主体参与。政府通过资金资源倾斜、政策供给等方式，将社会资本和农民吸纳进项目经营过程中，从而实现整体性的经营。

（四）政银关系

在地方政府行为从"经营土地"向"经营项目"转变中，最为关键的是动员出能够投向项目的资本①。体量巨大的城镇化项目建设资金需求，仅靠财政能力薄弱的县域政府显然无法满足，因此，寻求银行的支持就是必由之路。为突破国家关于地方政府不得负债搞建设的规定，地方政府成立了公司化的融资平台，以公司的名义向银行借贷。目前 T 县负债的 40 亿元，就是该县城发集团向银行的贷款。2017 年，T 县启动美丽乡村建设示范点项目，县域政府通过城发集团向农发行贷款2.8 亿元，投入到全县 11 个项目点上。城发集团将其掌控的土地、房产等固定资产抵押给银行。银行之所以给城发集团提

---

① 折晓叶. 县域政府治理模式的新变化. 中国社会科学，2014（1）：121.

供贷款，并非看重其抵押的固定资产，而是因为有政府信用作为担保。银行贷款给城发集团，实质上相当于贷款给政府。若未来城发集团破产，无法偿还贷款，银行相信政府不会坐视不管。

因此，县域政府在经营项目的同时，将银行也整合进来。专项资金的增量越大，政府的公共投入越大，地方投资经营的范围就越广，借贷性融资的力度也就越大，最终形成一个以项目为枢纽的金融资本链条①。

总之，县域政府通过行政、政治和市场机制，将县域内各治理主体整合到项目经营过程中，甚至裹挟了最基层的社会领域，构建了项目"经营共同体"。在项目经营过程中，政府、银行、企业、融资平台等，都成为"一条绳上的蚂蚱"。县域政府通过项目经营，整合县域内土地、财政、金融、产业和公共服务等资源要素，爆发出巨大的经营能量，使县域经营体制高速运转。值得注意的是，城镇化项目建设展现出空前活力的同时，县域体制过热不可避免。体制过热还会引发社会过热，大量社会资本投入项目经营，形成社会投资热潮，而风险不可避免。

---

① 渠敬东．项目制：一种新的国家治理体制．中国社会科学，2012（5）：113．

小结

　　县域在中国城市化中具有举足轻重的地位。县域城镇化的状况，关乎中国整体城镇化、现代化的走向。县域政府在县域城镇化中扮演着重要角色。县域政府的行为直接攸关县域城镇化进程。

　　本文从项目制的角度分析了在新时期城市化进程中县域政府的统合行为逻辑和机制。对于县域政府而言，项目不仅是资金来源，而且是一种统合工具和思维方式。项目思维已经深深渗透进县域政府的行为中。县域政府的项目经营行为呈现出两个面向：一是向内经营，县域政府必须盘算好每一笔项目资金的支出去向；二是向外经营，县域政府必须尽力争取项目资金，通过项目平台融资，做大财政"总盘子"，确保资金链的延续，为县域城镇化提供源源不断的资源。

　　项目制实际上是一种自上而下的资源控制和配置方式，上级掌握着资源分配的主导权，进一步强化了县际竞争。县域政府以项目作为枢纽，将县域内的融资平台、企业、银行和民众等纳入项目"经营共同体"，集聚土地、财政、金融、产业和公共服务等资源，投入到县域城镇化项目经营之中。县域经营体制由此形成。县域政府引领项目"经营锦标赛"，通过汲取和盘活各种资源，进而达到在"政治锦标赛"① 中占优的目的。

透过县域政府的项目经营过程和机制，还可以进一步理解县域政府角色和行为的两面性。

一方面，县域政府通过经营项目，采用政治和经济激励等手段，调动基层干部的积极性。以项目化的经营机制创新，激活县域体制优势，盘活存量资源，提高增量资源，集聚资源干大事，呈现出鲜明的积极政府特质。县域政府确实为县域经济发展、城镇化提供了大量的基础设施等公共服务，改善了城市环境，推进县域城镇化扩张，展现出明显的公共性，也充分彰显了我国土地制度的优势。这与"地方政府公司化"② 的理论预设存在一定张力。

另一方面，县域政府的强烈政绩冲动，也带来一些新的问题。一是诱导和强化了基层干部的短期行为。一些基层干部为了获得"政绩"，唯上是从、投上所好，不顾地方社会实际。一些项目被过度包装，产生无实质意义的虚假创新。基层治理的良性生态遭到破坏，可持续治理能力弱化③。

---

① 周黎安. 转型中的地方政府：官员激励与治理. 上海：上海人民出版社，2008：89.

② 赵树凯. 地方政府公司化：体制优势还是劣势？. 文化纵横，2012（2）：73.

③ 仇叶. 行政权集中化配置与基层治理转型困境：以县域"多中心工作"模式为分析基础. 政治学研究，2021（1）：78.

二是干扰市场秩序。县域政府建立的融资平台遵循政治的逻辑，而非市场、经济的逻辑。它利用政府权力实行垄断经营，干预、冲击市场，较少创造新的财富，从而导致社会整体财富耗损。在政府兜底的条件下，融资平台面对的是"软预算约束"①，资源投入量大但经营效率低下。同时，它还创造了大量灰色利益空间，容易滋生腐败行为。

三是潜藏金融风险。县域政府以项目作为枢纽，通过融资平台向银行大量借贷，将巨额的金融资源投入到许多难以产生实质效益的项目之中，导致体制过热和金融风险②。

四是造成资源吸附与内卷。县域政府为了上项目，突破土地利用控制规划，土地资源利用粗放，造成土地资源浪费。某

---

① 科尔内. 短缺经济学：下卷. 张晓光，等译. 北京：经济科学出版社，1986：9-13.

② 据媒体报道，年财政收入仅10亿元、户籍人口约35万的贵州独山县负债高达400亿元，人均债务达11.2万元。绝大多数融资成本超过10%。独山县的大量财政资源浪费在一些政绩、亮点工程中。参见新浪财经. 独山县"烧掉400亿"只是冰山一角，贵州多地区隐形债务庞大.（2020-07-14）. http：//finance. sina. com. cn/money/bond/market/2020-07-14/doc-iivhuipn2918207. shtml. 另据统计，2017年，我国县级政府债务余额为86 988.16亿元，占整个地方政府债务规模的52.69%。与2013年6月底的县级政府债务对比，仅3年半的时间，就在42 643.72亿元的基础上增加了44 344.44亿元，增幅高达104%，同时，其在整个地方债务规模中的比重，也由39.17%迅速上升了13个百分点。可见，县级政府债务处于急剧增长过程中，县级政府的债务率高达103.14%。参见刁伟涛，傅巾益. 我国县级政府债务风险的分类度量、区域分布和变化特征：2015—2017. 财政研究，2019（5）：58.

些地方政府为了发展农业特色产业，打造产业景观，而不顾市场状况，投入项目资金收益低下甚至无效率。县域政府打造的乡村旅游项目等许多所谓"亮点"难以持续，不具备推广价值，扭曲了项目的初始目标①。这种不合理的资源配置结构导致了一种吊诡的结果：一方面县域政府资金缺口大，基本公共服务投入不足；另一方面又大量浪费资金，形成畸形的经营模式。此外，县域政府的经营行为吸附了大量社会资源，引导农民进城购房，乡村资源不断流入县城。一些乡村建设得越来越美，却越来越凋敝。

五是脱嵌于基层社会。项目经营都由行政力量主导，体现领导意图，而基层民众参与不足。项目运作脱嵌于基层社会，基层治理悬浮、空转。项目建设主要体现政府责任，是一种单向度的公共服务供给。一些基层干部为了追求亮点、政绩，超越历史发展阶段、脱离本地社会实际，盲目提升建设标准，放大农民需求，拉高农民对地方政府的期待值。随着建设标准的提高，成本支出越来越大，地方政府的财政压力随之剧增，资金缺口加大。一些县域政府的经营陷入恶性循环，越经营，缺口越大，而缺口越大，又需要通过经营来弥补，继而加大了缺口。在某种意义上，一些县域政府已成为透支型政府，透支政

---

① 桂华.项目制与农村公共品供给体制分析：以农地整治为例.政治学研究，2014（4）：50.

府信用和未来。

由此可以进一步深化对县域政府体制的认知。县域政府体制健全，功能完备，并拥有政策制定权。其通过项目经营机制创新激发县域体制优势，产生强大的资源动员能力，有利于集中力量办大事。如果县域党政体制优势能够与地方经济社会发展相契合，可以爆发出巨大的发展能量，快速推进城镇化。比如，在经济发达地区，县域经济发展和城镇化本身具有强烈的公共服务需求，县域政府通过经营项目，建立融资平台，为企业、民众提供生产性的公共产品，优化投资环境，创造更多的财富，可形成良性循环。但在一些地区，县域本身的公共服务需求不足，县域政府脱离实际、通过经营项目和融资平台获取的大量财政资源，用于追求政绩、投机等短期行为，提供消费性的公共产品，而未能创造新的财富，便容易导致资源浪费，陷入恶性循环，积累难以估量的风险。在这个意义上，中国的县域城镇化道路仍然充满艰险，值得深思。

十六　县域政策共同体：
县乡政府如何转换政策

"政策共同体"议题的提出

当前,中国共产党带领全中国人民，坚持走中国特色社会主义道路，积极有为地推进中国式现代化。党和国家改造社会、造福人民的雄心和意图，需要通过各种大政方针政策体现出来。因此，中央制定的各项公共政策能否顺利落地，不仅关系到国家意志能否顺利实现，而且关乎政府能否及时有效地回应人民诉求以及人民生活能否得到改善。同时，公共政策执行能力是国家能力的重要组成部分，也是国家治理体系与治理能力现代化的重要体现。

然而，公共政策执行过程中的偏差、变通、象征性执行等问题屡见不鲜，成为公共政策目标顺利实现的重要影响因素。公共政策执行难题不仅是中国独有的问题，而且普遍存在于世界各国。在已有关于政策执行的研究中，不同层级政府之间、不同"条条"部门之间，往往被看作各有立场、利益和偏好的政策执行主体。政策执行主体立场、利益和偏好的多元化，带来了权威的"碎片化"。各政策执行主体之间的利益博弈与冲突是导致政策执行偏差、走样等问题的主要原因。

然而，深入观察可以发现，政策执行主体之间除了利益冲突和博弈之外，还可见合作、协调等行为。这些行为同样对政策执行产生了重要影响。否则，我们就无法理解国家的多数公共政策为何最终能够在基层落地，并总体上产生了较好的治理效能。本文提出"政策共同体"的概念，来解释公共政策在基层的运行机制。所谓政策共同体，是指各政策执行主体围绕政策执行过程而形成的合作、协调、沟通的团体。

笔者提出政策共同体的研究视角，不仅源于我们对基层政策执行经验的观察，而且有着相应的学理支撑。西方学界关于政策执行网络的研究，就强调了各个政策执行主体之间不仅有利益博弈和冲突，而且还广泛存在协调、沟通与合作。当然，政策执行网络呈现的是各执行主体在平等地位基础上的合作形态，它与中国严格的公共政策层级执行结构有着较大距离，尤其是无法展现中国公共政策执行过程的核心领导者——中国共产党的作用。中国共产党是中国公共政策执行过程中最重要的能动者。党的领导权威、高位推动对于公共政策的顺利执行至关重要。因此，"中国公共政策的执行结构要比西方国家的'政策网络'复杂得多。其正式执行结构与非正式执行结构差异之大、关系之复杂，根本不能用类似于'网络'等简单的比喻来标识"①。

　　笔者提出政策共同体的解释视角，还意味着强调从结构的角度去理解政策执行问题。实际上，基层之所以对政策执行具有重要意义，原因不仅在于基层干部行为对政策执行的影响，更重要的是基层在我国政策执行结构中的地位。之所以如此判断，是源于我们对中国公共政策执行层级结构的理解。

　　中国行政体制可以分为中央政府、中间政府和基层政府三个部分。中间政府包括省、市（州）、县（市、区）。在中国公共政策执行的层级结构体系中，中央制定的政策自上而下落地时，几乎都需要对接到基层末端结构。基层不仅需要结合自身诉求和本地实际对各种自上而下的政策进行明确和再规划（即政策转换）②，而且需要通过宣传等手段进行政策动员、整合政策资源、反馈政策执行情况等。政策共同体的解释视角，有助于我们理解中国公共政策执行"最后一公里"的难题。

　　本文把政策共同体问题放到县域范围内去分析。之所以如此，是因为：一是从县域本身的结构地位来看，县是中国国家治理中最古老的基本单元，县处于承上启下、国家与乡村社会

---

　　①　龚虹波. 中国公共政策的执行结构分析. 云南社会科学，2008（1）：18.

　　②　仇叶. 县级政策转换与有效治理：对中国公共政策过程的反思. 经济社会体制比较，2021（3）：99.

之间的接点位置^①；二是从县域的功能来看，县是一级功能完备、机构齐全的政权，除了外交、军事之外，县级几乎拥有上级的各项职权。县域可以构成公共政策运行的一个最基础的完整单元。

县域政策共同体的基础与构成

县域政策共同体的形成，主要有两个基础条件：一是大国有效治理的客观需求；二是县域在公共政策执行体系中的结构性地位。

首先，大国有效治理的客观需求。中国公共政策执行问题必须放在大国治理的体系和格局之下去考量。对于公共政策执行而言，大国治理的需求主要表现在两个方面。一是大国治理的多样性。中国作为一个非均衡发展的大国，不仅国土面积大、治理负荷重，而且各个地方的经济、社会、文化多样性特征突出。中央出台的政策，多具有总体性、笼统性、模糊性等特征，以给地方留下可转换、可结合实际因地制宜实施的空间。中央必须确保统一权威，同时给地方预留政策灵活执行的空间。国家统一政策最终落地的问题，必须通过政策转换来解决。政策转换的任务由中间层级政府尤其是县域政府承担。相对而言，省、市距离基层较远，尽管它们也需要根据辖区实际进一步明确和规划政策，但是并不需要像县级政府那样将政策操作化。而县级政府已经接近基层，必须将政策在县域范围内实施的目标、方案、举措、要求等细化，为乡、村两级提供政策执行遵循。因此，县级政府承担了更为繁重的剩余决策任务。

二是大国治理的层级性。国家制定的公共政策需要落实到一定的地方场域，经由政策细化或再规划的过程，才能实现其政策目标，说明公共政策具有层级性[1]。西方国家也存在多个层级政府，其政策自上而下执行时也面临层级治理的问题。比如，在美国，"由国会和总统制定颁布的法律只是表达象征性的目的，即那些模糊性或者说模棱两可的法律……对于这些象征性的、模糊性的法律和条文条款，行政官僚们就被授予在具体实践中如何解释和应用的权力"[2]。"行政官僚机构是严格规范地按照自上而下的等级结构而组织的，即使对于精英集团来讲，有效执行公共政策的阻力和障碍，也是巨大的。"[3] 戴伊的描述详细呈现了美国公共政策面临的层级治理困境。但是，他主

---

① 贺东航，孔繁斌．公共政策执行的中国经验．中国社会科学，2011（5）：61.

② 戴伊．理解公共政策．谢明，译．北京：中国人民大学出版社，2011：181.

③ 同②186.

要是从政治家与行政官僚这一等级结构去理解美国公共政策执行的层级治理困境问题。而中国的纵向政府层级更多，在政策制定与政策执行之间制造了更大的空间距离。在自上而下的政策传达过程中，各级政府需要对政策进行再规划。

因此，大国治理的多样性、层级性，都使国家制定的公共政策必须经过一个再规划的过程，才能最终落地基层，实现有效治理。

其次，县域在公共政策执行体系中的结构性地位。如前所述，县域处于国家与基层社会之间的接点位置，是国家治理的基本单元。县级政府具备政策制定、转换、输出的权力和能力。乡镇（街道）是不完备政权，往往不具备政策制定、转换的权力和能力，而更多的是执行政策。在中国公共政策的层级结构中，当中央的政策自上而下到达县级时，县级政府如何对政策进行转换就非常关键。县级政府如果能够结合本地实际，有效进行政策转换，乡、村在执行政策时就有了依据，有了可操作的蓝图、方案。县级政府对国家政策进行转换输出之后，还需要督导乡、村两级执行政策，掌握政策执行情况，并根据辖区实际调整政策。

所以，大国治理的一统性与地方政策执行的灵活性需求，以及县域在国家治理体系中的结构性地位，这两个方面构成了县域政策共同体的基础条件。

在县域政策共同体中，县级政府的角色至为关键。它是县域政策共同体运转的发动机、助推器。它不仅承担着县域政策转换与输出的职能，而且需要统筹安排县域内的政策执行、督查、反馈、调整等工作。此外，县域政府还需要为乡、村两级执行政策提供配套资源。乡镇（街道）和村庄两级主要负责县域政策的执行，根据县域党委政府的统筹部署将政策在辖区内落地执行。此外，乡镇、村庄还承担政策沟通、反馈任务，负责及时将政策执行的效果、困难等反馈给上级。乡镇具有一定的资源调配、整合能力，可以对属地范围内的政策资源进行整合。行政村调配资源的能力则普遍较弱。

县域政策共同体的运行机制

那么，县域政策共同体是如何运行的呢？

首先是政策转换机制。"政策转换是指地方政府根据中央的政策目标，结合本行政辖区特点，推动政策逐级细化与再规划的过程"，"政策转换是制度化解决中国政策一统性与地方差异性矛盾的有效机制"①。在中国公共政策层级体系中，政策转换的必要性和重要性毋庸置疑。之前有关中国公共政策执行的研究已经强调了政策转换对于政策有效执行的重要意义。有

----

① 仇叶．县级政策转换与有效治理：对中国公共政策过程的反思．经济社会体制比较，2021（3）：99.

学者指出："由于正式制度的粗略性，因此，通常给执行者留有灵活处置的余地。在制度执行的过程中，目标需要执行者不断地具体化，方式需要执行者不断地加以丰富。"① 县级政府的政策转换主要包括以下几方面内容。

一是政策目标耦合。"中央目标往往具有指导性和整体性，而地方政府则根据自身的偏好和行为能力的强弱显现出更为明确和具体的、具有本地化特色的地方目标"②。县级政府需要结合本地实际制定政策实施总体方案，将上级的政策目标与本地经济社会发展目标相衔接。政策目标需要符合县域党委政府的发展规划，一些不符合本地实际的政策要予以修正。

二是政策方案细化。县级政府需要在上级政策总体框架下制定本县的政策实施细则、依据、标准等，形成一个更加细致的政策文本。除了细化政策文本外，县级政府还通过会议面对面地向下级解释、传达政策精神和要求。通过这些程序，县级政府将模糊性政策清晰化、抽象政策具体化，从而实现政策的可操作化。

三是政策工具选择。政策工具是政府达成政策目标的手段

---

① 王汉生，等. 作为制度运作和制度变迁方式的变通. 中国社会科学季刊，1997（21）：46.

② 贺东航，孔繁斌. 公共政策执行的中国经验. 中国社会科学，2011（5）：64.

和途径，是政策目标与结果之间的桥梁①。在省、市两级，由于不涉及政策的具体执行落地，因而在政策工具上要求不高。但在县一级，政府必须确定要用何种政策工具来完成政策任务。这些政策工具包括考核奖惩、财政资源配套、人力资源调配、成立新型机构等。

县级政策转换与省、市的政策转换存在较大不同。虽然省、市也有政策转换的要求和任务，但由于省、市距离基层较远，还未真正进入政策执行环节，因而其政策转换的要求、细致程度相对较低。而县域作为政策执行的末端结构，必须进行较为细致的政策转换，才能为乡、村两级执行政策提供依据和指导。县级政府通过政策目标耦合、政策方案细化和政策工具选择等环节完成政策再生产，输出被改造的政策。政策转换实际上就是实现国家政策的在地化、可操作化的过程，增强政策协调性、适应性和政策与治理能力的匹配性②，使国家政策与县域经济社会发展实际相适应。政策转换的过程也再次彰显了中国公共政策的显著特色——"执行即决策"③。在中国，公共政策决策并非一次性完成的，而是贯穿公共政策执行的全

———————

①　陈振明．公共政策学．北京：中国人民大学出版社，2010：259-261.

②　仇叶．县级政策转换与有效治理：对中国公共政策过程的反思．经济社会体制比较，2021（3）：99.

③　陈玲，薛澜．"执行软约束"是如何产生的？：揭开中国核电谜局背后的政策博弈．国际经济评论，2011（2）：158.

过程。

　　其次是政策动员机制。党组织在政策动员中发挥了核心领导作用。对于一些重要的公共政策，往往会成立党的领导小组，依靠党的权威推动政策落实。围绕政策落实问题召开的会议，既可发挥政策解释功能，又可以起到宣传动员的效果。此外，县级政府还需要进行资源动员，为乡镇执行政策提供指导、帮助和人财物等资源支持，使乡镇具备执行政策的资源基础条件。

　　最后是政策沟通反馈机制。当乡镇、村级执行政策遇到困难时，可以跟县级政府进行有效沟通、反馈，县级政府及时进行答疑解惑、进行协调，政策反馈渠道比较畅通。

　　经过上述几个机制、环节后，县域政府可以根据乡、村的反馈对政策进行修正、调整，从而进入新一轮的政策再生产过程。县域内由此形成了一个由县、乡、村三级构成的政策共同体。在这个共同体内，政策可以实现有效循环，既可以自上而下转化，又可自下而上沟通反馈，这个共同体有效地解决了大国治理的政策一统性与执行灵活性的问题，较好地解决了国家政策执行的"最后一公里"难题。

体制刚性与县域政策共同体的困境

　　笔者在农业农村局等部门调研访谈时，常常听他们提到政策转换的问题。有的乡镇、街道领导抱怨说现在上面在传达政策时，也不说具体该怎么做，没有政策标准、依据、方案，导致乡镇基层无所适从。最后，要么是硬做、硬执行，导致政策执行过火，要么是应付了事，在执行中存在形式主义问题。比如，据当地干部讲，浙江这几年推行"两非"整治，即耕地的非农化、非粮化，上级在传达政策的时候，非常模糊，没有明确哪些该整治、哪些不该整治，该如何整治，整治到什么程度。这就让乡镇不知道到底该怎么办，上级施加的任务压力又大，最后的结果就是"两非"整治政策执行过火，把很多本来收益高的经济作物都毁掉了。

按道理，县级政府本身也是政策执行的重要主体，县级政府在传达国家政策、给下级安排政策任务时，应该细化政策的操作标准、依据、流程、方案等，这样乡、村两级才知道该怎么落实政策，才能有的放矢，才能让政策真正落地，提高政策执行效率。因此，县、乡、村应该成为一个政策执行的共同体。但是，现在县级却越来越多地对来自中央和上级的政策照本宣科、照抄照转。县乡之间在政策执行上越来越缺乏沟通、反馈。县域政策共同体走向解体。那么，县域政策共同体为什么会走向解体？这种转变是如何发生的？

我们可以从县域政策共同体面临的新挑战来看。

首先，政策任务大量增加。县域承担的中心工作泛化，形成多任务格局。上级安排的各种达标升级项目要求高，又顶格管理，给下级预留的时间短。在政策下达到基层过程中，没有充足的时间对其进行传达、解释、布置。县乡体制高速运转，都疲于应付各种自上而下的政策任务，缺乏足够的时间和空间去进行政策反馈和沟通。

其次，县乡体制的刚性化。上级为了规避政策执行的问责风险，不愿对政策进行转换，一味向下级甩锅、卸责，出了问题就将责任推到下面。在执行政策过程中，县级政府往往只安排任务、下达命令，对下级进行严厉的考核、问责。上下级之间难有耐心细致的思想沟通，缺乏详细充分的支持、指导。

最后，政绩刚需效应。一方面，县级政府有强烈的政绩需求，要出政绩，有自己的中心工作任务。县级政府要把主要时间精力放在完成自己的中心工作任务上面。另一方面，自上而下的各种政策任务繁多，对于很多政策任务，县级政府无暇兼顾，只能向下安排。

如此，县域内政策大循环再也难以进行，变成了自上而下的单向度执行，上级只顾下达政策，给下级安排指标任务、下达命令，借助考核问责制度对下级施压。上下级之间的反馈沟通渠道越来越窄、政策解释空间越来越小。县域政策共同体难以为继。

县域政策共同体的解体，将对国家治理产生深远的影响，危及国家政策执行的根基。国家政策执行的微观平台、载体没有了，国家治理的有效性将难以实现。县级政府不能仅仅是国家政策的传声筒、中转站，而应该是国家政策的转化器，在国家政策执行中扮演着重要角色。

十七 县域议事协调机构与政策执行

　　所谓议事协调机构，是指党委政府为了集中力量推动某项政策落地而临时设置的组织。一旦该项政策任务完成，议事协调机构便宣告解散。议事协调机构包括各种领导小组、指挥部和工作专班等，在中国行政体制中普遍存在，对于国家治理具有重要意义。议事协调机构作为中国特色政治制度的组成部分，对其展开深入研究有助于推进对中国政治的理解。县域议事协调机构是县域党委政府落实国家方针政策的重要载体。深入了解县域内的各种议事协调机构，有助于我们深入理解县域政策执行的逻辑和机制。当前基层治理中"九龙治水""踢皮球"等现象，正是议事协调机制运行不畅的表现。同时，作为统合治理重要载体的议事协调机构陷入"精简—扩张—精简"的循环中，成为历次党政机构改革的难点。笔者在田野调查中也发现，很多议事协调机构成立后并没有发挥实质性作用，却普遍且长期存在。这些现象需要我们深入分析。

当代中国的县域议事协调机构

通过议事协调机构来解决工作中的难题是中国共产党的优良传统。改革开放后，议事协调机构的统合功能得到进一步强化。中央国家机关和地方党委政府都设立了大量的议事协调机构（非常设机构），以至于国家不得不屡屡启动对议事协调机构的清理整顿工作。但每次清理整顿之后，议事协调机构数量不仅未能减少，反而常常超越之前的规模。这再次显示出议事协调机构生命力之顽强，也充分表明议事协调机构对于中国国家治理的必要性。当代中国基层的统合治理，是以党组织的领导权威为基础，依托党政体制的组织架构，实现对"条条"与"块块"的整合协调。

首先，议事协调机构设立的前提条件。议事协调机构的成立需有三个前提条件：一是高位推动。在中国公共政策执行过程中，高位推动是一个明显的特征①。高位推动意味着需要一个更高层次的领导权威来统合各个更低层级的政府和部门。之所以需要设立议事协调机构，是因为治理事务仅靠部门间无法协调，必须由领导高位推动。部门间之所以无法协调，是因为

_____

① 贺东航，孔繁斌．公共政策执行的中国经验．中国社会科学，2011（5）：61.

部门间地位相同，任一部门无权指挥其他部门。同时，不同部门间的利益、偏好分殊，无法达成一致。二是常态化。尽管很多议事协调机构属于临时机构，但作为一种组织，它需要解决的是常态化的治理事务。治理事务无法一次性完成，而需要多次协调推动，需要有相应的组织来推动协调，实现事务协调的组织化、机构化。三是事本化。议事协调机构具有专属性，即议事协调机构必须一事一议，一个议事协调机构只能承担一项特定的治理事务。议事协调机构除了统筹协调各部门资源外，很重要的功能就是汇聚各部门的注意力，将其倾注到新的治理事务上来，引起各个部门的重视。因此，一旦有新的需要跨部门协调的治理事务，就必须建立一个新的议事协调机构。

其次，议事协调机构的类型。根据治理事务重要程度的不同，议事协调机构可以分为两种主要类型：一是强势议事协调机构。所谓强势议事协调机构，是指负责的领导级别高、协调力度大、依托部门地位高的议事协调机构。强势议事协调机构需要完成的治理事务非常重要，往往是党委政府高度重视的中心工作事务，特别是党政一把手高度关注的工作。强势议事协调机构的领导往往由党政主要负责人担任，其日常办公室往往设在组织部、纪委等强势部门内。强势协调机构的统合能力较强，表现为：可以动用的人财物资源较多，比如可以从其他部门抽调、借调人员组成工作专班，拥有充足的财政经费供给；拥有更大的考核检查权力，比如在对各部门的年度综合工作考核中，议事协调机构的牵头部门考核分值较高。由于牵头部门资源丰富、掌握较大的考核和资源调配权力，其他部门一般都较为配合。

二是弱势议事协调机构。所谓弱势议事协调机构，是指负责的领导级别相对较低、协调力度小、依托部门地位低的议事协调机构。弱势议事协调机构所需要完成的治理事务往往并不受党委政府尤其是主要领导的重视，其负责人一般由党政副职领导担任，日常办公室往往设在某些地位相对较低的业务部门内，比如工会、妇联、建设局等。与强势议事协调机构相比，弱势议事协调机构的统合能力较弱，掌握很少或几乎没有考核检查权力、资源调配权力。这类议事协调机构的牵头部门往往只能独自完成专项治理事务工作，并未发挥实质性的协调功能。比如，某区总工会的副主席谈道："协调很难，工会对其他部门没有考核权，有点吃力。工会发一个文件，就石沉大海。不是重点部门，别人爱答不理。"由于无法调动其他部门配置资源、安排落实工作，最终该类协调工作就简化为材料统计工作，仅仅由牵头部门对其他部门提交的材料进行汇总统计。

总之，治理事务的重要程度决定了议事协调机构的地位，进而决定了议事协调机构配备领导和依托部门的级别。治理事务越重要，议事协调机构配备的领导的级别和依托部门的地位就越高。越重要的工作，越能吸引领导的注意力，议事协调机构就越强势，统合能力越强，其功能和运作就越实。

再次，议事协调机构的治理功能。议事协调机构具有多元治理功能：一是资源统合功能。这是议事协调机构最根本的功能。议事协调机构通过整合不同部门的人财物资源来推动工作。当某项工作遭遇阻力时，议事协调机构负责人可以召开会议进行协调、调度。二是治权统合功能。某些议事协调机构可以凭借其掌握的治权直接从事具体治理事务。例如，项目工程指挥部或者工作专班，将征地拆迁工作任务发包给有关责任人，并通过督查考核权力来督促其完成。三是合法性供给功能。许多议事协调机构并不具有实质性的资源、治权统合功能，这类议事协调机构之所以存在，主要是为某项工作的开展提供合法性依据。例如，L区的产业工人改革工作领导小组，并未在资源统合上发挥作用，但是作为一个象征性的议事协调机构，它可以为区总工会向其他部门搜集材料、汇总数据提供依据。又如区建设局牵头的城乡风貌整治工作专班，并没有从各部门抽调任何人员，也没有要求其他部门提供人财物资源，但是它可以为建设局在协调其他单位部门配合工作时提供合法性依据。因为有专班，建设局才有依据要求其他部门配合工作。

最后，议事协调机构的协调机制。协调机制具体有四种：一是常规协调机制。这是指由议事协调机构负责人召集相关部门、单位举行专题工作会议，或者通过正式的文件签发程序等，来解决专项工作中的治理难题、推动专项工作落实。这是议事协调机构最主要的协调机制。

二是私人关系协调机制。这是指由议事协调机构办公室所在部门（牵头部门）的领导干部通过私人关系网络与其他部门进行协调，解决相关问题。在科层体制内部，存在大量的非正式关系网络。许多工作需要依靠官员间的非正式互动来完成。同理，议事协调机构的运作通常也离不开私人关系网络。L 区建设局的某干部说："碰到问题，以专班的名义交办，效果你说很好也没有，要靠自己去对接，靠领导之间对接。只能找领导，科长找副局长，再沟通局长，局长再找区领导。"

三是借势协调机制。这是指议事协调机构办公室所在部门借用其他强势部门的权力来开展协调工作。这一协调机制主要被一些弱势牵头部门采用。比如，工会借助组织部、纪委等强势部门的权力，将自身的工作纳入这些强势部门的工作范畴内，以强势部门的名义给其他部门施压，使这些部门更加重视。Z 省总工会安排产业工人改革工作，区里按照省里要求成立了领导小组，办公室设在区总工会，区总工会作为该项工作的牵头部门，但实际上议事协调机构成立之后，只在每年年底召开一次会议，区总工会无法协调其他部门，只能由负责人跟区纪委相关负责人协调，将该项工作纳入区纪委的年度巡查工作中，借助区纪委的权威来强化各部门对该项工作的重视程度，完成该项工作。最后，区总工会只是从各相关部门搜集材料进行汇总，而各部门并没有投入增量资源来完成这项工作。

再如，L区建设局承担了省里的未来社区试点项目，按要求成立了城乡风貌整治工作专班。在大港头社区试点建设过程中，按照规划需要建设一个托幼机构，设在该社区的幼儿园中。按照职能隶属规定，幼儿园属教育局管辖，但是托幼机构又在卫健局的职能范围内。尽管已经以工作专班的名义由区里分管副区长给教育局、卫健局交办了该项工作，但因为职责边界不清，工作迟迟未能启动。最后，建设局不得不将该事项对接到朝阳新城发展委员会，由该委员会去交办。因为朝阳新城是L区区委书记最为重视和关心的中心工作之一，是区委区政府重中之重的工作，朝阳新城发展委员会直接由区委书记挂帅，而大港头社区又恰好在朝阳新城的辖区内。建设局借助朝阳新城发展委员会的权威，将托幼机构的建设工作交办下去。如此，能够给教育局、卫健局施加更大的压力。

四是考核压力机制（目标管理责任制）。目标管理考核是压力型体制运行的重要机制。"所谓压力型体制，指的是一级政治组织（县、乡）为了实现经济赶超，完成上级下达的各项指标而采取的数量化任务分解的管理方式和物质化的评价体系"①。指标、任务的派发和评价是压力型体制运行过程中的

---

① 荣敬本，崔之元，王拴正，等. 从压力型体制向民主合作体制的转变：县乡两级政治体制改革. 北京：中央编译出版社，1998：28.

重要环节。议事协调机构的运行也体现了压力型体制的色彩。在议事协调机构运行中，牵头部门也可以通过指标任务的分派和考核驱动有关部门完成工作，即议事协调机构办公室所在部门将该项工作纳入考核指标体系中，通过考核来督促其他部门重视该项工作。当然，不同牵头部门的权力地位不同，所掌握的考核权大小也有差异。强势部门掌握的考核权大，考核分值高，更能引起其他部门的重视。相反，弱势部门的考核权小，甚至没有考核权，因此难以引起其他部门的重视。

县域议事协调机构运行的体制基础

当代中国县域议事协调机构的运行，不仅依托于党政体制结构，而且以条块体制为组织载体。党政体制和条块体制，构成了县域议事协调机构运行的体制和制度基础。

县域议事协调机构首先建立在当代中国的党政体制复合结构之上。县域党委是议事协调的最重要主体。党政体制作为一个复合体，以一种特有的方式将政党组织的逻辑和政府组织的逻辑整合在一起，使政党结构"嵌入"和"重组"了政府结构①。党政体制是县域治理中最重要的治理体制，它既是县域

---

①　景跃进，陈明明，肖滨．当代中国政府与政治．北京：中国人民大学出版社，2016：6．

治理得以推进的政治引擎，也是县域治理的具体实践机制①。因此，县域议事协调治理的机制，核心在于行政体制和党委体制与互动机制与实践逻辑②。

党的权威高位推动议事协调机构发挥功能。党组织在县域权力体系中居于轴心位置。议事协调机构的运行，首先必须确保党的领导地位。议事协调机构之所以能够发挥统合功能，主要在于党的权威支撑。议事协调机构的负责人由党委领导担任，领导的级别视专项工作的重要程度而定。党组织将其领导成员纳入议事协调机构之中。议事协调机构的成员均为各部门的负责人，而这些负责人一般为党员。正是因为有党委的权威为后盾，议事协调机构才得以对各部门进行统合。

党的组织体系延伸强化统合能力。依托于党政体制结构，中国共产党建构了一个以自身为核心和中轴的国家政权结构，执政党全面进入国家系统，占据核心位置，履行着重要的政治和行政功能③。在县域，县级党委通过议事协调机构、归口管理、常委分工等制度嵌入政府机构中。同时，各政府机构内部设立党组织。县级党委通过党委权威实现对下级党组织的控

---

① 杨华，袁松．中心工作模式与县域党政体制的运行逻辑：基于江西省 D 县调查．公共管理学报，2018（1）：12.

② 张丹丹．统合型治理：基层党政体制的实践逻辑．西北农林科技大学学报（社会科学版），2020（5）：17.

③ 景跃进，陈明明，肖滨．当代中国政府与政治．北京：中国人民大学出版社，2016：7.

制。议事协调机构是党组织向政府机构延伸的一种制度载体。它具有政治控制和驾驭党政科层制的意义[①]。议事协调机构将党政领导和各部门纳入其中，实际上是通过党的组织体系实现对行政体系的整合。在实际运行中，议事协调机构也是通过党的组织体系来整合人财物资源。比如，由县级党委组织部负责从相关部门抽调人员组成工作专班或指挥部。越重要、领导关注度越高的治理事务，议事协调机构的统合强度越高，越需要依靠组织部、纪委等党的组织系统负责整合资源。在科层体制中，部门职能分化和利益的相互独立与竞争，带来体制权威和资源的"碎片化"。议事协调机构就是通过党的组织系统来改变"碎片化"的状况，实现权威和资源的重新统合。

议事协调机构不仅要解决党委与政府、党政体制与科层体制之间的关系统合问题，而且要解决中国特色的条块关系问题。因此，条块体制也构成了县域议事协调机构运行的体制基础。条块关系、条块矛盾在中国政府体制中表现得较为突出。正如有学者指出，其他国家也存在"条块关系"，但是很难找到一个国家有如此突出的"条块关系问题"[②]。条块矛盾深深

---

① 景跃进，陈明明，肖滨. 当代中国政府与政治. 北京：中国人民大学出版社，2016：7.
② 周振超. 当代中国政府"条块关系"研究. 天津：天津人民出版社，2009：4.

地缠绕着我国的政治和经济生活，左右着我国政府间关系的格局①。

在条块体制下，"条条"掌握职权和资源，对"块块"进行"切割"，形成条块分割的状态。诸多治理事务仅靠某个部门难以完成，需要多部门协同，形成合力，实现整体治理。地方政府作为"块块"，需要统合"条条"的职权和资源，推进专项治理事务落地，完成上级交付的中心工作任务。议事协调机构从两个维度发挥条块统合的功能。在横向上，"块块"将同级的"条条"部门纳入议事协调机构，统合"条条"的职权和资源。在纵向上，上级政府要求下级政府对口成立相应的议事协调机构，并将下级政府的负责人纳入议事协调机构的成员之列。如此，各级"块块"通过议事协调机构结束条块分割的局面，形成条块一体的格局。条块统合实际上解决了纵向和横向权力统合的问题，有助于应对权威的"碎片化"难题。

县域议事协调机构运行的困境

议事协调机构作为县域党委政府统合资源的重要机制，在贯彻执行国家大政方针政策、推进国家治理体系与治理能力现

---

① 林尚立．国内政府间关系．杭州：浙江人民出版社，1998：309.

代化中发挥了重要作用。议事协调机构持续发挥功能，需要县域党委政府领导的关注和推动，需要积聚县域范围内的资源。但县域党委政府的资源是有限的，县域主要领导的注意力也是稀缺资源。近年来，县域治理制度环境的变化，使县域党委政府的统合能力弱化，议事协调机构的统合功能受到抑制。这集中表现为大量"软协调"机构的出现，即诸多议事协调机构成立之后并未发挥实质性的协调统合功能，相关的专项治理事务仍然主要由牵头部门承担。议事协调机构的统合功能被软化，称为"软协调"。

首先，中心工作任务的多元化。中国共产党向中国人民作出了建设美好社会的承诺，具有在短时期内改造社会的强烈意愿和强大能力。党改造社会的决心、意愿和能力集中体现在各项大政方针政策和重大治理事务上。同时，在社会快速转型期，各种社会问题大量涌现，需要党和国家去面对、解决。不同"条条"部门承担了不同的解决社会问题的任务，各部门之间围绕资源分配展开激烈竞争，许多部门都争相吸引党委政府的注意力，将部门工作纳入党委政府的注意力范围，以党委政府的名义要求下级成立议事协调机构，以引起下级党委政府和部门的重视，从而强化了围绕领导的注意力竞争。议事协调机构承担了统合各方资源、推进方针政策落地的使命。随着各种中心工作任务增多，议事协调机构大量出现。上级实行目标任务管理，强化考核、排名、问责，要求限时完成任务，地方党委政府之间横向竞争加剧，不得不通过成立议事协调机构等方式加强统合动员，许多原本可以通过常规治理完成的治理事务转化为下级的中心工作任务。

议事协调机构的效果依赖于领导的重视。议事协调机构是否发挥作用，在很大程度上要看其配备的负责人是否重视。领导重视，议事协调机构的协调力度就大，工作就容易推进。否则，议事协调机构的作用将非常有限，甚至沦为摆设。在县域党委政府资源和领导注意力都有限的条件下，中心工作事务越多，议事协调机构增设越频繁，县域资源和领导的注意力就越容易被分散。县域党委政府和领导只能关注有限的中心工作任务，推动有限的议事协调机构发挥统合功能，而大量的议事协调机构难以发挥实质作用。同时，过于频繁采用议事协调机构这一统合治理工具，也容易导致政治动员手段的滥用，使基层干部产生越来越强烈的疲态和抵触情绪，从而弱化基层统合的效能。基层党委政府统筹工作的灵活性、有机性越来越丧失，越来越屈从于上级的中心工作任务压力，议事协调机构也成为应对治理任务压力的工具。

其次，"条条"部门的权力强化（强势化）。近年来，为加强中央宏观调控，不少部门都实行或者强化了垂直管理。比如，中央在纪委系统加强垂直领导。2013 年 11 月，党的十八届三中全会公报《关于全面深化改革若干重大问题的决定》提出："强化上级纪委对下级纪委的领导……各级纪委书记、副书记的提名和考察以上级纪委会同组织部门为主。"如此改革之后，地方纪委已接近于垂直管理，与地方党委的关系发生了显著变化①。此外，环保局等部门也实施或者强化了自上而下的垂直管理。

同时，在项目制体制下，条块关系进一步复杂化。这表现为各"条条"部门掌握的资源大大增加，拥有越来越强大的资源分配权力。权力、资源向"条条"部门集中，凸显了部门的强势地位，带来"条条专政"的局面，权威的"碎片化"问题更加严重。"条条"的强势反衬出"块块"的弱势，地方党委政府的统合能力弱化。设置议事协调机构的初衷是通过地方党委政府来统合"条条"部门的职权和资源，强化部门间协同治理，但"条条"部门的强势加大了"块块"统合的难度。

最后，基层行政的规范化。治理规范化是基层治理转型的重要内容，但治理规范化不仅仅是指治理规则在形式上的统一，其核心在于规则合理性与公共性的提升，即政府确立的规则是否具备实现其治理意图的能力，是否真正能够以社会认同的方式制度化地回馈公共利益②。当前，基层治理的规范化建设正在不断压缩党委政府的自主统合空间。地方党委政府通过

---

① 曹正汉，王宁. 一统体制的内在矛盾与条块关系. 社会，2020（4）：77.

② 仇叶. 行政权集中化配置与基层治理转型困境：以县域"多中心工作"模式为分析基础. 政治学研究，2021（1）：78.

议事协调机构统合资源，在短时期内快速完成中心工作任务。由于基层诸多治理事务的不规则性、非正式性，解决基层治理难题往往需要一些非常规手段，需要灵活裁量空间，这些非常规手段和自由裁量权往往可能与既有的法律法规政策难以兼容甚至相悖。在基层社会非规则性较强的条件下，党委政府的统合过程需要打破常规，难免越过科层制既有的边界和规范，甚至出现打法律、政策擦边球的情形。赋予县域党委政府必要的自由裁量权，是议事协调机构良性运行的必要条件。而近年来基层行政日趋规范化，大大压缩了基层党委政府的自主空间。这集中表现为自上而下监督的强化。各种来自上级的督查、暗访大量增多，特别是跨层级督查给基层干部施加了巨大压力。监督问责的强化有助于督促基层行政的规范化，促使基层干部依法依规行政。但由于容错机制不太健全，基层干部面临的问责风险骤增。

在问责风险日益加大的情况下，基层干部避责的动机愈加强烈。一些部门和领导为了规避问责风险，不再愿意突破既有的政策规定，致使一些问题难以解决。例如，群众信访、征地拆迁等疑难问题，往往需要多个部门协同行动、采取打破政策常规的方式才能化解，但部门间协调难度加大，部门负责人担心被问责，不愿意作出决策。最后，各部门都将责任推向上级领导，需要领导出面解决，进一步强化了领导依赖思维。领导也不敢担责，致使某些治理难题久拖未决，"小事拖大，大事拖炸"。县域议事协调机构的效能被极大抑制。

概言之，基层中心工作任务的多元化、"条条"部门的强势化和监督问责的泛化，使党委政府的统合能力下降，议事协调机构的统合功能软化。一方面，随着中心工作的多元化，基层统合治理的需求大量增加，基层党委政府频繁进行政治动员，建立议事协调机构，基层各层级、各部门都被频繁卷入政治动员体系之中，使基层治理体制刚性化；另一方面，基层议事协调机构日益增加，但统合效能并未得到同步增长，统合治理出现内卷局面。诸多议事协调机构只具有形式和象征意义，而并未发挥实质性的统合功能。大量软化的议事协调机构的出现，成为基层形式主义的重要表现。

增强县域议事协调机构能力的路径

议事协调机构作为基层党委政府的重要统合工具，在基层治理中长期存在，显示出强大的生命力。通过议事协调机构来实施统合治理，既是基层党委政府在短时期内完成上级安排的中心工作任务、改造基层社会的使命要求，又是有效应对基层社会快速变迁的客观需求。当今，基层社会处于巨变过程中，基层社会的巨变，引发了各种各样的治理难题。这些治理难题难以通过某个单独的"条条"部门来解决。此外，基层社会事务具有不规则性，治理事务具有综合性，也要求跨部门、跨行业、跨领域和跨层级的协作，从而对基层党委政府的统合功能提出了客观要求。当前，我们急需采取多方举措，进一步增强基层党委政府的统合能力，使议事协调机构能够更好地发挥统合功能，推进基层治理现代化。

首先，需要降低基层的治理负荷。常言道，"上面千条线，下面一根针"，越到基层，承担的治理事务越多，工作负担越重。近年来，党中央屡屡强调要为基层减负，杜绝文山会海的情况。但基层负担超载现象仍未得到有效根治，甚至出现"以会议落实减负"等新问题。上级应避免盲目提升治理目标、追求大干快上、急于求成、不断压缩基层政府完成治理任务的时限。应该区分常规治理与政治动员式治理渠道，能够通过常规治理解决的事务，应避免频繁、过度对基层进行政治动员，带来基层中心工作任务的扩大化。此外，上级政府不应为了凸显政绩而在指标任务上层层加码，以有效改善基层治理负荷超载的状况。

其次，需要理顺基层条块关系。条块关系牵涉中央与地方关系。对于中国这样一个实行单一制的大国，条块关系尤为重要。新中国成立以来，党和国家一直在探索如何理顺条块关系。1956 年 2 月，毛泽东在听取国务院工作汇报时讲道："我去年出去了几趟，跟地方同志谈话，他们流露不满，总觉得中央束缚了他们，地方同中央有些矛盾，若干事情不放手让他们管。他们是块块，你们是条条，你们无数条条往下达，而且规

格不一，也不通知他们。他们的若干要求，你们也不批准，约
束了他们。"① 在《论十大关系》中，毛泽东批评了当时中央
"条条"对地方干预过度的状况："现在几十只手插到地方，使
地方的事情不好办。立了一个部就要革命，要革命就要下命
令。各部不好向省委、省人民委员会下命令，就同省、市的厅
局联成一线，天天给厅局下命令。这些命令虽然党中央不知
道，国务院不知道，但都说是中央来的，给地方压力很大。表
报之多，闹得泛滥成灾。这种情况，必须纠正。"② 为了理顺
条块关系（央地关系），毛泽东主张"应当在巩固中央统一领
导的前提下，扩大一点地方的权力，给地方更多的独立性，让
地方办更多的事情……我们不能像苏联那样，把什么都集中到
中央，把地方卡得死死的，一点机动权也没有"③。"中央要注
意发挥省市的积极性，省市也要注意发挥地、县、区、乡的积
极性，都不能够框得太死。当然，也要告诉下面的同志哪些事
必须统一，不能乱来"④。

　　毛泽东关于条块关系的论述对于当下具有重要借鉴意义。
当前，应该在确保中央统一领导的前提下，适度增强基层"块

---

　　① 中共中央文献研究室. 毛泽东年谱（1949—1976）：第 2 卷. 北
京：中央文献出版社，2013：528.

　　② 中共中央文献研究室. 毛泽东文集：第 7 卷. 北京：人民出版
社，1999：31.

　　③ 同②.

　　④ 同②32 - 33.

块"的权力，使基层"块块"能够更好地通过议事协调机构来
统合基层治理。同时，"条条"部门应该避免给基层"块块"
安排过多治理任务，尤其要避免"条条"借助上级党委政府的
权威向基层甩锅卸责。如此，才能理顺基层条块关系，增强基
层"块块"的统合能力。

最后，赋予基层适度的自主行政空间。必要的自主性是基
层党委政府通过议事协调机构开展统合治理的基础。为改变基
层治理体制过于刚性化、基层自主性被过度压缩的状况，需要
赋予基层一定的自主行政空间，使基层尽可能达到权责匹配的
状态。上级应该弱化对基层的过程管理，避免过度频繁的考
核、排名通报，为基层自主安排治理事务提供弹性空间，充分
释放统合治理的能量。应该允许基层根据治理情景需求，运用
人情、关系等各种非正式治理资源，降低治理成本，提高议事
协调效能。同时，应鼓励基层干部突破常规，敢于创新。健全
基层干部容错机制，为基层干部担当作为、勇于创新创造更好
的制度环境。如此，方可增强基层干部的能动性，使其真正成
为具有主动性的"战略群体"①，成为基层统合治理的能动主
体。当然，这并不意味着基层掌握的统合权力越大越好，一方
面，必须确保上级的统一权威、政令畅通；另一方面，要为基

① 海贝勒，舒耕德，杨雪冬."主动的"地方政治：作为战略群
体的县乡干部.北京：中央编译出版社，2013.

层自主行政设置一定的弹性空间，加强必要的规范化建设。

小结

　　基层党委政府通过议事协调机构统合各部门资源，推动各项方针政策落地，完成上级下达的中心工作任务，实现改造基层社会的目标，推进基层治理现代化。基层党委政府的统合治理能力，攸关国家方针政策落地情况和基层群众对政府干部的感知，进而关系到基层治理现代化目标的实现。

　　县域议事协调机构的统合治理模式，既克服了科层制的弊端，又超越了西方整体治理、弹性治理等理念，彰显了中国特色社会主义体制的独特优势。长期以来，中国在党政体制、条块体制的基础上，依托于以议事协调机构为代表的统合治理工具，快速推进各项方针政策落地，在短时期内实现了改造社会的宏大目标，取得了举世瞩目的伟大成就，充分显现了集中力量办大事的体制优势。

　　近年来，为推进基层治理现代化，国家大力推动现代规则下乡，期望通过精准的政策、制度来改造基层社会。然而，往往上级越是精准制定规则，便越是偏离乡村的真实需求，基层盲目按照上级的规范要求行政，使统合治理能力弱化，国家政策难以落地，基层治理出现内卷之势。长期的基层治理实践表明，治理现代化不能仅限于规范的外表，而更应注重治理的有

效性。在中央有关乡村振兴的二十字方针中，"治理有效"也
是其基本内容。为实施乡村振兴战略，中央提出要夯实基层政
权，构建简约高效的基层管理体制，健全农村基层服务体系，
夯实乡村治理基础①，"向基层放权赋能，减轻基层负担"，
"构建党委领导、党政统筹、简约高效的乡镇（街道）管理体
制"②。中央的一系列举措较好地回应了县域议事协调机构统
合能力弱化的现实问题，为实现乡村基层"治理有效"的目
标、推进基层治理体系与治理能力现代化提供了新的组织、制
度和资源保障。

---

① 中共中央、国务院《乡村振兴战略规划（2018—2022年）》。
② 中共中央、国务院《关于加强基层治理体系和治理能力现代化
建设的意见》。

十八　干部联村制度是个好东西

　　国家如何实现对乡村社会的动员与整合，亦即国家权力如何进入乡村社会，自古以来便是中国国家治理面临的一个难题。在传统社会，国家能力虚弱，因而无法在乡村社会建立一套行政体系，只能依靠士绅等乡村内生力量来对乡村社会进行"简约治理"①，形成所谓"皇权不下县"的治理模式。新中国成立后，国家在乡村社会建立了"公社—大队—生产队"这一完整的行政体系，完成了对乡村社会的组织化。尽管在人民公社时期存在一些"反行为"② 和歪曲甚至拒不执行国家政策的现象，但总体而言，国家实现了对乡村社会的有效动员。跟之前的国民党政权和封建王朝相比，国家对乡村社会的渗透能力得到极大增强。

　　改革开放后，国家不再像人民公社时期那样紧密地控制乡

---

　　①　黄宗智．集权的简约治理：中国以准官员和纠纷解决为主的半正式基层行政．开放时代，2008（2）：10.

　　②　高王凌．人民公社时期中国农民"反行为"调查．北京：中共党史出版社，2006.

村社会。尤其是自 1988 年起开始推行的村民自治，赋予了乡村社会更大的自主权。国家对乡村社会的介入减弱，而乡村社会的自主性增强，"乡政村治"的新型乡村治理结构形成①。在制度层面，村干部由村民选举产生，这挤压了乡镇对村庄的行政控制空间。在"乡政村治"的格局下，国家如何保持对乡村社会的整合与控制以顺利贯彻各项方针政策，就成为一个难题。其中，乡（镇）与村之间如何对接尤为关键。已有研究关注到诸多县乡政府动员和控制乡村社会的方式，比如村支书和村主任一肩挑、目标考核责任制②、项目资源分配③等。上述研究颇有启发意义，但我们需要进一步追问的是，县乡政权动员乡村社会的微观机制是什么？即国家权力是通过何种载体进入乡村社会的？笔者调研发现，各地农村广泛存在的联村干部（又称为"包村干部"）正是连接县乡政权与村庄社会的重要载体，是县乡政权动员村庄和农民的重要制度渠道。联村干部在国家政策执行的"最后一公里"中发挥着极为重要的作用。

　　本文将以联村制度为研究对象，探讨在村民自治背景下县

---

　　①　罗兴佐. 治水：国家介入与农民合作. 武汉：湖北人民出版社，2006：49 - 53.

　　②　徐勇，黄辉祥. 目标责任制：行政主控型的乡村治理及绩效：以河南 L 乡为个案. 学海，2002（1）：10.

　　③　李祖佩. 分利秩序：鸽镇的项目运作与乡村治理（2007—2013）. 北京：社会科学文献出版社，2016.

乡政权动员乡村社会的机制。改革开放以来，联村制度是乡村治理中基层政府动员乡村社会的重要载体。在税费改革之前，联村制度在征收农业税费、计划生育等工作中发挥了无可替代的作用。取消农业税之后，广大中西部地区农村的中心工作大大减少，联村制度日渐虚化。然而，在沿海发达地区的农村，由于项目资源密集、发展任务繁重、中心工作繁多，联村干部承受着巨大的压力。各种重大项目落地和中心工作的完成都需要通过联村干部去动员。因而，联村制度仍然具有旺盛的生命力，成为县乡政府动员村庄社会的一种重要方式。

本文的资料来源于笔者及研究团队于 2016 年 7 月在东部某省 A 县的田野调查。A 县经济较发达，境内主导产业有办公文具、汽车配件等。2015 年，A 县年度财政收入达 73 亿元，远超大部分中西部地区的县。田野调查主要在 A 县 Q 镇展开，同时在其他乡镇和部分县直单位也进行了调查。调查方式主要为深度访谈，同时搜集了一些文献资料。

联村制度的基本框架

所谓联村制度，是指基层政权按照一定的原则将干部分派到某个村庄，负责督促、协调村庄落实各项行政工作的一项制度安排。这意味着，联村干部具有双重身份，他们既是科层体制内的成员，又身兼村庄事务承包责任人的职务。联村干部类

似于土地改革、人民公社时期的农村驻村工作队，其目的都是
为国家落实各项工作、贯彻执行方针政策。不过，联村干部与
之前的工作队存在着诸多区别。比如，联村制度是县乡政权治
理乡村社会的常态机制，而驻村工作队往往是临时性、非常态
的；联村干部承包了村庄整体的、综合性的工作，而驻村工作
队往往侧重于某一方面的工作任务（比如土改、"四清"等）。

联村制度是中国乡村治理中广泛存在的一种制度设置。在
取消农业税费之前，联村干部主要负责所联系村庄的农业税费
征收和计划生育工作。取消农业税之后，中西部地区的乡村治
理事务较之前相对减少，所以，联村干部的作用下降。而东部
发达地区农村，由于资源和利益密集，发展任务十分繁重，大
量的项目资源面临着如何对接村庄的问题。同时，旧村改造、
征地拆迁的工作量非常巨大。因此，联村干部显得尤其重要。
在 A 县当地，联村干部是一个备受关注的群体，各个乡镇几
乎所有的工作都离不开联村干部。

调研发现，联村制度是实现乡村社会动员与整合的重要渠
道。这种动员与整合的具体路径有以下几种。

（一）县领导联村制度

领导分包下级单位是中国行政体制中的普遍做法。在 A
县，县领导一般要联系某个乡镇，并在所联系乡镇中选择一个
村作为联系点。例如，A 县县委常委、纪委书记联系 Q 镇，

同时联系 Q 镇的 L 村。县领导联村不同于一般意义上的造典型（造点）。有的县领导联系的村庄并不是所谓先进典型，而可能是一些发展较为滞后甚至可能是软弱涣散的村庄。人们一般以为，县领导联村制度只是一种形式，并无实质意义，实则不然。虽然县领导很少有时间亲自到他所联系的村庄，但县领导联村制度至少具有两重意义。

其一，政治象征意义。领导联系村庄，往往体现出地方政府对某方面工作的重视程度，反衬出地方政府的政治、政策导向。因此，领导联村制度可谓地方政治的风向标。

其二，实质意义。领导联村制度可以为村庄带来更多的资源。客观而言，县领导掌握的资源比一般的联村干部要多得多。县领导联村，无论是先进村，还是落后村，都说明领导对所联系村庄的重视。县领导的地位、权力、关系网络都能使其所联系村庄获得比其他村庄更多的资源。

（二）"第一书记"联村制度

近年来，A 县还从县直单位中选拔优秀后备科级干部到村里担任第一书记。这一制度很大程度上是为了推动落实县委的中心工作任务而设立的。调研发现，第一书记一般都被派往重点村。所谓重点村，包括重点发展村和软弱涣散村两类。

重点发展村，又称为精品村。这些村庄往往是县乡政权树立的典型，承担着县乡政权打造示范村、推动产业结构转型的重任。同时，这些村庄资源密集、项目众多、工作量巨大，需要有更高层级的力量来推动。例如，Q 镇的 M 村是近年来 A 县重点打造的农家乐旅游示范村。该村曾经是 A 县县委书记的联系点，获得了大量的项目资金支持。2016 年，该村被列为全县 8 个年度精品村之一，县财政投入资金 400 万元进行村庄建设。2015 年，A 县下派县行政审批服务中心的一名中层干部到 M 村担任第一书记。2016 年 7 月，该第一书记调任另一个乡镇的纪委书记之后，A 县又下派了另一名县直单位的中层干部到 M 村担任第一书记。

软弱涣散村，一般指村干部班子战斗力较弱，无法有效开展工作，需要外部力量直接介入来推动村庄完成上级安排的中心工作任务。从更宏观的层面来讲，第一书记制度与执政党对农村基层党组织的发展方向的规划相吻合。近年来，中央对基层党组织建设问题高度重视，要求发挥基层党组织的战斗堡垒作用，建立"堡垒评价指数"。第一书记既有利于强化基层党组织的建设，又能更好地动员村庄社会参与到中心工作中。

第一书记对于基层政府动员乡村社会具有重要作用。首先，第一书记具有更高的权威。与乡镇的联村干部相比，第一书记是由县级政府下派的联村干部，更高的行政级别使其更容易在村庄社会中树立权威。而且，县里每年下派的第一书记数量较为有限。例如，2015 年，A 县下派的第一书记总数为 47 名。Q

镇 18 个村庄中仅有 2 个村庄被下派了第一书记。所以，村庄如果能够被分派第一书记，那自然表明上级对该村庄的重视。此外，第一书记作为外来的权威，因为没有介入村庄的利益纠葛，所以他可以超然于村庄的派性竞争，更能得到村庄各个派性的认同和支持。如此，第一书记也更能推动各项工作落实。

其次，第一书记大多是县直单位排名第一的科级后备干部。一般而言，能够被列入后备干部的官员都有较好的政治前途。村干部一般不会轻易得罪他们，反而可能更愿意配合和支持他们的工作。

再次，第一书记会为村庄带来项目资源。按照 A 县的政策，"为形成'选派干部驻村、部门领导挂点、所在单位支持'的工作局面，该县建立派出单位与选派干部、对口帮扶村捆绑模式，实行重点创业承诺项目化管理，整合资金、项目、人才、技术、信息等资源向派驻村集聚，并将落实帮扶情况列入派出单位领导班子年度考核，主要负责人每两个月至少下村 1 次，领导班子成员和机关干部经常到村走亲连心、指导解难"[1]。这一制度安排实际上是将第一书记所在单位连带纳入联村工作之中。单位负责人肩负着联村工作的责任，激励单位为所联系村庄的发展投入资源。此外，第一书记作为所在单位

---

[1]　徐光安. 浙江宁海县选派全日制第一书记驻村. 中国组织人事报，2015 - 05 - 06（5）.

的科级后备干部，一般也受单位主要领导重视。所以第一书记向单位争取政策、资源支持时，自然更容易成功。

最后，晋升动力激励第一书记做好联村工作。可以说，县级政权下派第一书记这一活动本身也是一种政治仪式，是县级政权培养、锻炼干部的一种重要方式。如果第一书记在联村期间努力推动工作，做出政绩，将更有可能获得提拔。在 A 县 2015 年下派的 47 名第一书记中，有 39 名于 2016 年获得提拔。这表明，并非所有的第一书记都能理所当然地获得提拔，在第一书记群体内部也存在晋升竞争。要想在晋升竞争中胜出，政绩自然是重要的考量因素。这为第一书记做好联村工作提供了强大的激励。此外，A 县还就第一书记联村工作作出了较为详细的规定，包括签订创业承诺书、每月定期汇报工作、每周夜宿村庄 2 个晚上等。县乡政权还建立了第一书记联村工作绩效考评管理制度。考评结果作为晋升选拔的重要参考依据。

（三）乡镇干部联村制度

乡镇一级的联村干部是联村制度的主体。在乡镇一级，除党政一把手外，绝大部分乡镇干部都要联系村庄。一方面是锻炼培养干部，另一方面是推动所联系村庄的经济社会发展。Q 镇下辖 18 个行政村（居），所有村被划分成 4 个片，每个片都设有一个片长，片长由乡镇领导担任。分片的主要原则是地域相邻，即把地域相邻的一些村庄放在同一个片区。同时，这些片区内的村庄资源相近，发展思路和功能定位也较为接近。比如，中心片适合发展工业，吞里片以旅游农家乐为特色。片区是一个虚体，没有独立的办公场所和专职工作人员。但是，镇里的一些工作往往以片为单位往下落实。片长负责片区各个村庄之间的协调工作。

每个片区下辖若干个村庄。每个行政村安排一名联村领导和一名联村组长。每个行政村下辖的自然村再分别设置一名联村干部。联村组长除了统筹协调整个行政村的工作外，还要联系一个自然村。

通过上述三条联村路径，A县在县域范围内建立了一套完整的县乡村治理体系。这一治理体系涵盖了县—镇—片—行政村—自然村等各个层级的治理主体。县乡基层政府的行政控制得以深入到每一个自然村，形成了健全的自上而下的控制网络。

联村制度还具有较强的行政包干色彩，它打破了科层制的专业化分工，将村级治理事务发包给联村干部，并在村庄治理绩效与联村干部之间建立责任—利益连带关系。在这一包干制度中，乡镇政权是发包方，联村干部是承包方。这种承包制类似于所谓的行政发包制①。但与行政发包制侧重于"块块"（政府组织）之间的关系不同的是，联村制度强调政府内部的

①　周黎安.行政发包制.社会，2014（6）：1.

发包—承包关系，对应的是组织—个人之间的关系。

联村制度的动员机制

联村制度使县乡政府的触角伸到乡村社会。它既有利于在科层体制内进行动员，又有利于实现基层政府对乡村社会的动员。

（一）联村干部的常规动员：总体考核与专项考核并举

对于联村干部而言，除了联村工作外，还必须完成自己岗位职责所规定的各项业务工作。所以，联村工作属于联村干部的额外工作。那么联村干部执行和完成乡镇交付的联村事务的动力来自哪里呢？这就涉及联村干部考核制度。

在 A 县 Q 镇，镇里每年都对联村干部（包括联村领导）的工作情况进行考核。镇里还设立联村工作考核奖金，奖金发放以联村工作考核结果为依据。以 2012 年度为例，当年 Q 镇的联村工作考核办法规定：考核基本分为 100 分，考核联村工作内容包括组织建设、"三务"公开、村务管理、土地管理、环境政治和信访维稳等六个方面。计分方式有扣分和加分两种，未能按照要求完成工作任务的扣分，完成较好的则加分。镇里还从年终考核奖中专门拿出 6 000 元设立联村工作考核奖金。我们注意到，联村工作考核的内容总体比较稳定，但也会随着镇里工作任务环境的变化而进行适当调整。比如，在2011 年度联村工作考核中，环境整治并没有被纳入考核范围，但是到了 2012 年度，当环境问题成为镇政府高度重视的工作任务时，它随之被纳入考核范围。

除了总体性考核外，Q 镇还建立了联村工作专项考核制度。专项考核主要针对镇里极为重视的中心工作，特别是面临极大问责压力的中心工作。比如，Q 镇曾将计划生育工作作为联村干部的专项考核内容，并从年终奖金中拿出 6 000 元作为考核奖金。

总体考核与专项考核共同加大了联村干部的工作压力。无论是总体考核还是专项考核，其中的各种考核事项都规定得可谓细致入微。这种考核方式有利于将考核工作量化，明晰和落实工作责任。一旦某个村庄或者某个环节出了问题，很容易进行责任追溯。对于考核结果，乡镇每个季度进行通报排名。毫无疑问，这种通报排名会给联村干部带来一定的压力。如果自己所联系的村庄的考核排名比较靠后，那么联村干部自然会感觉脸上无光。最重要的是，这可能会影响到自己在领导心中的印象，进而影响到政治前途。

此外，自 2013 年始，A 县每年实施"联村干部满意度评价"制度。各个乡镇根据年终考核结果和民主评议等程序，评选出"满意联村干部"和"不满意联村干部"。乡镇将考核结果上报到县里，县里在全县范围内进行通报。当年，A 县共有

18 名联村干部被评为"不满意联村干部"。被评为"不满意联村干部"的联村干部，将被取消年度评先评优资格。这项制度在联村干部群体中营造出浓厚的压力氛围。

当然，考核制度虽然有利于强化联村干部的责任意识，督促联村干部重视所联系村庄的各项工作，但也有其内在的张力和矛盾。每个村庄的村情不一，村干部的工作能力和配合程度也存在很大差异。这些因素都是联村干部无法把控的，但都极大地影响联村工作的开展和落实。因此，若仅以村庄工作的优劣来评判联村干部的工作绩效，可能有失公允，进而会打击联村干部的工作热情。在调查中，不少联村干部都对这点提出了不同意见。为了平衡联村干部的情绪，最终的结果可能是几乎所有联村干部的考核分数都相差无几。如此，原本设计得极为细致的考核制度最终却并未真正起到择优劣汰的作用。

考核制度实际上是一种弱激励制度。它的主要作用可能是在所有联村干部中营造一种责任和压力的氛围，督促大家重视联村工作，绷紧各自的神经，而并不是为了故意刁难和追究某个联村干部。同时，对于工作绩效确实较差的联村干部，它也能起到警醒的作用。如果联村工作未能做好，引起领导不满，那么联村干部在晋升竞争中可能会被淘汰。

（二）联村干部的运动式动员：中心工作的压力

A县经济发展水平较高，资源高度集聚，发展任务十分繁重，因此，各种中心工作十分密集，特别是来自县级以上政权的各种重大项目数量非常多。县级政府将中心工作压力传递给了乡镇政权。乡镇政权为了完成中心工作，也将压力往下传递和分解。笔者在 A 县下面的乡镇进行调研时，发现每个乡镇的一楼大厅里面都张贴有当年的重大项目任务分工表，对每个重大项目的分包联系领导、项目进度等都有详细的记录和说明。这从一个侧面表明乡镇政权对重大项目的高度关切，以及乡镇为完成重大项目而承受的巨大压力。

这些重大项目和中心工作最终要落地，就必须对接到乡村社会。县乡政府将联村干部纳入中心工作中，使其必须承担中心工作任务，承受着完成中心工作的压力。联村干部直接参与中心工作，一方面有利于将县乡政府的政策精神更好地传达到村庄；另一方面，可以更好地动员村干部贯彻执行上级政策，加快矛盾纠纷协调进度，顺利完成中心工作任务。

（三）联村干部的嵌入式动员：对村干部的替代

在 A 县当地的农村，由于村庄资源和利益高度密集，村内派性竞争较为激烈。村干部虽然能够承担并胜任村庄中的日常治理事务，然而却缺乏对整个村庄进行动员的能量。换言之，虽然村干部还是村庄中的治理主体，但是他们却无法动员全村的力量参与到上级安排的中心工作之中。这一情况带来的后果是，乡镇安排的中心工作无法在村庄中找到理想的承接载体。比如，在 Q 镇 D 村，早在 2008 年，镇里就准备拓宽穿过村庄的一条主干道。但是，由于村庄内部存在派性斗争，反对者对村干部的工作不支持，导致此事最后无疾而终。

对于一些村级班子无法配合中心工作的软弱涣散村，乡镇政权也缺乏有效的治理手段。在既定的法律制度安排下，村民委员会主任由村民民主选举，乡镇并没有撤换的权力，而必须按照程序通过召开村民会议或者村民代表会议进行罢免①。然而，在派性斗争严重的村庄，即便能够顺利罢免村委会干部，新上任的村委会班子也可能依旧难以开展工作，此外，罢免村委会干部的工作难以避免地会遭到派性力量的阻挠。

乡镇政权的另一条可行路径就是加强对村支部书记的控制。许多农村地区的一般做法是，如果村支书不配合乡镇工作或者工作不力，那么可以对其进行撤换。然而，这一做法在 A 县当地行不通。因为在不少村庄，村支部书记发展党员都倾向于培养自己的亲戚朋友，壮大自己派性的势力。所以，在当地，村委会主任的任职时间一般不长，但是村支书却一般能够连任。有不少村支书甚至能够连续任职多届，长达二三十年。

---

① 参见《中华人民共和国村民委员会组织法》第十六条。

如此，即使乡镇将村支书撤换，最终上任的村支书可能还是原来派性的成员，村庄工作可能仍然无法开展。因此，镇里对村庄进行干部调整的空间非常有限。

退一步讲，村干部虽然具有"半行政化"① 的色彩，但他们毕竟不是科层体制内的成员。尤其是发达地区的村干部中很多人都有自己的产业，当村干部的工资收入对他们而言微不足道。正如 J 镇社会事务科王科长所言："村干部拿的工资本来就少，也不是想免就能免掉，他们本来也不是靠这点工资生活。"（访谈笔记，20160722WKZ）

在无法通过村干部对村庄社会进行间接动员的情况下，乡镇政权为了完成中心工作任务，就必须改变动员方式。"在这种情况下，'项目落地'的完成仍然需要'科层制组织'与分裂状态的村级资源和关系网发生互动"②，变间接动员为直接动员，即由乡镇的联村干部直接入村进行动员。联村干部进村动员的目的主要是完成上级安排的中心工作任务，而不是处理村庄的内部事务。

比如在 Q 镇 X 村，共有 3 个派系：村主任一派，上一届参与竞选村主任的人一派，之前担任村主任的人一派。村支书

① 王丽惠．控制的自治：村级治理半行政化的形成机制与内在困境：以城乡一体化为背景的问题讨论．中国农村观察，2015（2）：57.

② 冯川．"联村制度"与利益密集型村庄的乡镇治理：以浙东 S 镇 M 村的实践为例．公共管理学报，2016（2）：38.

自身没能力，文化水平低，保持中立，跟这三派的关系都马马虎虎。村主任不怎么关心村务。2015年，A县修建公路，需要征用X村的土地。起初，村支书、村主任做征地动员工作，一户都没有签下来。一些村民刁难村干部，还有一部分人观望，等着价格提高。Q镇联村干部陈某亲自到村里开展征地拆迁动员工作。最终，成功完成了征地工作任务。陈某说："我去年大半年的周末都没休息过，晚上经常吃食堂。领导也给我安排了3个人，组成青年突击队，他们插不进去，年轻，没经验。我去了，老百姓还给点面子，跟你说说。"（访谈笔记，20160721CLB）

我们发现，联村干部在开展工作过程中必须确保"不出事"，特别是所承担的中心工作（包括长期中心工作和临时中心工作）更不能出事。一旦出事，那么联村干部将面临来自上级的问责。这正是联村干部工作压力的主要来源。

Q镇联村干部陈某讲道："中心工作不能荒废，其他一般工作稳过去就算了。如果（中心工作）验收不合格，就打自己的板子……影响到重大工程，县领导就要打街道的板子，街道就要打我的板子，那还不如自己先动手。"（访谈笔记，20160721CLB）

联村干部承担了大量来自乡镇和上级下派的行政工作。在这个意义上，联村制度是乡镇政权对村庄的一种行政控制方式，有利于完成"条条"部门下达的行政任务，使乡村关系呈现行政化色彩。不过，联村制度实际上是一种政治承包制。乡镇政权需要联村干部积极推动和落实各项中心工作。对于联村干部而言，最重要的是承担党委政府的中心工作。党委政府交付的中心工作就是政治任务，联村干部承担的不仅是行政压力，而且是政治压力。

党委政府仅仅将中心工作任务交付给联村干部，而并没有提供相应的权力和工具，至于完成任务的具体方式由联村干部自己选择。由此形成有压力的目标约束与低度过程约束并存的局面①。

党委掌握着人事任免的权力。官员晋升由党委决定，这给联村干部开展工作带来较大的政治激励。对于许多官员来说，如果联村工作出色、圆满甚至超常规完成党委政府交付的中心工作任务，将可能获得更大的晋升空间。相反，一旦在上级交付的中心工作上出了问题，捅了娄子，那么极可能面临上级的责罚，政治前途也很可能就此终结。

A县J镇社会事务科王科长说："如果连续两年联村工作不称职，就要待岗或者参加培训，以后提拔肯定有影响。钱扣一点倒是次要的，前途就没了……如果要处罚，肯定先处罚联村干部，最后承担责任的也是联村干部。"（访谈笔记，

① 王汉生，王一鸽.目标管理责任制：农村基层政权的实践逻辑.社会学研究，2009（2）：61.

20160722WKZ）2015 年，A 县迎接 N 市的环境验收检查工作。其中，H 镇的一个村在迎检时出了问题，该村的联村干部随即被全县通报批评，当年考核被评为"不称职联村干部"。

此外，由于中心工作事关乡镇发展全局，并面临着来自上级的强大政治压力，所以乡镇主要领导对中心工作格外关注。在乡镇的一些工作会议上，乡镇主要领导往往会过问中心工作的进展。对于工作落后的，领导会在会议上提出批评。联村干部为避免遭到批评，给领导留下不好的印象，会努力推动落实工作。

由此也可以理解，取消农业税后，在广大中西部地区的包村制度变得较虚的情况下，联村制度在 A 县当地却异常有活力。这跟当地资源密集、中心工作任务繁重，需要联村干部作为乡村之间的纽带去推动中心工作落实有很大关系。

所以，联村干部本身是国家党政体制中的成员，承担着体制分配的行政业务工作。同时，他们又拥有联村干部的身份，承担着地方政府分配的中心工作任务。

（四）政治仪式动员：联村干部大比武

除了通过考核、问责等方式对联村干部施以刚性约束之外，县乡政权还通过一系列政治仪式活动来营造联村干部争先创优的氛围。自 2013 年始，中央在全国范围内开展群众路线教育实践活动。联村制度要求基层干部深入群众，关心农民的生产和生活，内含着执政党群众路线的特质。所以，A 县顺势将联村工作与群众路线教育实践活动相结合。2014 年，A 县 C 镇纪委率先在全镇开展"群众考干部大比武"竞赛活动。这次竞赛邀请了县委常委、纪委书记现场观摩，并获得了领导高度肯定。随后，A 县在 C 镇举办了一场"群众考干部大比武"活动现场直播，县里主要领导均出席。这次大比武活动还将 C 镇武装部副部长祝某树立为联村干部的正面典型，当地媒体率先对此进行了报道，随后吸引了全国众多媒体跟进采访和报道。当年 9 月，祝某便被提拔为镇党委委员、武装部长。

对于"群众考干部大比武"活动，有的基层干部认为这是一阵风，其长期效果值得怀疑。但是，县乡政权通过这些政治仪式活动，确实能够在基层营造和强化联村工作氛围。

基层政府动员的限度：双重压力下的联村干部

中国政府体制的鲜明特征是"条条"与"块块"并设。联村干部需要同时应对来自"条条"与"块块"的工作任务。其中，"条条"交付的是业务工作，而"块块"下达的是中心工作。如此，联村干部面临着"条条"和"块块"的双重压力。

近年来，来自"条条"部门的常规业务工作越来越多地被分配到联村干部那里，主要原因有两方面。

第一，国家资源越来越多地向"条条"部门聚集。"条条"

的权力得到强化，形成"条条专政"的局面。"条条"将资金以项目制形式往下分配。在"条条"下乡的过程中，需要找到对接乡村的载体，联村干部是最佳载体。常言道："上面千条线，下面一根针"。联村干部就是在"条条"、乡镇、村庄之间穿针引线的载体。联村干部需要负责协调自上而下的项目资金落地、工作报表等具体事务。

第二，乡村社会的非规则性（非程式化）。在社会流动的背景下，年轻、知识水平相对较高、懂电脑的村民大多数都不住在村里。中老年村干部的文化水平普遍较低，难以顺利与各"条条"部门进行对接并承担"条条"的各种规范化的行政业务。但是各种文牍档案、规范化文件是上级部门考核检查时关注的重点内容，这些文牍工作只能由联村干部来承担。不少联村干部抱怨现在"条条"线上的工作太多，特别是各种"虚"的工作任务繁重，影响他们下乡的时间。Q镇联村干部王某说："村干部的事情都由联村干部包了。村里能写的都出去了，留下的写不了。村文书连会议记录都写不好，要我自己去做。村里的会议记录全是我写的。"（访谈笔记，20160714WLL）

在各种自上而下的业务工作大量增加的情况下，联村干部必须耗费越来越多的时间在办公室完成业务工作。这不可避免地会影响到联村工作的实效。Q镇党委副书记王某说："以前的干部都蹲在村里，现在都守在办公室。"（访谈笔记，20160718WQT）尽管并非所有联村干部都留守在办公室，但这确实反映了联村干部下乡次数较以前要少的趋势。

同时，由于 A 县各种项目、工程数量繁多，联村干部必须承担这些中心工作任务。如果中心工作任务未能完成，那么将极大地影响联村干部的考核评比、职位晋升和福利待遇。尽管联村干部享受额外津贴、补贴，但由于联村工作压力大，所以许多乡镇干部不愿意留在基层，而宁愿调到县级机关部门。

此外，按照规定，联村干部还应该以"中间权威"的角色整合村干部，调和村级班子内部矛盾。尽管有的联村干部具备积极性去整顿村级领导班子，但是也有一些联村干部在村干部有矛盾时采取不介入、不参与的策略，并没有扮演"中间权威"的角色。对于一般联村干部而言，只要能保持村庄稳定，维持现有局面，完成上级安排的中心工作任务，便得过且过。正如 Q 镇干部陈某所言："这些示范村、新农村、森林村庄，就不干了。项目少干一点或者不干……得过且过，混过去，只能这样。"（访谈笔记，20160721CLB）

这导致的后果是，联村干部只围绕着上级安排的中心工作任务转。联村制度成为应付和完成上级安排的行政工作任务的制度，其本身所具有的体现群众路线的政治内涵日益被边缘化。如此，联村制度的官僚化趋势也就在所难免。

同时，由于村庄的复杂程度存在差异，对于那些派性斗争严重、内部矛盾复杂、村领导班子战斗力低下的村庄，联村干部的工作压力非常大。Q 镇联村干部陈某说："我联的这个村，三倍的工作量都不止。工作累，做得多，还做不好。"（访谈笔记，20160721CLB）如果不考虑各个村庄实际条件的差异，而一律实行同样的考核标准，可能会让联村干部感到不公平。一出现问题就对联村干部进行问责，也可能挫伤联村干部的工作积极性。

小结

　　科层体制如何对接村庄、国家权力，如何进入乡村社会，这是国家治理中必须解决的难题。特别是在沿海发达地区的农村，由于资源和利益分布密集，不少村庄内部派性斗争严重，村干部本身缺乏对村庄社会的整体动员能力。同时，县乡发展任务繁重，中心工作数量繁多，大量的项目资源需要落地到村庄社会。因此，县乡基层政府面临着如何动员乡村社会的难题。联村制度是基层政府将权力触角伸入乡村社会的一种制度安排。它有利于基层政府的内部动员，并能够强化基层政府对乡村社会的控制。

　　联村制度既有政治层面的内涵，又被赋予强烈的行政色彩，呈现出政治与行政混同运作的特征。

　　在政治层面，一方面，联村制度是执政党贯彻群众路线的体现。群众路线要求党员干部深入群众，密切干部与群众之间的联系。联村制度就是基层干部践行群众路线的重要制度载体。另一方面，联村制度还是党培养干部的重要途径。联村干部深入乡村社会，积累基层工作经验，在大量的基层工作中不断得到锻炼和成长。如此，联村制度有利于为党输送了解基层社会实际、善于做群众工作的基层干部。

在行政层面，基层政府通过考核评比、选拔激励等方式强化对联村干部的行政控制，在基层政府内部形成强大的动员能力。基层政府调动联村干部的积极性，使其能够较好地完成自上而下的各种行政业务工作和中心工作。

总之，基层政府通过联村制度能够较为有效地实现其对基层社会的政治整合与行政控制。在联村制度框架下，国家政策能较为顺利地得到贯彻执行。"最后一公里"难题在很大程度上得到缓解。与此同时，如何减少各种自上而下的行政业务工作、改善联村干部的工作环境和福利待遇，也成为未来基层治理体制改革和机制创新的重要议题。

十九 从强干预到弱干预：
乡镇如何规避发展风险

　　产业发展是农村发展的重要内容。在中央关于乡村振兴的二十字指导方针中，"产业兴旺"排在首位，足见其对于乡村振兴的重要意义。在农村产业发展过程中，地方政府发挥着重要作用。学界对地方政府在农村产业发展中的角色和行为进行了深入研究。研究者发现，地方政府往往采取各种动员手段推动农村产业发展，展现出明显的"发展型政府"色彩。地方政府行为之所以呈现出明显的"发展型"取向，原因在于地方官员作为理性的行动者，要么寻求向上晋升，要么获取财税收益。在这些研究者看来，受政治和经济利益驱动，地方政府必然会想方设法干预、推动农村产业发展。

　　然而，笔者通过田野调研发现，地方政府并非像已有研究所揭示的那样，总是积极干预农村产业发展。相反，地方政府在产业发展中的角色和行为呈现出变动性。在某个时期，地方政府可能非常积极介入产业发展，但在另一个时期，地方政府对农村产业发展的干预程度明显减弱。以笔者调研的 H 省 Y 市 L 镇西瓜产业发展为例，在 20 世纪 90 年代，地方政府积极介入和推动西瓜产业发展，但是进入 21 世纪以后，尤其是税费改革之后，地方政府介入西瓜产业的积极性大大降低。时至今日，地方政府除了在西瓜销售旺季时负责维持道路交通秩序外，几乎没有采取任何直接干预措施。西瓜产业发展基本呈自由放任状态。那么，地方政府在农村产业发展中的行为为何会发生从前期强干预到后期弱干预的转变呢？① 这便是本文试图研究和解释的问题。笔者调研发现，地方政府在产业发展中的行为变化，并不仅是其作为理性人寻求财税、晋升等利益最大化的结果，而且还与国家治理和乡村社会转型密切相关。

　　本文的经验材料来源于笔者及研究团队对 H 省 Y 市 L 镇的田野调查。L 镇是西瓜大镇。该镇西瓜产业发轫于 20 世纪

---

　　① 在本文中，强干预和弱干预这两个概念是笔者对地方政府干预西瓜产业强度的一种质性判断。所谓强干预，是指地方政府通过压力体制给基层干部分配指标任务，并配以相关奖惩激励措施，积极推动产业发展。弱干预则意味着地方政府不再通过指标任务分配、奖惩激励等措施介入产业发展，而仅仅提供一些最基本的公共服务，甚至对产业发展持自由放任态度。尽管我们未能像量化研究那样使用一套指标体系来衡量地方政府的干预强度变化，但是在实地调查中，研究者可以洞察出不同时期地方政府干预西瓜产业强度的变化。从笔者调查的情况可以判断，农业税费改革前后，L 镇政府干预西瓜产业发展的强度和方式都发生了显著变化。

90 年代初。起初只有个别农户种植西瓜。据测算，正常年景，西瓜亩收入是常规农业亩平均收入的 1.5 倍。当夏季天气炎热、瓜源较少时，西瓜产业经济效益更高。而且，瓜田还可以套种棉花、玉米等其他农作物，进一步提高了收益。还有一些农户从事西瓜育苗工作，通过销售西瓜苗获得部分收入。

此后，农户的自发种植行为引起了地方政府的重视，吸引了地方政府的注意力。随着政府逐渐加大推广力度，西瓜产业从之前的散户经营渐渐实现了产业化发展。据 L 镇地方志记载，C 村率先打破常规种植模式，引进高效经济作物西瓜，带动了周边乡镇及 Z 市 F 镇西瓜产业的发展，形成连片西瓜种植规模。中共 X 市委、X 市人民政府高度关注此事，后来轰动全省。2019 年，当地西瓜外销价格最高达到 1.2 元/斤，最低也在0.85 元/斤左右。当年被瓜农誉为西瓜产业的"黄金年份"。

强干预：地方政府深度介入西瓜产业发展

20 世纪 90 年代初期，L 镇政府为了推动西瓜产业发展，采取了一系列政策措施，深度介入西瓜产业发展。从 1992 年到 21 世纪初期，地方政府在西瓜产业发展中扮演着强干预者的角色，具体表现在以下几个方面。

（一）党政体制嵌入

1. 政党嵌入

党组织在基层治理中发挥着重要引领作用。基层党组织通过两种途径展开嵌入动员。

一是通过组织渠道嵌入。主要是在党组织内部进行动员，将种植西瓜内化为党员的政治责任。1997 年，C 村党支部书记熊某带领 20 多名党员率先利用葫芦嫁接西瓜技术获得成功，不仅解决了西瓜重茬问题，而且提高了西瓜的品质和质量。党组织通过党性修养、政治责任落实推动党员带头种植西瓜。

二是政党—群众动员渠道。L 镇党委政府要求党员干部发挥模范带头作用，带动亲戚、邻居种植西瓜。西瓜产业虽然经济效益较高，但是农民在未能见到他人获益之前，往往会持观望态度。此时，积极分子就尤为重要。由党员干部充当积极分子，带头种植西瓜，能对其他农民起到引领示范作用。由此在基层党组织与农民群众之间建构了动员的纽带。

2. 行政嵌入

一是上级行政激励。在农村产业发展中，上级的偏好对地方政府行为具有重要影响。20 世纪 90 年代，上级的偏好是加快农业产业化，推进产业结构调整，并希望地方政府出政绩。在农民增收、致富等口号和理念的影响下，地方政府不能仅仅停留于水稻等常规种植模式，推动种植经济作物、调整产业结构成为一种新的政治正确。

为了调动下级发展西瓜产业的积极性，上级授予 L 镇各种有关西瓜产业的荣誉称号（见表 19 - 1）。荣誉称号是上级对地方政府工作成绩的肯定，表明地方政府发展的西瓜产业获得了体制内的高度认可，也为当地西瓜产业发展提供了体制资源支撑。

表 19 - 1　L 镇所获各种荣誉称号

授予年份	荣誉称号	授予单位
1999 年	全省推进农业产业化经营先进单位	中共 H 省委、省人民政府
1999 年	著名商标	H 省
1999 年	全市农产品营销先进乡镇	中共 X 市委、市人民政府
1999 年	全市产业化西瓜基地	H 省 Y 市
2000 年	H 省西瓜第一镇	H 省西甜瓜协会
2001 年	年度农业结构调整先进单位	中共 X 市委、市人民政府
2002 年	H 省著名商标	H 省工商管理局

此外，上级领导还通过观摩、视察等方式激励下级发展西瓜产业。在中国，领导视察是一种重要的政治仪式，它具有丰富的政治含义。比如，它表明领导对某项工作的重视、对某地工作的肯定，或者对某个地方主要官员的支持等。1998 年 5 月，时任副省级领导亲临 L 镇 C 村视察西瓜产业。副省级领导亲自到 L 镇视察，表明该镇的西瓜产业已经吸引了地方高层领导的注意。这既是领导对该镇西瓜产业发展政绩的肯定，

又可以为当地西瓜产业进一步发展带来大量的资源支持。上级也通过视察的方式，为地方政府发展西瓜产业注入了新的政治动力。

二是行政考核压力。L镇的西瓜产业发展过程也展现出了鲜明的压力型体制①色彩。在压力型体制中，行政任务指标的分配和考核是上级激励下级、调动其积极性的重要手段。L镇政府也将西瓜种植规模纳入村组干部考核体系之中。对达到一定种植规模的行政村进行奖励，对未达到种植规模要求的，则给予惩罚。比如，1998年，L镇党委政府明确规定：把对村组干部考核总分的40%与落实西瓜面积挂钩，超规划50亩奖2分，上不封顶，差50亩罚4分，下不保底。行政体制内的动员具有一定的强制性。地方政府为村组干部设定考核任务指标，旨在将村组干部的利益和西瓜产业发展捆绑在一起，形成利益共同体。

三是行政组织考察。地方政府在决定政策创新、试验之前，组织本地干部外出考察学习是常用的方法。20世纪90年代初期，L镇为了推动西瓜产业发展，也曾派出大批镇村干部外出参观考察。行政系统内的考察学习可达到双重目的：让地方干部学习其他地方的先进经验，开阔视野；通过有目的的考

---

① 荣敬本，崔之元，王拴正，等. 从压力型体制向民主合作体制的转变：县乡两级政治体制改革. 北京：中央编译出版社，1998.

察学习让干部解放思想、凝聚共识，为地方政策创新和试验奠定基础。

由此，通过上述党政协同嵌入动员，地方政府在党政体制内部达成了共识，积聚了强大的发展能量，为西瓜产业发展打下了基础。

（二）社会嵌入

要大规模发展西瓜产业，地方政府除了进行体制内动员外，至关重要的是将体制动员对接乡村基层社会，动员基层社会的力量。正如彼得·埃文斯提出的"嵌入性"，地方政府必须嵌入基层社会，发动更多的社会力量参与到西瓜产业的发展中。

1. 向基层社会赋权

自 20 世纪 90 年代起，国家越来越强调调整、优化农业产业结构，鼓励种植经济作物。地方政府借产业结构调整、推进农业产业化之机，不再控制农户种植行为，赋予农户更大的自主权。农户可自主选择种植经济效益更高的西瓜。社会的自由空间得以拓展。

2. 激励基层社会参与

为了扩大西瓜种植规模，L 镇政府出台了诸多政策措施来调动农民种植西瓜的积极性。

其一，为达到一定种植规模的瓜农免除义务工。比如，

1998年，L镇政府规定，瓜农建一个西瓜大棚可减免全家全年义务工。

其二，无偿为瓜农提供公共服务。在技术服务上，主要有三方面措施：一是地方政府组织农户到山东青州、昌乐等地观摩西瓜嫁接技术流程；二是地方政府从外地比如山东青州等地雇请西瓜种植方面的技术人员，给瓜农提供培训指导；三是政府统一组织农户采购西瓜种子，按照各个村组进行统计，到广州采购西瓜种子，政府只收取一部分必要开支，如交通费用等。

地方政府嵌入基层社会时，并没有一味地采取其他地方出现的"逼民致富"方式，而更加注意在尊重农民意愿的基础上，通过赋权搞活、服务诱导等方式进行动员。因此，当地政府发展西瓜产业时没有出现因为西瓜销路不畅、价格低廉而集体闹事的情况。

（三）市场嵌入

顺应市场规律，在行政干预与市场体制之间形成良性互动，是发展型国家得以成功的重要经验①。发展型国家对经济的干预，不是要取消、替代市场，而是采取相应的产业政策促

---

① 约翰逊.通产省与日本奇迹：产业政策的成长（1925—1975）.金毅，许鸿艳，等译.长春：吉林出版集团有限责任公司，2010：354.

进市场的成长与发展。尤其是在产业发展初期，市场的开拓离不开地方政府的推力。

在 L 镇西瓜产业发展初期，地方政府在建构市场方面也发挥了重要作用。农民种植西瓜，销路是关键。如果销路不畅，农民种植西瓜越多越麻烦。因此，地方政府必须想方设法解决西瓜的销路问题。否则，不仅地方政府介入西瓜产业、"逼民致富"缺乏合法性，而且将给地方政府自身带来麻烦。跟许多地方发展产业一样，地方市场并非自动生成的，离不开地方政府的建构。在 L 镇，地方政府通过以下方式来建构市场。

1. 拓展西瓜市场销路

地方政府通过发挥行政体制优势开拓西瓜销售市场，主要是对本地西瓜产业进行大力宣传，提高本地西瓜产业的知名度，进而吸引外地瓜商前来收购西瓜。其宣传策略有：一是建立行政销售网络。地方政府派遣镇村干部闯市场。当地先后有多批次镇村干部赴广东、广西、四川、重庆、湖南等地瓜果市场推销本地西瓜。政府给镇村干部印制宣传册、文化衫等，让他们到全国各地瓜果市场上散发宣传。1998 年，L 镇组织镇、村、组干部 200 多人分赴各省签订合同 500 多份，销瓜 200 多万斤。

二是通过行政渠道建立西瓜品牌。L 镇政府曾花费大量资金在中央和地方各级广播电台、电视台、报纸等媒体上做西瓜产业的广告。经过镇村干部的不懈努力，L 镇西瓜产业的知名度逐渐提高，形成了品牌效应，销路渐渐打开。

2. 稳定西瓜市场销售网络

拓展西瓜销售市场后，还需要进一步稳定销售网络。外地瓜商是将 L 镇的西瓜推向市场的直接主体。能否吸引外地瓜商，直接关系到 L 镇西瓜销售市场的稳定。为了吸引和稳定外地瓜商，L 镇政府为瓜商提供了周到的服务。一是外地瓜商来本地收购西瓜期间，政府和行政村免费为瓜商提供食宿，这是吸引外地瓜商的一大利好政策。二是镇村干部协助瓜商寻找瓜源。在早期，私人代办尚未兴起，外地瓜商来本地收购西瓜，需要解决瓜源问题。为此，镇村干部便承担起协助瓜商寻找瓜源的责任。三是镇村干部协助瓜商办理各种手续，比如办理农业税费、通行证等手续。通过上述举措，地方政府为外地瓜商创造了较好的营商环境，稳定了外地瓜商客源，从而维系了本地西瓜市场销售网络。

在西瓜产业发展早期，地方政府扮演了"公益型代办"的角色，从信息、销售等方面为瓜农和瓜商提供免费公共服务。地方政府不直接从服务中获取经济收益，但是西瓜产业发展起来之后，政府可以从农业税费中获取经济收益，比如"三提五统"、农业特产税等。在某种意义上，地方政府承担了市场中介的部分功能。

3. 净化市场环境

健康、有序的市场环境有利于吸引外地瓜商。L 镇政府主要从以下几方面来净化市场环境：其一，维护市场秩序。当瓜农与瓜商出现纠纷时，地方政府积极参与调解，严禁殴打外地瓜商的行为。比如，有一次，本地某瓜农跟外地瓜商产生了纠纷，在争执过程中，瓜农把瓜商的衣服撕烂了。后来，当地派出所介入调查，发现是瓜农无理在先，最终将该瓜农拘留，并要求其赔偿瓜商的经济损失。其二，确立市场交易规则。打击强买强卖、欺行霸市行为，确立公平交易、透明交易规则。其三，维护公共交通秩序。西瓜销售高峰时期，大量收购西瓜的运输车涌入，常常导致西瓜市场拥堵。此时，本地政府、交警部门、村干部都需要上路值守，疏导车流。

地方政府的市场建构行为，体现了发展型政府的色彩。地方政府成功建构了市场，不仅为瓜农解决了销路问题，避免因为西瓜滞销而引发社会冲突，而且维系了稳定的市场销售网络，使西瓜产业发展拥有较为牢固的市场基础。地方政府也能从西瓜产业发展中获得财税收益。西瓜市场发展起来之后，之前的"政府—农民"双边关系转变为"政府—市场—农民"的三边关系，农民可以自主参与市场。政府先建构市场，然后再退出，形成"市场—农民"直接互动关系，政府成为第三方。

纵观 L 镇的西瓜产业发展历程，与其他地方单纯的"逼民致富"不同，L 镇西瓜产业化并非仅仅是政府强制推动的结果，而是首先激发农民的积极性，体现了农民的市场理性。随后，农民的自发种植行为逐渐推广。政府则顺势而为，利用农民理性扩张之势，加以诱导、扶持、激发，从而推动了西瓜产业的发展壮大。因此，当地西瓜产业的发展壮大是农民市场理性与政府诱导相结合的结果（见图 19 - 1）。

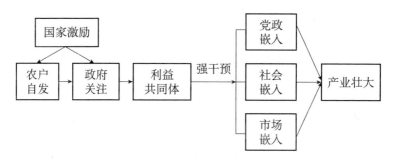

图 19 - 1 L 镇西瓜产业发展路径图

在西瓜产业发展过程中，地方政府建构了"政府—市场—农民"的利益共同体①。农民的利益与地方政府的利益相契合。但是，与之前一些地方出现的地方政府"公司化"趋向不同，L 镇党委政府自身并没有介入西瓜产业经营。也就是说，镇党委政府干部自身没有直接参与西瓜产业经营，而是侧重从公共服务、市场建构等方面引导西瓜产业发展。

发展型国家理论强调国家掌握政治权力资源、官僚体制强大能力在推动经济发展中的作用②。L 镇的西瓜产业发展过

① 马明洁. 权力经营与经营式动员：一个"逼民致富"的案例分析//清华大学社会学系. 清华社会学评论：特辑. 厦门：鹭江出版社，2000：76.

② 柯利. 国家引导的发展：全球边缘地区的政治权力与工业化. 朱天飚，黄琪轩，刘骥，译. 长春：吉林出版集团有限责任公司，2007：486 - 490.

程，也展现了地方政府强大的资源动员能力。当时，既有政府体制内动员，又有官民（社会）动员。通过政府体制内动员激活社会动员，建构行政—社会链接的机制。行政体制嵌入基层社会之中，进而对社会展开动员。一方面，政府对社会的控制减少，社会的自主空间得以拓展；另一方面，政府利用社会成长，服务于自身的产业选择目标。如果没有强大的资源动员能力，地方政府不可能在短时期内壮大西瓜的产业规模。

转向弱干预：产业发展中的地方政府行为转型

在 L 镇西瓜产业发展过程中，地方政府的角色经历了从强干预到弱干预的转变。进入 21 世纪，农业税费改革尤其是取消农业税之后，地方政府在西瓜产业发展中的角色逐渐转变。地方政府不再如之前那样积极干预西瓜产业发展，而是逐渐弱化了对西瓜产业的干预。

在干预手段上，地方政府大大减少了干预西瓜产业发展的政策措施。近年来，L 镇政府倾注到西瓜产业上的注意力越来越少。西瓜产业虽然还是 L 镇的一张名片，但是镇政府并没有实质性的支持西瓜产业发展的措施。地方政府不再如以前那样动员镇村干部开拓市场、号召党员干部带头种植西瓜。对瓜农的各种奖励、补贴等优惠政策也一概取消了。种植西瓜成了"农户自己的事"。

在干预关系上，之前的"政府—市场—农民"三边关系转变为"市场—农民"的双边关系。2000年，国家允许个体工商户从事中介服务行业。越来越多的个体工商户进入西瓜中介行业。L镇服务西瓜销售的中介最多时达到160余家。随着市场规模不断扩大，市场也逐步发育完善，地方政府不再承担免费公益代办职能，而是逐渐从市场代办角色中退出，将代办功能让位于市场。同时，地方政府也不再如之前那样积极拓展西瓜市场，吸引外地瓜商，而仅仅在西瓜交易高峰时期负责维持公共交通秩序。

随着政府干预强度和方式的转变，地方政府与瓜农之间的关联性①大大减弱。地方政府为瓜农提供的公共服务大为减少，瓜农也不必向地方政府交纳农业税费。地方政府还借向"服务型政府"转型之机，为自身退出西瓜产业寻求合法性。地方政府将西瓜产业发展交给瓜农和市场，自己则抽身退出。与此同时，在农村产业发展方面，地方政府逐渐形成了一些新的工作重点。

一是酝酿推动产业转型。当前，L镇政府提出的新口号是实现从"西瓜大镇"到"瓜果大镇"的转型。但是，镇政府并无专门的政策措施来推进"瓜果大镇"战略的实施。地方政府

———————

① 冯猛. 项目化时代农村地方产业的风险分担机制：以特拉河镇大鹅产业为例. 南京农业大学学报（社会科学版），2019（2）：28.

之所以对瓜果等传统种植产业缺乏兴趣，主要原因可能是其无法从发展传统瓜果产业中获益。

二是打造新的"亮点工程"。尽管西瓜产业已成为当地的一张名片，但由于时间久远，且"大路货"的西瓜品种、粗放式种植模式已经成为"落后"的代名词，西瓜产业不再是上级关注的重点。当前，产业升级与创新才能吸引各级政府领导的注意力。因此，在新的时代条件下，地方政府需要新的政绩亮点，也曾试图推动西瓜产业升级。比如，L 镇党委书记提出建设党领民办合作社，由村党支部书记担任合作社社长。

此外，地方政府还提出要控制普通西瓜种植规模，提升西瓜品质，比如发展礼品瓜、特种西瓜。提升西瓜品质，意味着要采用更为先进的技术和设施（比如温室大棚），意味着要投入的成本更高，而这些对于广大普通农户来说，可谓难上加难。所以提升品质，只能靠引进资本。当地正越来越多引入资本，建设温室大棚，扩大高品质西瓜种植规模等。如此，地方政府的西瓜产业发展政策越来越跟普通农户脱钩，产生了排斥小农的后果。西瓜产业提档升级也面临新的困境。资本投资农业，利润微薄甚至常常亏本，缺乏投资动力。而且，高端西瓜的市场份额总量不大，且其他地方早已经推出高品质西瓜，L镇在高品质西瓜市场中并无优势。要重新进入一个已经比较成熟的全国性市场，其难度之大可想而知。

三是通过打造项目介入产业发展。当前，在"项目治国"

背景下，大量项目资金自上而下流向农村①。地方政府通过向上争资跑项，为农村产业发展提供公共服务。这些项目资金主要用来支持一些涉农企业或政府打造的农业"亮点"景观，比如申请项目资金改良土壤、为涉农企业修建高标准沟渠、建设冷库等。

总体而言，L 镇的瓜农处于自发参与市场的状态。农民自发参与市场带来了很多问题，包括盲目性、资源浪费、环境污染等。农业是基础性产业，处于产业链末端，利润空间小。受气候等自然条件影响，农产品市场波动大，丰产不丰收的情况很常见，这打击了农民种植西瓜的信心。

农民长期在土地上重复种植西瓜，土地未能休耕，导致土壤肥力严重下降，病虫害频发，西瓜产量严重下滑。据悉，在早期，西瓜亩产可达 8 000～10 000 斤，而目前西瓜亩产已普遍下降到 3 000～4 000 斤，干旱季节西瓜产量甚至更低。20 世纪 90 年代，农户种植西瓜可以用直生苗，但后来直生苗容易病死，农户只能改用葫芦或南瓜苗嫁接。据瓜农反映，现在葫芦苗嫁接的西瓜抗病能力也已大大降低。一些农户雇请挖掘机来深翻土壤，每亩费用在 400 元左右。深翻土地之后，可以稍微提高西瓜产量，但深翻一次只能维持 2～3 年时间。

---

① 田先红. 项目下乡中多元化乡村治理主体、机制及效能：基于四川 S 市村民议事会的经验研究. 北方民族大学学报，2020（4）：5.

　　此外，农资肥料价格、人力成本等都大幅上升，种地的总投入成本比以往更高，压缩了农户种植的利润空间。由于乡村基层水利灌溉体系遭到破坏，灌溉能力大幅下降，农民缺乏抗旱能力，"靠天收"已成普遍现象。一旦发生旱涝灾害，西瓜必然会大幅减产。

　　随着西瓜产业的萎缩，一些农民开始尝试种植黄桃、梨、李子等果树，但是这些水果种植并未形成规模，且起步较晚，难以再像西瓜产业那样在市场上占据优势地位。所以农民只能自发种植并寻找市场。对于新上马的产业，地方政府也是采取"弱干预"的态度，并未像早期发展西瓜产业那样，为黄桃等水果产业做好宣传工作，带领农民闯市场，而是任由农民自己去闯。近年来，随着西瓜产业的衰败，和外出务工相比，种地的优势在渐渐丧失。当地越来越多的农民尤其是青壮年农民选择外出务工。比如，刘台村 7 组共有 117 户，其中约 20 户有人外出务工。民间自发流转土地现象也开始增多。

　　对于地方政府而言，西瓜产业已成为"鸡肋"。现在地方政府之所以还维持西瓜产业，主要是出于政治需要，因为西瓜产业是 L 镇的一张名片，也算是一个亮点，代表着 L 镇的形象。丢失了"××西瓜甜万家"的牌子，是任何一届乡镇领导都背不起的"锅"。

地方政府行为转变的结构逻辑

为何地方政府在西瓜产业发展中的角色会发生转变呢？本文试图提供一种关于地方政府行为变迁的结构性解释。这一结构具体表现在三个方面：利益关系、制度环境和基层组织体系。

（一）利益关系的变迁

研究发现，基层社会利益关系的变迁是导致地方政府干预行为发生转变的重要结构性因素。从 20 世纪 90 年代到 21 世纪初，地方政府之所以积极介入西瓜产业发展，且政府动员较为有效，是因为西瓜产业发展能给地方政府、村庄与农民带来直接的经济利益。换言之，西瓜产业发展可以同时惠及地方政府、村庄和农民。

从政府角度而言，其收益包括经济和政治两个层面。经济收益主要是财税收入。政治收益是地方官员通过发展西瓜产业积累政治晋升资本。1994 年分税制改革后，地方政府对农业税费的依赖进一步增强。农业税费是乡镇财政税收的主要来源。对于地方政府而言，发展西瓜产业有利于汲取财政税收。农业税费取消前，乡镇政府的主要收入来源是"三提五统"、农业特产税，其从西瓜产业获取的直接经济利益就是农业特产税。

　　西瓜属于经济作物，按照当时的规定，农民种植西瓜必须交纳农业特产税。西瓜种植规模越大，地方政府征收农业特产税的基础就越稳固。同时，地方政府还能从西瓜产业中获取间接经济收益。农民种植西瓜，可以增加经济收入，从而更有能力交纳农业税费。这在客观上降低了地方政府收取农业税费的难度。

　　西瓜产业的大规模发展，使 L 镇的财政收入有了更为稳固的支撑。据 L 镇地方志记载，1996 年，L 镇西瓜种植面积超过 1 万亩，总产达 8 000 万公斤，总收入 1 200 万元，为财政提供收入 50 余万元。2001 年，L 镇西瓜种植面积突破 4 万亩，总产达 1.5 亿公斤，创收 5 000 余万元，年提供财政收入 200多万元。据悉，L 镇的政府大院就是在 20 世纪 90 年代建设的，耗资 300 多万元。该政府大院沿用至今，一直未曾重建。

　　此外，西瓜产业发展壮大之后，成为当地一张响亮的名片。西瓜吸引了地方各级党政领导的注意力。乡镇政府由此而彰显政绩。这无形之中为乡镇领导政治晋升创造了资本。

　　跟地方政府官员一样，村干部也能从西瓜产业中获得经济收益。农业中的"三提五统"费用，有一部分就是由村集体分享的。因此，村干部也有动力去发展西瓜产业。

　　从农民的角度来说。如前所述，相较于传统粮食作物，种植西瓜的经济价值更高。农民自然倾向于种植西瓜，不断扩大西瓜的种植面积。在既有的耕地无法满足西瓜种植需求的情况下，许多农民开始将山林开垦成土地，用来种植西瓜。当地农民称之为"开荒地"，但实际上这些土地并不是荒地，而是长有树木的山林（丘陵）。甚至有一些农民将附近国有林场的树木砍伐之后，在林场土地上种植西瓜。因此，当地农民种植土地面积远高于承包地面积。为了扩大西瓜种植规模，将西瓜产业打造成一张名片，更重要的是能从西瓜产业发展中获得收益，地方政府对于农民的"开荒"行为也采取默认的态度。

由上可见，地方政府、村集体和村民都能够从西瓜产业发展中获得经济利益，三者成为一个利益共同体。各方都有推动西瓜产业发展的强大动力。所以，乡镇政府深度介入西瓜产业发展，比如宣传推广、给各村下达政治任务、提供"八免"服务等。正是各方之间的强利益关联，使地方发展型政府介入西瓜产业取得成功。如果村庄和村民无法从西瓜产业中获利，那么，即使地方政府强力推动，其自主性再强，也不可能成功。

农业税费取消之后，地方政府、村集体和村民之间的利益"铁三角"关系不再存续。地方政府和村集体不能再从农业、村民身上获得农业税费收益，所以缺乏推动西瓜产业发展的积极性。地方政府、村集体和村民的利益发生了分化。之前由三者构成的乡村利益共同体被瓦解。虽然村民仍具有种植西瓜的动力，但是只能以一己之力参与市场。

可见，地方政府干预行为的转变不仅是地方政府的自主性或者理性选择，而是与地方社会利益结构紧密相关。地方社会利益关系的变迁，形塑着地方政府的干预行为。

（二）制度环境的变迁

改革开放后，国家采取各种激励措施调动地方政府发展经济的积极性，形成了"锦标赛模式"①。政绩突出的官员在晋升中更容易得到上级的青睐。这一导向有利于塑造积极向上的行政环境，进而形塑出地方官员追求政绩的逻辑。一是在上级对地方政府的农业产业结构调整、产业化发展的考核指标体系中，农业产业化是一个很重要的考核指标。地方政府为了完成上级的考核指标任务，必须想方设法扩大西瓜种植规模，以凸显自身政绩。二是打造亮点、制造政绩景观。地方政府必须设法吸引上级的注意力。上级领导来视察，地方政府需要提供更能吸引领导注意力的亮点工作。西瓜产业成为 L 镇的一张名片、一块金字招牌，关系到 L 镇的形象。所以乡镇政府有很强的动力去发展西瓜产业。这些政绩，可以为地方政府官员政治晋升提供重要支撑。

近年来，随着对官员问责的强化，体制刚性越来越强，"少干事""不出事"的避责逻辑日益影响着一些地方政府官员的行为②。客观而言，农业产业发展存在诸多风险，比如市场

---

① 周黎安．中国地方官员的晋升锦标赛模式研究．经济研究，2007（7）：36.

② 田先红．属地管理与基层避责：一种理论解释：基于理性选择制度主义的分析．广西大学学报（哲学社会科学版），2021（2）：53.

销路、自然灾害等。尤其是在全国性西瓜市场已经形成的情况下，市场竞争更为激烈。如果政府介入过多，或者强行推广，一旦出现市场波动等不确定性因素，很容易产生风险。农民很可能会要求政府解决问题。这样，自然风险、市场风险会转化为政治风险，形成不稳定因素，所以乡镇政府更多地遵循"不出事"的避责逻辑。

同时，近年来国家日益重视生态环境保护问题，不再过于追求经济指标增长，而是强调可持续发展、科学发展。地方政府承担着越来越重的环境保护、产业转型升级考核压力。长期种植西瓜带来的生态环境破坏问题，与某些政府部门的利益目标相冲突。比如，在农地上长期种植西瓜会导致土壤板结、肥力下降，引起国土部门的关注。农药化肥滥用、次瓜丢弃等带来严重的环境污染，引发环保部门的担忧。催红素等添加剂的使用，也加大了食品安全监管部门的工作压力。西瓜产业发展与地方政府生态环境保护目标存在一定冲突。面对这些问题，一些政府部门希望给当地西瓜产业做"减量化治理"[①]。这些都会影响到地方政府干预西瓜产业的动力。相应地，乡镇政府在产业发展中更注重"弱干预"。

可见，国家宏观政策制度环境的变化，同样影响着地方政

---

① 程秋萍，熊万胜. 治理交易成本与农业经营组织形式演变：基于 1949—2015 年 J 市养猪业兴衰史的分析. 社会学研究，2016（6）：143.

府的干预行为。问责压力的强化、生态环境保护、产业转型升级的压力等，使地方政府面临着跟之前不一样的制度环境，迫使其作出相应的行为改变。

（三）基层组织体系的变迁

强大的官僚体制能力被视为发展型国家不可或缺的构成要素①。彼得·埃文斯的嵌入式自主理论认为，国家也需要一系列制度化的渠道来建立其与特定社会群体之间的联系②。地方政府要嵌入基层社会，动员农民种植西瓜，需要健全的组织体系作为依托。农村税费改革前，地方政府嵌入基层社会动员农民，之所以较为有效，是因为当时农村基层组织体系比较健全。围绕农业税费征收、农村公共服务供给等工作，政府与农民之间存在较强的纽带。乡村干部拥有一定的权威，能够较为有效地动员村民。

农村税费改革以来，乡村基层组织体系逐渐松散化。全国普遍实施了乡村治理体制改革，包括合村并组、取消村民小组长等。行政村管辖范围大幅扩张，且村干部数量下降。许多地方都是村干部兼任村民小组长，分片包干若干个村民小组。村

---

① 约翰逊. 通产省与日本奇迹：产业政策的成长（1925—1975）. 金毅，许鸿艳，等译. 长春：吉林出版集团有限责任公司，2010.

② EVANS P. Embedded autonomy：states and industrial transformation. Princeton：Princeton University Press，1995：59.

干部的兼业身份使其除了谋生和应付上级各项行政事务之外，很难有时间和精力动员村民。此外，最重要的是，基层干部的权威下降，使其缺乏动员村民的相应能力。

同时，地方政府农业部门的职能也大大弱化。H 省还实施了"以钱养事"改革，将服务农村社会的乡镇"七站八所"推向了市场和社会，组建的各种服务中心基本上难以承担之前的职能。L 镇的农技服务中心，属于民办非企业单位，目前只有 2 名农技服务人员，基本上没有也无法承担为全镇农户提供农技服务的功能。因此，地方政府难以回应广大分散小农户的需求，自然也就难以嵌入基层社会，动员基层群众。

可见，在乡村组织体系松散化的情况下，地方政府只能动员官员和村干部，而难以动员村民。之前的"官民联动"转变为现在的"官动而民不动"，地方政府面临着越来越大的"嵌入性"难题。地方政府在西瓜产业发展中干预行为转变的逻辑和机制如图 19-2 所示。

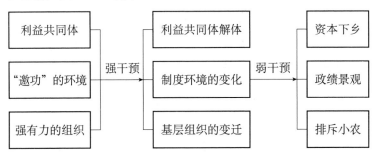

图 19-2　地方发展型政府行为转变的逻辑和机制

小结

本文以 L 镇西瓜产业的发展过程为研究对象，分析了地方发展型政府行为转变的逻辑和机制。研究发现，在取消农业税费之前，政府积极介入西瓜产业发展。政府、村集体和村民形成关联紧密的利益共同体。政府发展行为嵌入乡村社会之中，实现了国家与社会的互动式治理①。取消农业税后，乡村利益共同体解体、宏观政策制度环境发生变化、乡村基层组织体系变得松散化，这一系列结构性要素共同促成了地方政府在西瓜产业发展中的角色和行为转变。跟之前相比，地方政府不再对西瓜产业进行强干预，转而以提供部分公共服务为主。当然，地方政府的"服务型"转向虽具有"服务型政府"的部分内涵，但主要是出于规避基层政治风险的目的。换言之，地方政府表面上转向了公共服务型政府，实际上是借机退出对农村产业发展的干预以规避政治风险。

相对于以小农户为主体的传统西瓜产业，当前地方政府更加注重引入资本，形成规模效应，打造符合上级偏好的政绩亮点工程。政府引入资本下乡，与国家推动产业转型升级的政策

① 魏程琳. 政府干预转型与乡村产业发展：基于国家农民关系重构的视角. 深圳大学学报（人文社会科学版），2021（3）：108.

导向相符。而且资本化、大规模经营，也契合农业现代化理念。更重要的是，大规模的企业经营，更容易形成政绩景观效应。

然而，政府通过引入资本，虽能产生景观效应，但政府的发展政策却逐渐脱嵌于乡村社会。政府专注于制造景观，企业专注于获利，村民自行参与市场，政府的农业发展政策日益脱离广大农民的真实需求。对于广大农民而言，健全的基础设施、便利的农业灌溉条件，是他们的真实需求。但是，政府为了引入资本企业，往往将大量的项目资金用于建设企业的配套设施。相应地，能够惠及广大普通农民的水利设施、道路等，则往往遭到忽视。政府与乡村社会、农民之间的关系日益疏远。政府减少对产业发展干预的过程，也是其逐渐脱嵌于乡村社会的过程。这也表明国家（政府）与农民的关系发生了巨大变化。

L镇西瓜产业发展的兴衰变迁折射出当前乡村治理的难题，即国家和地方政府如何优化乡村治理体系，使其真正运行起来，并服务于广大农户。农业发展不仅是农业的问题，而且关乎农村和农民问题。其中至为关键的是，地方政府和村组集体需要为广大农户提供基本公共服务。传统的产业发展政策以分散的小农户为主体，地方政府动员和服务的是广大分散的小农户。而当前地方政府推动实施以资本化农业企业为主体的新型产业发展政策，将小农户置于边缘化地位，不利于构建分散的小农户与现代农业有机衔接的体系。

结语：在田野中发现"中国之治"

最近数年，"中国之治"成为社会各界使用的高频词。"中国之治"内涵丰富，既包括中国在长期发展过程中渐进形成的治理体制、治理机制，又涵盖中国人民在治理实践中积累的各种治理智慧以及所展现的治理效能等。"中国之治"表达了中国人民对于坚持走中国特色国家治理道路的追求，体现了中国气派、中国风格和中国经验，展现出中国人的理论、道路、制度和文化自信。制度优势如何转化为治理效能，是"中国之治"的重要命题，也是中国在国家治理现代化进程中面临的重大理论与实践问题。本书基于田野调查，从县域治理体制与机制关系的微观视角尝试对这一重大命题作出回应。笔者将这一重大命题细化为县域治理体制优势如何转化为基层治理效能的问题，围绕县域治理体制与机制之间的关系，从县域治理体制、县域治理机制创新、县域政府动员机制和县域政策执行机制等四个方面对这一核心问题展开论述。

与既往的研究一样，笔者及研究团队在开展本研究时也遵循了田野调查传统。自 20 世纪 80 年代至今，我们团队始终坚持通过田野调查研究中国农村和基层治理问题，形成了鲜明的田野研究风格。尽管田野并非发掘学术问题的唯一来源，掌握了第一手的田野资料并不意味着就能做出一流的学问，但田野至少为我们发现有价值的真问题提供了重要途径，为我们做出有价值的学问创造了基础。尤其是在"三千年未有之大变局"的伟大时代，基层社会产生的大量问题亟待我们去观察、去研究。必须承认，学术史上也有不少研究者依靠二手资料做出了非常优秀的研究。一些颇有影响的海外中国研究者也是凭借历史档案资料来研究中国问题的。但是，不能因为这些研究者依托二手资料创作出了优秀的作品就否认田野调查和一手资料的重要性。面对"生于斯、长于斯"的中国，身处社会巨变的大时代，我们生逢其时的中国学者不去调查，更待何人何时呢？"中国之治"不能依靠远在大洋彼岸的学者的想象来实现，而只能寄望于中国学者的亲身实践。只有深入一线治理的场景，我们才能对基层生活和治理的微妙性、复杂性感同身受。只有在调查现场，我们才能捕捉到受访者的一言一行，才更能真切地洞察、理解、意会受访者言行背后的丰富意涵。在这个意义上，田野调查并不仅仅是搜集资料，甚至不是为了搜集资料，而是为了加深调查者对问题的理解，激发调查者的顿悟。田野资料只是服务于我们创作学术成果的辅助工具。正因为如此，实地田野调查不宜委托他人代劳，而应该亲力亲为。

当然，仅有田野调查是不够的，还必须对田野调查发现的问题进行加工、提炼，建构相应的理论概念或分析框架，实现从经验现象到理论生产的"惊险一跃"。至于理论建构的质量、效果如何，又与研究者自身的理论储备、洞察能力等密切相关。作为一名中国政治学人，我们更有责任从发掘中国本土的经验开始，建构和发展理论，致力于建设中国政治学的自主知识体系。诚如苏力所言："中国的学术时代正在到来，一定有越来越多的中国学人，甚至外国学人，会，且能，重新阐发历史中国的那些有宪制意义的制度和实践。"① 本书试图在已开展的田野调查的基础上，对县域治理体制优势如何转化为治理效能、县域治理的活力从何而来这一核心问题提供一种理论上的解释，期待这一尝试能丰富和拓展大家对"中国之治"的理解。

中国式现代化中的县域治理

2022 年 10 月，党的二十大提出"从现在起，中国共产党的中心任务就是团结带领全国各族人民全面建成社会主义现代化强国、实现第二个百年奋斗目标，以中国式现代化全面推进

---

① 苏力 . 大国宪制：历史中国的制度构成 . 北京：北京大学出版社，2018：6.

中华民族伟大复兴"①。习近平总书记在报告中强调要全面推
进乡村振兴，坚持城乡融合发展，推进以县城为重要载体的城
镇化建设②。新型城镇化和农业农村现代化是中国式现代化的
重要组成部分。乡村振兴的战略目标是以县域振兴带动农业农
村现代化和农民城镇化③。2022 年 5 月，中共中央办公厅、国
务院办公厅印发了《关于推进以县城为重要载体的城镇化建设
的意见》，提出"以县域为基本单元推进城乡融合发展，发挥
县城连接城市、服务乡村作用，增强对乡村的辐射带动能力"。
县域被国家赋予推进中国式现代化的重任。如果说农村是中国
现代化的稳定器和压舱石④，县域则是维系农村社会稳定的堡
垒（中流砥柱）。

强调县域在中国式现代化进程中的重要地位，涉及一个更
为根本性的问题，即在推进中国式现代化进程中，县域应该扮
演何种角色？县域党委政府何以可为？县域和县域党委政府的
角色定位将决定着县域治理的根本走向。县域党委政府是县域

① 习近平.高举中国特色社会主义伟大旗帜 为全面建设社会主义
现代化国家而团结奋斗：在中国共产党第二十次全国代表大会上的报告.
北京：人民出版社，2022：21.
② 同①30 - 32.
③ 杨华.论以县域为基本单元的乡村振兴.重庆社会科学，2019
(6)：18.
④ 贺雪峰.论中国式城市化与现代化道路.中国农村观察，2014
(1)：2.

发展的直接推动者，是国家乡村振兴战略的一线执行者和责任人。在推动城乡融合发展过程中，乡村发展规划、产业结构布局、公共服务供给和要素资源配置等都需要县域党委政府来统筹谋划和落实落地。因此，县域党委政府的角色、行为和能力关乎县域治理的效能，进而影响着县域城镇化和乡村振兴的成效。

县域党委政府作为县域治理的能动者，其行动必须依托既有的体制架构（如党政体制、条块体制等）展开。毫无疑问，在长期历史演进中形成的县域治理体制是契合我国县域社会发展实际的，体现出鲜明的体制优势。问题的关键是如何激活县域治理体制，使其产生更强的治理效能。为达此目标，以下几方面尤为重要。

第一，机制创新是县域治理体制优势转化为治理效能的重要条件。县域治理体制总体保持稳定，但县域政府应该通过各种机制创新激活体制，使体制更好地运转，从而产生出更高的治理效能。

第二，理顺县域治理体制与机制之间的关系，有助于县域治理体制更好地对接基层社会，形成更强的适应性治理能力，从而有效回应基层社会需求。实践证明，能够因地制宜进行治理机制创新的地方，县域治理体制也表现出较强的适应能力，治理成效更为显著。反之亦然。

第三，县域治理机制创新空间与上下级（中央与地方）关系、体制弹性密切相关。上下级关系松紧适度、体制富有弹性，可以为县域党委政府开展机制创新提供空间，更好地激发体制的治理效能。上级对下级控制过紧、体制刚性过强，将大大压缩县域治理机制创新的空间，进而影响县域治理体制优势的发挥。

体制稳定与机制创新的辩证关系呈现了中国治理体制运作中"名实分离"的特性，即治理体制的运作并非严格按照既定的制度展开，而表现为种种偏离既有制度的行为和规范。这些偏离既有制度规定的行为和规范赋予了体制活力。当然，这些带有偏差色彩的规范并不都是非正式制度，而可能是长期稳定存在的正式制度。

体制稳定与机制创新为我们理解大国治理的一统性与有效性之间的矛盾关系提供了一种新的视角。中国作为一个非均衡发展的大国，既要确保中央政令的统一性、权威性，又要兼顾地方的特殊性、区域的非均衡性。中央的政令传达到地方，需要因地制宜进行转化，方能更好地落地。国家的治理体制是统一的，但治理体制的运作方式可以是多样的。因地制宜地使体制运作起来，就表现为各式各样的机制创新。不同地区的资源存在差异，面临的治理难题、治理需求也不同，都会影响治理体制的运作方式，从而形成不同类型的机制创新。只有因地制宜地开展机制创新，才能使县域治理体制产生出更高的效能，完成更多的治理事务。如此，县域党委政府才能更好地发挥其在实施乡村振兴战略、推进中国式现代化中的作用。

县域治理现代化与国家构建

制度优势转化为治理效能涉及一个更为重要的问题，即政治秩序如何构建的问题。发挥体制、制度优势以产生更好的治理效能，是构建良性政治秩序的重要保障。古今中外，人们都有着对理想政治秩序的追求，只是追求的途径和方式存在差异①。中国共产党以带领中国人民实现中华民族伟大复兴为己任。在长期的革命和建设实践中，中国共产党逐渐形成了独特的治理传统，表现为政策过程的"游击战"风格、运动式治理等，展现出强大的灵活性、适应性。"在复杂多变的 21 世纪，中国政府这种特殊的治理方法有可能给西方国家带来重大挑战，即政治体制对不断出现的危机和挑战所展现的灵活反应能力、适应和纠偏能力。"② 中国政治体制的强大适应能力为良性政治秩序的构建提供了重要保障。

良性政治秩序的构建须以强大的国家能力为支撑。20 世纪末期以来，不少发展中国家由于国家能力弱而导致政治秩序混乱，陷入衰败的境地。这些国家政体形式上的民主并未带来

---

① 王绍光 . 理想政治秩序：中西古今的探求 . 北京：生活·读书·新知三联书店，2012.

② 韩博天 . 红天鹅：中国独特的治理和制度创新 . 石磊，译 . 北京：中信出版集团，2018：187.

善治，未能转化为治理效能。这一系列问题引发了弗兰西斯·福山等西方学者的反思。福山甚至直言："国家构建是当今国际社会最重要的命题之一，因为软弱无能国家或失败国家已成为当今世界许多严重问题的根源。"① 国家构建的主要目标不是增强专断权力、扩大国家权力的范围，而是增强国家的基础性权力②或者制度能力。增强制度能力，不仅需要增加制度供给，设计一套外表完美的制度，而且要考量制度绩效。"一个制度的好坏，老百姓是否最终接受，说到底是由这个制度的'制度执行能力'，即我们常说的制度绩效所决定的，坊间流行的'好制度'，如果不能有效治理，最终也会失去传说中的合法性。"③ 许多发展中国家并非缺乏良好的制度框架，而是制度框架没有发挥应有的治理效能。因此，国家构建不仅仅是制度建设问题，而是如何让既有的制度、体制更有效运转的问题，即如何让已有制度充分释放治理效能的问题。尽管还有诸多不足，但近几十年来中国政治体制的强大适应能力已经得到充分展现。

当前，我国正在不断推进国家治理体系与治理能力现代化，

---

① 福山. 国家构建：21世纪的国家治理与世界秩序. 黄胜强，许铭原，译. 北京：中国社会科学出版社，2007：1.

② 曼. 社会权力的来源：第2卷　上. 陈海宏，等译. 上海：上海人民出版社，2007：69.

③ 杨光斌. "国家治理体系和治理能力现代化"的世界政治意义. 政治学研究，2014（2）：3.

致力于构建一个领导有力、富有能力、治理有效的现代国家。县域基层是国家治理的基石。国家治理能力最终都要体现为基层政府执行国家各项方针政策的实况。基层和地方治理的制度化、规范化是现代国家构建的重要内容。县域地方国家构建的状况，直接影响到宏观国家构建的成效。国家通过各种制度、技术等不断加强对地方政府和社会的整合，推动基层和地方治理的合规化，现代国家构建取得明显成效。比如，国家进一步健全巡视巡查等制度，大大强化了对县域基层干部的监督力度，基层的政治生态、干部的行为作风明显改善①；国家依托大数据、物联网、人工智能等技术治理手段，增强了对基层社会的监控能力。凡此种种，都使我们距离现代国家构建越来越近。

但也应看到，近年来，上级对下级的控制过紧，体制刚性增强，将削弱基层干部的能动性。问责制的强化使基层干部忌惮行使自由裁量权，压缩了县域治理机制创新的空间。这将降低县域治理体制机制的灵活性、适应性，进而影响到县域治理能力。而且，诸多基层治理事务都具有非规则性，难以进行量化，上级却一味进行量化考核监督，产生了高昂的监督和治理成本②。最终，基层治理负荷不断加重，形式主义屡禁难绝。

① 吴春来. 监督下乡与县域集权化治理的实践逻辑：以湖北 T 县为个案. 武汉：华中师范大学，2022.
② 吕德文. 监督下乡与基层超负：基层治理合规化及其意外后果. 公共管理与政策评论，2022（1）：34.

此外，随着民众法制权利意识的增强，基层社会的规范化程度提升，县域地方国家构建的社会基础已经发生变化。基层社会的规范化倒逼县域政府行政行为的规范化。依法行政、照章办事约束了县域干部的权力，但也可能滋生新的官僚主义、形式主义。干部的行为看似更加规范、更加合理、更加技术化（智能化），但解决实际问题的能力却未提升，并带来更深的干群关系隔阂。这可能是新时期县域治理现代化建设面临的新难题。

因此，推进县域治理现代化，需要构建一种相对平衡的上下级关系，适度赋予基层自主权。同时，现代国家构建必须考虑地方社会基础因素，兼顾"地方性知识"。基层不仅需要"现代化"的外表，更要有实实在在的现代化治理效能。我想，这应该是"中国之治"的题中应有之义，也是中国式现代化的追求。现代国家构建进程应与经济社会发展阶段相匹配。毕竟，"国家建构是几代人而不是几年就能完成的事情"①。

---

① 威默 . 国家建构：聚合与崩溃 . 叶江，译 . 上海：上海人民出版社，2019：2.

后　记

　　本书是我近几年关于县域治理研究的一个阶段性小结。大约在 2016 年，我开始有意识地关注县域治理问题。较早的一次田野调查开展于 2016 年暑期，地点是浙江省宁波市宁海县。那时我们调研的主要问题包括县域党政体制、中心工作机制、"条块关系"和联村干部制度等。此后数年，我们又在四川省成都市、广东省中山市、贵州省黔东南苗族侗族自治州、重庆市长寿区、湖南省邵阳市、湖北省武汉市、湖北省襄阳市、湖北省咸宁市、江西省吉安市、江苏省宿迁市、山东省聊城市、浙江省丽水市等地围绕县乡治理开展专题调研。其间多次调研是与同窗、好友杨华教授同行的。书中的诸多观点受益于我们共同的调查和讨论。

　　过去数年的县域治理调查研究经历使我们深刻意识到，县域治理是一座学术富矿，其中潜藏着诸多有待进一步挖掘的问题。同时，县域居于国家治理体系中的关键部位，发挥着承上启下、连接国家与乡村社会等多种功能。县级政府是机构健全、功能完备的基层政府。县域治理是透视中国政治运作的一扇窗。当然，县域治理中的各种现象和关系纷繁复杂，给我们的调查研究带来了巨大挑战。要从纷繁复杂的现象和关系中析出一些关键机制，形成对县域治理恰切且深刻的解释，难度较大。恰如徐勇老师所指出的，县域治理研究如何实现从外部视角向内部视角的转换，尚需继续努力探索。

衷心感谢多年来给我提供诸多指导、关怀和支持的各位师长。在毕业后的十余年时间里，贺雪峰老师一直关心、激励着我的成长，鞭策我在学术道路上不断前行，让我丝毫不敢懈怠。贺雪峰老师不仅每年都将学生"赶"下田野，而且还身体力行、率先垂范，年均田野调研时长保持 2 个月以上。由贺雪峰老师率领的武汉大学中国乡村治理研究中心朝气蓬勃、学风浓厚。邓大才老师也从诸多方面为我的学术发展提供指导、支持。邓大才老师嗜书如命，常常忘我地阅读各类专业书籍。他那不断追求自我超越的精神，给了我们莫大的激励。徐勇老师的大格局、大视野以及对学术孜孜不倦的追求都让人敬佩。徐勇老师在坚持书写学术人生的同时，还大力提携后辈。2021年底，徐勇老师在我校政治学部设立了县域治理研究 PI 团队，并让我担任团队负责人。我深感使命光荣、责任重大。特别感谢徐勇老师一直以来的指导、支持和鼓励！此外，还要感谢罗兴佐老师、王习明老师等师长长期以来的关心和指导。

衷心感谢徐勇教授、贺雪峰教授、邓大才教授、周飞舟教授、何艳玲教授和杨华教授拨冗为本书撰写推荐语。同窗、好友吕德文教授欣然为本书作序，特致谢忱！

　　感谢华中师范大学中国农村研究院的各位领导和同事在过去几年中给我提供的各种帮助和支持。中国农村研究院是教育部人文社会科学重点研究基地，也是政治学世界一流学科建设单位，尤其擅长农村政治学和基层治理研究。从当年求学于政法学院政治系、政治学研究院，到而今任职于中国农村研究院，一路走来，我的成长一直受益于诸位师长和学科平台。

　　感谢最近几年来一道参与调研讨论的同窗和同人，大家的智慧让我受益匪浅。由于人数众多，恕不能一一列出。此外，还要衷心感谢多年来学界前辈、同行们的关心和提携！中国人民大学出版社的任晓霞女士为本书的编辑出版工作付出了大量心血，她的耐心、细致和专业，都让我感佩万分！

　　本书的部分内容，经修订后曾刊发于《政治学研究》《华中师范大学学报（人文社会科学版）》《公共管理与政策评论》《新疆师范大学学报（哲学社会科学版）》《求索》《探索》《理论与改革》《行政论坛》《湖湘论坛》《思想战线》《西北师大学报（社会科学版）》等期刊。谨向这些期刊和编辑老师致以诚挚的谢意，感谢他们专业、认真、细致的编辑工作！

　　过去多年，除了指导博士生、硕士生大量阅读专业经典书籍外，我还常常和他们一道深入开展田野调研。部分学生参与了本研究的田野调查工作。每每看到他们在读书和调研中有收获、有成长，我由衷地感到高兴！常言道，教学相长，我也从他们的学习、调研和讨论中受益良多。

田先红于武汉桂子山

2023 年 6 月

图书在版编目（CIP）数据

韧性：县乡政府如何运行 / 田先红著. -- 北京：
中国人民大学出版社，2024.1
ISBN 978-7-300-32400-5

Ⅰ.①韧… Ⅱ.①田… Ⅲ.①县－地方政府－行政管
理－研究－中国 Ⅳ.①D625

中国国家版本馆 CIP 数据核字（2023）第 252727 号

韧　性

县乡政府如何运行

田先红　著

Renxing

出版发行	中国人民大学出版社			
社　　址	北京中关村大街 31 号		**邮政编码**	100080
电　　话	010 - 62511242（总编室）		010 - 62511770（质管部）	
	010 - 82501766（邮购部）		010 - 62514148（门市部）	
	010 - 62515195（发行公司）		010 - 62515275（盗版举报）	
网　　址	http://www.crup.com.cn			
经　　销	新华书店			
印　　刷	涿州市星河印刷有限公司			
开　　本	890 mm×1240 mm　1/32		**版　　次**	2024 年 1 月第 1 版
印　　张	15.125 插页 2		**印　　次**	2025 年 4 月第 5 次印刷
字　　数	281 000		**定　　价**	69.00 元